Thomas Sparr

Todesfuge

Biographie eines Gedichts

Thomas Sparr

Todesfuge

Biographie eines Gedichts

Deutsche Verlags-Anstalt

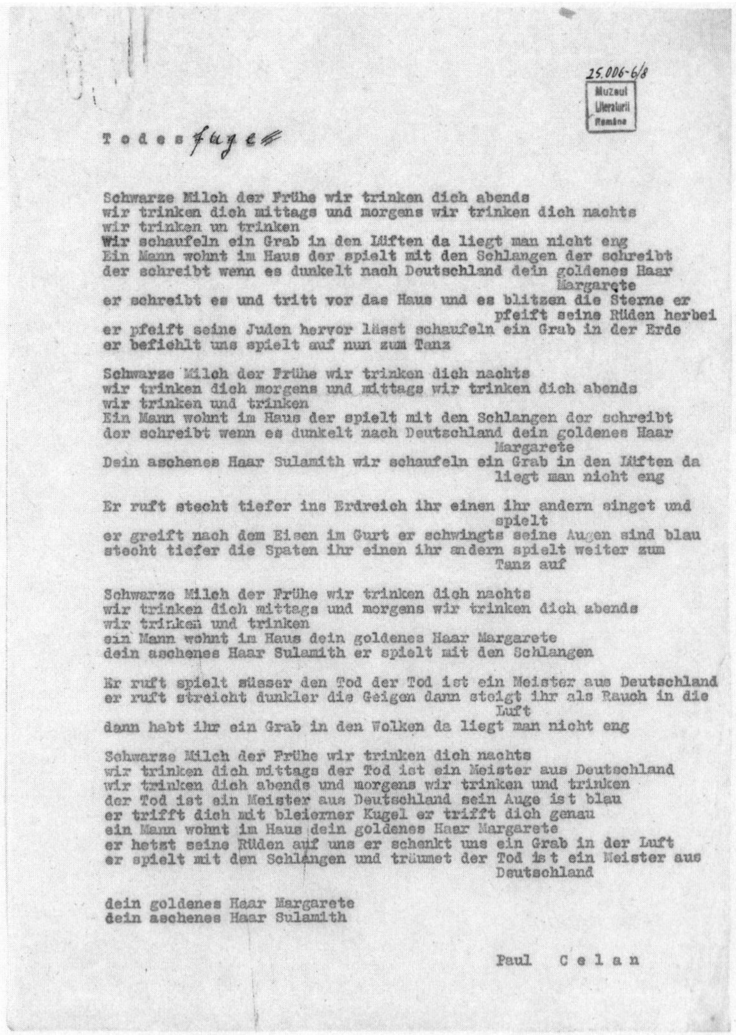

Todesfuge

Schwarze Milch der Frühe wir trinken dich abends
wir trinken dich mittags und morgens wir trinken dich nachts
wir trinken un trinken
Wir schaufeln ein Grab in den Lüften da liegt man nicht eng
Ein Mann wohnt im Haus der spielt mit den Schlangen der schreibt
der schreibt wenn es dunkelt nach Deutschland dein goldenes Haar
Margarete
er schreibt es und tritt vor das Haus und es blitzen die Sterne er
pfeift seine Rüden herbei
er pfeift seine Juden hervor lässt schaufeln ein Grab in der Erde
er befiehlt uns spielt auf nun zum Tanz

Schwarze Milch der Frühe wir trinken dich nachts
wir trinken dich morgens und mittags wir trinken dich abends
wir trinken und trinken
Ein Mann wohnt im Haus der spielt mit den Schlangen der schreibt
der schreibt wenn es dunkelt nach Deutschland dein goldenes Haar
Margarete
Dein aschenes Haar Sulamith wir schaufeln ein Grab in den Lüften da
liegt man nicht eng

Er ruft stecht tiefer ins Erdreich ihr einen ihr andern singet und
spielt
er greift nach dem Eisen im Gurt er schwingts seine Augen sind blau
stecht tiefer die Spaten ihr einen ihr andern spielt weiter zum
Tanz auf

Schwarze Milch der Frühe wir trinken dich nachts
wir trinken dich mittags und morgens wir trinken dich abends
wir trinken und trinken
ein Mann wohnt im Haus dein goldenes Haar Margarete
dein aschenes Haar Sulamith er spielt mit den Schlangen

Er ruft spielt süsser den Tod der Tod ist ein Meister aus Deutschland
er ruft streicht dunkler die Geigen dann steigt ihr als Rauch in die
Luft
dann habt ihr ein Grab in den Wolken da liegt man nicht eng

Schwarze Milch der Frühe wir trinken dich nachts
wir trinken dich mittags der Tod ist ein Meister aus Deutschland
wir trinken dich abends und morgens wir trinken und trinken
der Tod ist ein Meister aus Deutschland sein Auge ist blau
er trifft dich mit bleierner Kugel er trifft dich genau
ein Mann wohnt im Haus dein goldenes Haar Margarete
er hetzt seine Rüden auf uns er schenkt uns ein Grab in der Luft
er spielt mit den Schlangen und träumet der Tod ist ein Meister aus
Deutschland

dein goldenes Haar Margarete
dein aschenes Haar Sulamith

Paul Celan

Die »Todesfuge« in einem frühen Typoskript mit handschriftlichen Korrekturen von Paul Celan, das 1947 im Besitz von Alfred Margul-Sperber blieb. Heute im Literaturmuseum Bukarest

Todesfuge

Schwarze Milch der Frühe wir trinken sie abends
wir trinken sie mittags und morgens wir trinken sie nachts
wir trinken und trinken
wir schaufeln ein Grab in den Lüften da liegt man nicht eng
Ein Mann wohnt im Haus der spielt mit den Schlangen der schreibt
der schreibt wenn es dunkelt nach Deutschland dein goldenes Haar Margarete
er schreibt es und tritt vor das Haus und es blitzen die Sterne er pfeift seine Rüden herbei
er pfeift seine Juden hervor läßt schaufeln ein Grab in der Erde
er befiehlt uns spielt auf nun zum Tanz

Schwarze Milch der Frühe wir trinken dich nachts
wir trinken dich morgens und mittags wir trinken dich abends
wir trinken und trinken
Ein Mann wohnt im Haus der spielt mit den Schlangen der schreibt
der schreibt wenn es dunkelt nach Deutschland dein goldenes Haar Margarete
Dein aschenes Haar Sulamith wir schaufeln ein Grab in den Lüften da liegt man nicht eng

Er ruft stecht tiefer ins Erdreich ihr einen ihr andern singet und spielt
er greift nach dem Eisen im Gurt er schwingts seine Augen sind blau
stecht tiefer die Spaten ihr einen ihr anderen spielt weiter zum Tanz auf

Schwarze Milch der Frühe wir trinken dich nachts
wir trinken dich mittags und morgens wir trinken dich abends
wir trinken und trinken
ein Mann wohnt im Haus dein goldenes Haar Margarete
dein aschenes Haar Sulamith er spielt mit den Schlangen

Er ruft spielt süßer den Tod der Tod ist ein Meister aus Deutschland
er ruft streicht dunkler die Geigen dann steigt ihr als Rauch in die Luft
dann habt ihr ein Grab in den Wolken da liegt man nicht eng

Schwarze Milch der Frühe wir trinken dich nachts
wir trinken dich mittags der Tod ist ein Meister aus
Deutschland
wir trinken dich abends und morgens wir trinken und trinken
der Tod ist ein Meister aus Deutschland sein Auge ist blau
er trifft dich mit bleierner Kugel er trifft dich genau
ein Mann wohnt im Haus dein goldenes Haar Margarete
er hetzt seine Rüden auf uns er schenkt uns ein Grab in der
Luft
er spielt mit den Schlangen und träumet der Tod ist ein Meister
aus Deutschland

dein goldenes Haar Margarete
dein aschenes Haar Sulamith

Paul Antschel um 1941

Einleitung

Kaum ein Gedicht der Weltliteratur, erst recht keines des 20. Jahrhunderts, hat es zu solcher Berühmtheit gebracht wie die »Todesfuge« von Paul Celan. Generationen von Schülern haben es wenn nicht auswendig gelernt, so doch gelesen oder rezitiert gehört. Die »schwarze Milch der Frühe«, die wir trinken, oder dass der Tod »ein Meister aus Deutschland« sei, wird wieder und wieder zitiert, mehr oder weniger deutlich erwähnt. Wolfgang Emmerich hat die »Todesfuge« ein »Jahrhundertgedicht« genannt, ein Gedicht, das die grundlegende Erfahrung des 20. Jahrhunderts in sich aufnimmt und weitergibt.

Und doch steht die Bekanntheit und Verbreitung des Gedichts in einem eigenartigen Missverhältnis zur Erkenntnis des Ganzen wie zur Kenntnis im Einzelnen. Das Ungefähre überwiegt, wenn es um die Entstehung des Textes geht, um seine Wirkung und deren Wandlungen.

Auf Deutsch geschrieben, erschien die »Todesfuge« zuerst auf Rumänisch unter einem anderem Titel, kam bald darauf in dem Gedichtband *Der Sand aus den Urnen* in Wien heraus, den Celan rasch einstampfen ließ, weil er zu viele Druckfehler enthielt. Anfang 1951 erschien das Gedicht unter dem Titel »Fugue de la Mort« auf Französisch, bis es schließlich im Dezember 1952 in dem Band *Mohn und Gedächtnis* bei der Deutschen Verlags-Anstalt in Stuttgart herauskam.

Paul Celan schrieb dieses Gedicht, wie wir heute vermuten, Ende 1944, Anfang 1945 in Czernowitz oder aber wenige Monate später in Bukarest. Ort und Zeit sind darin eingegangen, haben sich dem Text eingeprägt. Und doch reicht es über den Ort hinaus. Wenn wir die »Todesfuge« heute lesen, lesen wir ihre Wirkungsgeschichte mit, vermutlich so sehr, dass wir ihre Entstehung oder vielmehr die Frage danach allzu leicht vergessen. Denn alle Begriffe, mit denen wir diesen Text deuten – Lyrik nach Auschwitz, ein Gedicht über den Holocaust, ein frühes Zeugnis der Shoah –, sind dem Gedicht erst viel später zugewachsen oder genauer: Sie sind aus ihm erwachsen. Was wir mit Bezeichnungen wie Auschwitz, Holocaust, Shoah verbinden, hat die »Todesfuge« auf besondere Weise mitbeeinflusst. Seinen 1951 publizierten und berühmt gewordenen Satz, nach Auschwitz ein Gedicht zu schreiben sei barbarisch, hätte Adorno vielleicht auch gesagt, wenn er die »Todesfuge« bei der Niederschrift 1949 schon gekannt hätte; wir wissen es nicht. Das Verständnis des Gedichts hat dieser Satz jedenfalls stark bestimmt, wie das Gedicht wiederum auf das Verständnis von Adornos Satz zurückgewirkt hat.

Im 20. Jahrhundert habe die Geschichte die Geographie »aufgefressen«, soll Celan gesagt haben. Das betrifft seine Herkunft wie die Entstehung seines Werkes. Der Schatten dessen, der aus »dem Osten« kam, der in Wirklichkeit die Mitte Europas war, hat Celan nahezu sein ganzes Leben begleitet. »Die Landschaft, aus der ich – auf Umwegen! aber gibt es das denn: Umwege? – zu Ihnen komme, dürfte den meisten von Ihnen unbekannt sein«, bemerkt er seinen Zuhörern gegenüber, als er 1958 für den Bremer Literaturpreis dankt.

Und auch als ich, ein Schüler in Lübeck, ganz nah an der deutsch-deutschen Grenze, Paul Celans Gedichte zu lesen begann und mich später als Student mit seinem Werk beschäftigte, war diese Welt im Osten noch ganz verschlossen; nur ausnahmsweise durfte man dorthin reisen. Einunddreißig Jahre nach Celans Dankesrede aber hat die Geschichte die Geographie wieder »ausgespuckt«: 1989 fiel der Eiserne Vorhang, Grenzen wurden niedergerissen, Räume geöffnet. Auch Czernowitz und die Bukowina wurden zugänglich, weithin unbekannte Orte, die es allererst zu erforschen galt.

Paul Celan wäre beim Fall des Eisernen Vorhangs gerade einmal 69 Jahre alt gewesen. Kurze Zeit später löste sich die Sowjetunion auf. Man stelle sich für einen Augenblick vor, er hätte diese epochale Wende erlebt und wäre in die Stadt seiner Herkunft zurückgekehrt. Unsere Perspektive hat sich grundlegend verändert, erweitert: War »Czernowitz« vor 1989 ein beiläufiger Topos oder nur eine unbekannte Größe, ist es heute eine vielfach bereiste, historisch neu vermessene Stadt in der Ukraine. Die »nun der Geschichtslosigkeit anheimgefallene Provinz der Habsburgermonarchie«, von der Celan 1958 sprach, wurde einige Jahrzehnte später zu einer Metropole der Literaturgeschichte und der Literatur. Seit 2010 versammelt das Festival »Meridian« dort an jedem zweiten Septemberwochenende im Jahr Lyriker, Kritiker und Literaturwissenschaftler aus aller Welt zu Lesungen, Diskussionen, Gesprächen. Der Name des Festivals geht unmittelbar auf Paul Celan zurück, der 1960 seiner Dankesrede zur Verleihung des Büchner-Preises in Darmstadt diesen Titel gab, Maßstäbe setzend für sein Werk, die Lyrik seiner Zeit, aber auch die zukünftige, die unserer Gegenwart.

Das Gedicht, das ihn berühmt machte, hat ihn ein Vierteljahrhundert begleitet. Die erste, halböffentliche Lesung auf der Tagung der Gruppe 47 im Mai 1952 in Niendorf an der Ostsee war nach dem Urteil des einladenden Hans Werner Richter ein »Reinfall«. Celan hat es nach einigen weiteren öffentlichen Lesungen später nie wieder vorgetragen, sich von 1961 an sogar gegen dessen Abdruck in Anthologien gesperrt. Und doch hat sich das Gedicht immer weiter verbreitet und wurde nach Hermann Hesses »Stufen« zum meistübersetzten

Gedicht deutscher Sprache. Ich spreche von der Biographie eines Gedichts, weil Celans »Todesfuge« an den Knotenpunkten seiner Biographie immer wieder auftaucht, gerade dann, wenn man sie nicht vermutet, unmittelbar wie vermittelt, explizit oder verborgen. Celan selber bezieht sich später auf sein frühes Gedicht, am intensivsten in »Engführung« von 1958, das man als Erwiderung auf die »Todesfuge« und deren Erweiterung lesen kann.

Nicht nur die Zeitläufte haben sich in den letzten dreißig Jahren gravierend verändert, auch die Erforschung von Celans Werk hat dies getan: Wir verfügen über zwei Gesamtausgaben, die Bonner und die Tübinger, eine historisch-kritische, eine kritische, zahlreiche Einzelausgaben. Die Briefwechsel, angefangen mit dem von Nelly Sachs von 1993, geben Aufschluss über biographische Konstellationen, die umfangreiche Korrespondenz von Paul Celan mit seiner Frau Gisèle Celan-Lestrange, 2001 von Bertrand Badiou, unterstützt von Eric Celan, herausgegeben, erschließen zwei Jahrzehnte seines Lebens in Paris auf ganz neue Weise. Wir können heute nahezu jeden Tag in Celans späterem Leben verorten. Die kommentierte Ausgabe der Gedichte von Barbara Wiedemann enthält nicht nur weithin präzise Daten und Orte zur Entstehung des jeweiligen Textes. Dessen Kontext lässt sich heute genauer fassen als je zuvor.

Auch wenn man so viel an Wissen hinzugewonnen hat, es bleiben noch Fragen offen: Wir haben weniger Kenntnis vom historischen Kontext, in dem Paul Celan publiziert hat, weniger auch von der weiter reichenden Wirkung seiner Gedichte, nicht nur in Deutschland, sondern darüber hinaus. Auch die Verfolgungsgeschichte der Familie von Paul Celan müssen wir heute genauer erforschen.

Das soll anhand des Gedichts versucht werden, das die weiteste Verbreitung gefunden hat. In diesem Buch treten Orte und Jahreszahlen zusammen. Bei einem Dichter, für den

Daten eine so entscheidende Rolle spielten, aber auch die Orte – auf jedem Brief von ihm vermerkte er beides –, versteht sich das fast von selbst. Celans Poetik der Orte und Daten[1] reicht von Czernowitz 1944 über Bukarest 1945, Wien 1947, Paris, Stuttgart, New York, Scheveningen, Bremen bis nach Budapest, Ostberlin, Stockholm, immer wieder Paris und Jerusalem 1969. Es sind Zeiträume, die einen entscheidenden Ort und ein bestimmtes Datum nennen, doch zugleich darüber hinausreichen. Stockholm 1966 greift einen Moment in Zürich 1960 auf, Budapest 1962 hat mit Madrid und Paris zu tun, und Stuttgart im Dezember 1952 stellt Weichen für die kommenden Jahre, während Lübeck 1963, als Ort eher vom Zufall gefügt, nach Czernowitz zurückführt. Orte und Daten verbinden sich zu thematischen Konstellationen, exemplarisch seien genannt die »Todesfuge« vor Gericht, die »Todesfuge« im Film oder als Krankheit.

Dabei kann es nicht darum gehen, Celans »Todesfuge« »eigentlich«, das heißt autoritativ und endgültig, zu deuten. Sein ganzes Werk wendet sich gegen solche Eigentlichkeit. Es legt Spuren der Deutung durch präzise Daten und Orte. Die Lesenden müssen ihr genaues Verständnis selber finden. Auch die »Todesfuge« kann, da sie eine Erscheinungsform der Sprache und damit ihrem Wesen nach dialogisch ist, in Celans Bild »eine Flaschenpost sein, aufgegeben in dem – gewiss nicht immer hoffnungsstarken – Glauben, sie könnte irgendwo und irgendwann an Land gespült werden, an Herzland vielleicht«.[2]

Bedeutende Philologen und Philosophen haben sich Paul Celan und seinem Werk zugewandt, Beda Allemann, Peter Szondi, Jean Bollack, Hans-Georg Gadamer, Jacques Derrida, Bernhard Böschenstein, Werner Hamacher, um nur sie zu nennen. Aber es scheint, dass dieser Dichter etwas Inkommensurables, Geheimnisvolles behält. Zum Glück!

Czernowitz um 1900

»Die Landschaft, aus der ich zu Ihnen komme«

Als 1944 endete und das Jahr 1945 anbrach, lagen europäische Städte in Trümmern, Coventry und Rotterdam, Berlin und Caen, Leningrad, Wien, Budapest und Bukarest waren bombardiert worden, Dresden würde im Februar des Jahres zerstört werden, Warschau war eine einzige Ruine, so wie Hamburg weithin in Schutt und Asche lag. Der Kontinent glich sich von Nord nach Süd, von Ost nach West am meisten in den Schneisen seiner Zerstörungen. Der von Deutschland entfachte Weltkrieg hatte die großen und kleinen Metropolen Europas, seine Industrie- wie Hafenstädte in Trümmerstätten verwandelt.

In kaum einer Stadt hatte der Furor von Zerstörung und Verschwinden solche Spuren hinterlassen wie in Czernowitz. Weniger äußerlich durch Bombardierungen, mutwillig gelegte Brände oder bei Straßenkämpfen zerschossene Häuser. Das Stadtbild blieb weithin erhalten. In Czernowitz war das Innere der Stadt unwiderruflich dahin, ihre Seele, genauer: ihre Seelen, ihre Kulturen, ihr Reichtum an Sprachen, Literaturen, an Bildung, Musik, Theater und Malerei, an vielerlei Handwerk und kleinen, ganz eigenen Traditionen. Die Pluralität der Stadt, über mehr als ein Jahrhundert hinweg erschaffen, aufgebaut und bewahrt, war innerhalb weniger Jahre einer einzigen Verwüstung gewichen. Tausende von Menschen waren deportiert, ermordet, Abertausende vertrieben oder umgesiedelt, ihre Häuser aufgegeben, beschlagnahmt, geplündert worden.

Im Januar 1958 bei der Entgegennahme des Bremer Literaturpreises spricht Celan von einer »Gegend, in der Bücher und Menschen lebten … in dieser nun der Geschichtslosigkeit anheimgefallenen ehemaligen Provinz der Habsburger Monarchie«[3] und gibt seinem Auditorium so einen ersten Eindruck von seiner Herkunft.

Der Blick führt von der Zerstörung zur Entstehung. Spuren der einstigen Vielfalt und des Reichtums entdeckt man bis heute in Czernowitz, geht man vom Theaterplatz zum Ringplatz, über die Russische Gasse zur Armeniergasse, nahe der Maria-Theresien-Gasse, die alle inzwischen anders heißen. Die Armeniergasse heißt heute auf Ukrainisch Virmenska, auf Rumänisch war es die Dmitri Petrino, die Judengasse war erst die Evreiasca, dann die Shalom Alejhema (immerhin klingt in den Namen der ursprüngliche, Judengasse, noch an), die Schulgasse wurde zur General Prezan (nach einem rumänischen General des Ersten Weltkriegs), aus der dann die Skilna wurde.[4] Die Um- und Neubenennungen der Straßen der Stadt erzählen ganze Geschichten von Siegern und ihren Namen, ihren Sprachen, Plätzen ebenso wie von den Verlusten und getilgten Namen.

In seinem Buch über Paul Celans Jugend, das Israel Chalfen, 1909 in Czernowitz geboren, in den 1970er Jahren in Jerusalem schrieb, führt er seine Leser durch das k.k. Czernowitz seiner Kindheit und die rumänische, doch weithin noch österreichisch geprägte Stadt seiner Jugend, durch die Brückenstraße, Bahnhofstraße und Hauptstraße, über die Grünanlagen der Habsburgshöhe, des Privatparks der Göbelshöhe und des städtischen Schillerparks:

Hat man die große steinerne Pruthbrücke überschritten und den rot-weißen Wagen der einzigen elektrischen Straßenbahn-

linie der Stadt bestiegen, gelangt man bald zum Hauptbahnhof der Staatsbahn, der mit Kuppeldach und Glashalle an Wien erinnert. Weiter geht es mit der »Elektrischen« den steilen Anstieg der Hauptstraße hinauf, und man wundert sich, daß die kleine Bahn das Gefälle überwinden kann. Die steilste Stelle heißt sogar »das Schief«. Neben der Straßenbahn fahren schwere Pferdefuhrwerke und leichte Droschken – das Auto ist noch eine Rarität –, und der »Kondukteur« der Straßenbahn muß heftig klingeln, um die den Fahrdamm willkürlich überschreitenden Fußgänger zu warnen und auch die schreienden Kutscher und das Knallen der Peitschenhiebe zu übertönen.[5]

Chalfens historischer Stadtrundgang im erlebten Präsens führt über den Ringplatz, »das Herz der Stadt«, am klobigen »Magistrat«, dem Rathaus mit viereckigem Uhrturm, vorbei, in die sich lang hinziehende Siebenbürgenstraße, die heutige Golovna, in die südlich gelegene Oberstadt an der rundtürmigen rumänischen Kathedrale und dem rumänischen Oberrealgymnasium vorbei über den ausgedehnten Volksgarten zur Endstation der Straßenbahn am südlichen Bahnhof. Chalfen schildert die einstmals prächtigste Straße der Stadt, die Herrengasse, mit dem »Deutschen Haus«, mit Giebeln, schwarz-weiß-roter Wandbemalung und holzgetäfelter Bierhalle im Erdgeschoss. Der »altdeutsche große Saal« des Gebäudes wurde in den 1920er Jahren an die jüdische Gemeinde für Gottesdienste an den hohen Feiertagen vermietet. Von der Herrengasse gelangen wir über die Maria-Theresien-Gasse über die Josephgasse zur Wassilkogasse mit Paul Antschels Elternhaus. Antschel, auf Rumänisch, war der ursprüngliche Familienname, in der Bukowina weit verbreitet, so dass ihn der junge Dichter später änderte.

Die Geschichte der Stadt wie der »Gegend, in der Menschen und Bücher zuhause waren«[6], reicht weit zurück: 1774 hatten die Habsburger die russische Besetzung des Landes am Fluss Pruth beendet und die Bukowina besetzt, deren Name vermutlich auf das ukrainische *buk* für Buche zurückgeht, das Buchenland, in dem Ukrainer, Rumänen, Juden und Deutsche, Polen und Ungarn, Huzulen und Lipowaren, Ethnien, die heute kaum einer mehr kennt, Slowaken, Tschechen, hindurchziehende oder sesshaft gewordene Sinti und Roma und Armenier wohnten. Eine Vielvölkerregion, die vor allem auch den Juden, die vor den Pogromen in Polen und Russland flohen, Zuflucht bot. So entkam der chassidische Zaddik (der Gerechte, Bewahrer, ein Ehrentitel) Israel Friedman 1841 der Verfolgung in seiner zaristischen Heimat und errichtete seinen »Hof« auf dem ehemaligen Landsitz eines russischen Generals in Sadagora, dem Nachbarort von Czernowitz, heute ein Teil der Stadt, der so zu einem Anziehungspunkt für Chassidim, Juden aus Osteuropa, wurde, deren Lebens- und Glaubenswelt Martin Buber in seinen Erzählungen überliefert hat. Während die Haskala, die jüdische Aufklärung, sich im Westen des Kontinents ausbreitete, entstand in und um Sadagora die östliche Gegenwelt, in der die Chassiden ihre Frömmigkeit in Tänzen, Liedern, Ritualen, in überlieferten Erzählungen und Legenden unmittelbar lebten. Heute, achtzig Jahre nach seiner Zerstörung, wird der Hof des Zaddik Israel Friedman wieder errichtet und zieht vor allem amerikanische Chassiden an. Auch Czernowitz teilte sich in ein chassidisches, streng jüdisches Viertel im Süden der Stadt und ein weltlich-europäisches im Norden.

1849 wurde die Bukowina, bislang Teil Galiziens, unter dem jungen Kaiser Franz Joseph zum Kronland erhoben; die Krone gestand ihr historische wie politische Individualität zu, wie es österreichische Staatswissenschaftler im 19. Jahrhundert umschrieben, eben Autonomie. Die Reichsverfassung sah für die Bukowina 1861 einen Landtag in Czernowitz vor, eine Regierung, den sogenannten Landesausschuss, und als Vertreter des Kaisers einen Landespräsidenten. Die dünn besiedelte Bukowina benötigte nach der Eroberung durch die Habsburger Einwanderer, und so waren arme Bauernfamilien vor allem aus Süddeutschland, aber auch aus dem Rheinland, aus Franken oder dem Böhmerwald dem Aufruf von Kaiser Joseph II. gefolgt und hatten sich im neuen Teil seines großen Reiches angesiedelt. Die »Schwob« waren donauabwärts gezogen und hatten sich im Banat wie in der Bukowina niedergelassen; auf die Bauern folgten Handwerker und Händler. Auf dem Land sprach man zumeist Ukrainisch oder Rumänisch; in die Dörfer oder Märkte Fratautz, Jakobeni, Eisenau und Pojorita, in deren Verwaltungen, Geschäfte, Kontore und erst recht in Czernowitz zog Deutsch als Amts- und Umgangssprache ein. Stadt und Land erlebten eine wirtschaftliche Blüte. Holz wurde aus der waldreichen Umgebung gewonnen, Dampfsägen gingen in Betrieb, man eröffnete Brennereien, Ziegelöfen und Mühlen, Glas- und Textilfabriken nahmen ihren Betrieb auf, und 1866 wurde die Eisenbahn von Lemberg über Czernowitz nach Wien eingeweiht, eine Linie, die nicht nur Güter und Fahrgäste beförderte, sondern ebenso deren Ideen, zu Papier gebracht oder nicht, Erzählungen, Essays, fertige wie unabgeschlossene Manuskripte, Bücher, die die Eisenbahn von Klein-Wien nach Wien und zurück beförderte.

Die wirtschaftliche Prosperität rief, wie immer, das Verlangen nach Bildung auf den Plan. Czernowitz errichtete eine »israelitisch-deutsche Knabenschule«, und immer mehr jüdische Kinder besuchten die Volks- und Mittelschulen, die Berufsschulen, vor allem das Deutsche Staatsgymnasium in der Stadt. Die rechtliche Gleichstellung der Juden 1867 zog noch mehr jüdische Einwanderer an. Im ersten Landtag der Provinz von 1861 saßen zwei jüdische Abgeordnete, bis zum Ende der Monarchie werden stets Juden im Czernowitzer Stadtrat vertreten sein, der zwei Mal Juden zu Bürgermeistern wählen würde. Die 1875 gegründete Franz-Josephs-Universität zählte um 1900 rund 40 Prozent jüdische Studenten und zahlreiche jüdische Professoren und Dozenten. Juden leiteten die deutschsprachigen Zeitungen der Stadt. Die Verwaltung, Gerichte, Schulen, Polizei und das k.k. Heer nahmen Juden auf, zu einer Zeit, als in Berlin, Straßburg oder Heidelberg nicht daran zu denken war. Zu Beginn des 20. Jahrhunderts hatten jüdische Industrielle, Kaufleute und Bankiers eine führende Stellung im Wirtschaftsleben der Bukowina und ihrer Hauptstadt. Die letzte kaiserliche Volkszählung von 1910 teilte die 87 235 Einwohner von Czernowitz in rund 30 000 Juden als größte »Volksgruppe«, daneben 17,9 Prozent Ruthenen (Ukrainer), fast gleich viele Polen, 15,7 Prozent Rumänen und 14,5 Prozent Deutsche.

Das halbe Jahrhundert von der Emanzipation der Juden bis zum Ende der langen Regentschaft von Kaiser Franz Joseph 1918 nannten die Czernowitzer im Rückblick »das goldene Zeitalter«, eine vergoldende Erinnerung, denn es gab in der Stadt Spannungen zwischen Juden und Deutschen, die zwar Sprache und Kultur verband, zwischen Ukrainern und Polen oder Ungarn, den Sinti und Roma, und erst recht gab es Auseinandersetzungen mit den Rumänen. Und doch stiftete die habsburgische Doppelmonarchie einen politischen Konsens – ein österreichisch-ungarisches Vernunftgebot – unter den unterschiedlichen Volksgruppen, heute würden wir von Ethnien sprechen, das es in der verbindenden Kraft so vorher nicht gegeben hatte und auch später nicht mehr geben würde.

Straßen und Plätze waren nach berühmten Persönlichkeiten des Judentums wie Theodor Herzl benannt, es gab ein imposantes Jüdisches Nationalhaus auf dem Theaterplatz und das erwähnte »Deutsche Haus«. In der reichen Oberstadt fanden sich zahlreiche jüdische Firmen um den orientalisch anmutenden Springbrunnen.[7] Doch die ausladende Kulisse von Gebäuden und Geschäften darf nicht darüber hinwegtäuschen, dass es über die Jahrzehnte einen grundlegenden Konflikt zwischen den Vertretern des Reformjudentums, den Modernen, und den Traditionalisten, den Orthodoxen, gab, die großen Einfluss auf die bedürftigen Schichten behielten, die vor allem in der armen Unterstadt lebten.

Die ferne, nahe Sprache

Die Bewohner der Unterstadt sprachen Jiddisch – und eben nicht Deutsch wie ihre assimilierten Glaubensbrüder. Nathan Birnbaum und andere Gelehrte verlangten die Gleichberechtigung der jiddischen Sprache. Im Sommer 1908 fand in Czernowitz die erste Weltkonferenz für die jiddische Sprache statt, die Nathan Birnbaum, Theodor Herzls ehemaliger Sekretär, von New York aus organisiert hatte. Sie durfte nicht im Jüdischen Volkshaus abgehalten werden, die bürgerliche Kultusgemeinde hatte dagegen protestiert. Ihr war das Jiddische nicht anerkannt genug. Also fand die Konferenz im Ukrainischen Volkshaus statt. Es kamen Autoren, Verleger, Kritiker, Gelehrte, um über die Standardisierung des Jiddischen als »Nationalsprache des jüdischen Volkes« zu diskutieren. Sie forderten die politische, soziale und kulturelle Gleichberechtigung ihrer Sprache. Der Schriftsteller Jizchok Lejbusch Peretz sagte: »Ein jüdisches Volk, seine Sprache ist Jiddisch, und in dieser Sprache wollen wir unseren Schatz sammeln, unsere Kultur erschaffen, unsere Seele wecken und uns kulturell vereinigen über alle Länder hinweg und zu allen Zeiten.«[8] Das war ein politisches Programm und zeitigte Wirkung. 1911 erkannte der Landtag an, dass die Juden als eine nationale Gruppe zu behandeln wären – allerdings vergebens, die Regierung in Wien duldete keine Gesetzesänderung. Juden wurden weiterhin als Konfession, nicht als Nation und über ihre »Konversationssprache« als Deutsche bestimmt. Das Jiddische galt als Jargon des Deutschen. Das österreichische Recht kannte und anerkannte auch weiterhin nur eine israelitische Konfession.

»Jiddisch is hefker«, nennt Itzik Manger, 1901 in Czernowitz geboren, als junger Dichter seinen »Farlag«. Jiddisch ist herrenlos, gehört niemandem, ist aufgegeben. Eine »Niemandssprache«, wie Efrat Gal-Ed ihre Biographie über Itzik Manger nennt. Das jiddische *hefker* geht auf den Talmud zurück: »Was der Landwirt auf seinen Feldern absichtlich nicht erntet, ungeschnitten oder ungepflückt für die Armen stehen lässt, was er ihnen überlässt, wird als *hefker* bezeichnet. Im Jiddischen evoziert *hefker* den Umstand der Schutzlosigkeit und Gefährdung des Herrenlosen: Der verlassene Mensch ist in einen rechtsfreien Raum verbannt, aus jeglicher Gesetzlichkeit ausgeschlossen, der Willkür überlassen, vogelfrei.«[9] Es bedeutet auch: unbehaust, umherirrend, schamlos, frivol, ohne Gesetz und Glauben. Niemandssprache. Itzik Manger hat, gemeinsam mit anderen, dem Jiddischen Stolz und Geltung einer Weltliteratur verschafft und dabei das Nichtkanonisierte, Offene der Volkssprache aufgenommen, das Umherirrende aufgelesen und zugleich an seine Zeitgenossen appelliert, Jiddisch nicht beiseite liegen zu lassen.

Czernowitz war nicht allein die Stadt des lange Zeit herrenlosen Jiddisch, sondern ebenso die des gefärbten Deutsch, des anders klingenden Rumänisch, Armenisch oder Ungarisch. Eine Vielsprachenstadt, deren Hauptsprache bis 1918 Deutsch war. An das eigentümliche Sprachengemisch seiner Kindheit erinnert sich Zvi Yavetz viele Jahre später in Tel Aviv: »Das ›a‹ wurde wie ›o‹ ausgesprochen, zum Beispiel: Ich ›schlofe‹ statt ›schlafe‹. Statt ›ei‹ sagten sie ›aa‹ (zum Beispiel ›Klaader‹ statt ›Kleider‹); ›o‹ statt ›u‹ (zum Beispiel ›Worscht‹ statt Wurst und ›Dorscht‹ statt ›Durst‹). Im Laufe der Zeit eigneten sie sich auch rumänische und jiddische Begriffe an – zum Beispiel ›Pofte‹ (von ›Pofta‹ = Appetit) oder ›dultschet‹

(vom rumänischen ›dulceață‹ = Marmelade) oder ›Moire‹ (›Furcht‹ auf Jiddisch) oder ›Punem‹ (›Gesicht‹ auf Jiddisch) usw.« Zum Czernowitzer Deutsch gehörte »Schmetten« für Sauerrahm, Schmand, von »smetana« in den slawischen Sprachen, »piste« für langweilig, vom ukrainischen »pusto«, leer, und das Verb »dillen«, auch hier aus dem Ukrainischen, für weitschweifiges Reden.[10]

Wie sehr das Jiddische eine ebenso nahe wie ferne Sprache auch für den heranwachsenden Paul gewesen sein muss, erhellt eine Geschichte, die sein Zeitgenosse Zvi Yavetz überliefert. In den 1930er Jahren nahmen die Auseinandersetzungen zwischen den Volksgruppen immer mehr zu, vor allem zwischen den Ukrainern und Juden, den Rumänen, die als neue Herren nach dem Ersten Weltkrieg die jüdische Bevölkerung nicht ausreichend schützten und oft eine antisemitische Einstellung an den Tag legten, und auch den Polen, die den Juden nicht wohlgesinnt waren, aber auch mit anderen Volksgruppen querlagen:

Unsere Waschfrau, Frau Valissowa, eine Polin, die mit meiner Großmutter auf gutem Fuß zu stehen schien, weil die ihr immer die Träume deutete, drohte uns 1938 plötzlich: ›Wartet noch ein bisschen, bald wird Hitler auch Rumänien erobern, und das wird das Ende der Juden sein.‹ Meine Großmutter war entsetzt und antwortete: ›Es ist möglich, dass das Unglück mit uns anfangen wird – aber auch die Polen werden der Katastrophe nicht entrinnen‹, und sie fügte das jiddische Sprichwort hinzu: ›Beïi Jiden heibt sich un, aber bei Gojim losst sich ois.‹ (Bei den Juden fängt es an, aber Nichtjuden leiden später auch.) Es tut mir außerordentlich leid, dass meine Großmutter – als zahlreiche polnische Flüchtlinge im September 1939 in Czernowitz Zuflucht suchten – der Valissowa nicht mehr sagen konnte, wie recht sie gehabt hatte; sie starb nämlich einige Tage nach Ausbruch des Zweiten Weltkriegs.[11]

Auf die Frage seines amerikanischen Übersetzers Jerome Rothenberg, wo er Jiddisch gelernt habe, wird Celan 1967 antworten: in den Arbeitslagern der 1940er Jahre.

Das Wortlaub von Czernowitz

»Eine entlegene, osteuropäische Stadt, nicht groß, nicht klein: Czernowitz, die Hauptstadt des Kronlandes Bukowina, der ehemaligen österreichisch-ungarischen Monarchie«, schreibt Rose Ausländer in ihren *Erinnerungen an eine Stadt*, die für sie bis 1944 eigentlich eine österreichisch-ungarische Stadt blieb: »Die verschiedenen Spracheinflüsse färbten natürlich auf das Bukowiner Deutsch ab, zum Teil recht ungünstig. Aber es erfuhr auch eine Bereicherung durch neue Worte und Redewendungen. Es hatte eine besondere Physiognomie, sein eigenes Kolorit. Unter der Oberfläche des Sprechbaren lagen die tiefen, weitverzweigten Wurzeln der verschiedenartigen Kulturen, die vielfach ineinandergriffen und dem Wortlaub, dem Laut- und Bildgefühl Saft und Kraft zuführten. Mehr als ein Drittel der Bevölkerung war jüdisch, und das gab der Stadt eine besondere Färbung. Altjüdisches Volksgut, chassidische Legenden ›lagen in der Luft‹, man atmete sie ein.« Rose Ausländer nennt es ein »barockes Sprachmilieu«, ein »Wortlaub« aus teils alten, ganz verschiedenen Sprachen.[12]

Diese Sprachenvielfalt ging über die Jahre mit einer Vielzahl von Ideen einher, die im Wettstreit miteinander lagen. Das eine war Ausdruck des anderen. Es waren vor allem der Sozialismus wie der Nationalismus in seinen Schattierungen und mit Akzenten, die jede Nation für sich setzte, Rumänen ganz anders als Ukrainer, die Deutschen, die mit den Juden die Sprache teilten, gingen eigene Wege und verwarfen oder bekämpften gar die andere Auslegung. Und es gab den Zionismus, dem vor allem jüngere Juden anhingen. All diese Ideologien waren damals in

Europa, in Ost wie West, im Schwange; in der Vielvölkerstadt Czernowitz nahmen sie besondere Couleur an. Die Arbeiterpartei Poale Zion trat für die Belange jüdischer Arbeiter ein. Andere Politiker warben für eine jüdische Nation in Abgrenzung zur deutschen Volksgruppe. Und der Zionismus schloss sich schließlich Theodor Herzls Idee eines eigenen Judenstaates an mit Hebräisch als Landessprache, gegen die sich wiederum die »Jiddischisten« wehrten.

Zeitungen schossen wie Kraut aus dem Boden. Vor dem Ersten Weltkrieg gab es in Czernowitz rund 300 deutschsprachige Periodika, Tages- wie Wochenzeitungen, Monatsschriften, Fachorgane, oft herausgebracht von den politischen Vereinen, Bildungseinrichtungen, Theatern der Stadt. Die wichtigsten Tageszeitungen waren die *Bukowinaer Rundschau* (1882–1907), die *Czernowitzer Allgemeine Zeitung* (1903–1940) und das *Czernowitzer Morgenblatt* (1918–1940).

Ebenso überbordend vielfältig war die Literatur, die in den zahlreichen Zeitungen erschien. Andrei Corbea-Hoișie hat in seinem *Jüdischen Städtebild Czernowitz* etwas von dieser Fülle an Formen und Inhalten gezeigt, die in der Stadt entstand: von Karl Emil Franzos über Nathan Birnbaum, Rose Ausländer, Alfred Kittner, Gregor von Rezzori, Selma Meerbaum-Eisinger, Aharon Appelfeld oder Norman Manea, um nur einige zu nennen. Sie brachten Reiseeindrücke wie Erinnerungen an die Heimatstadt hervor, Begegnungen, Porträts, Romane ebenso wie Gedichte oder Novellen. Man erfährt etwas über den »jüdischen Schulverein in Czernowitz« wie das »Ethische Seminar«, die Ober- wie die Unterstadt. Diese einmalige, historisch-geographisch fast simultane Mischung von ganz Unterschiedlichem, oft Auseinanderstrebendem brachte Karl Emil Franzos vor 120 Jahren auf den Begriff: Czernowitz sei ein Schwarzwalddorf, ein podolisches Ghetto, eine kleine Wiener Vorstadt, ein Stück tiefstes Russland und ein Stück modernstes Amerika.

Der Erste Weltkrieg bedeutete für diese west-östliche Welt eine Zäsur. Russische Truppen besetzten das österreichisch-ungarische Czernowitz in dieser Zeit drei Mal, am längsten vom Sommer 1916 bis zum August 1917, als österreichische Truppen die Stadt wieder einnahmen.

Am 11. November 1918, dem Tag der deutschen Kapitulation, zogen schließlich rumänische Truppen unter dem Befehl von General Zadic in die Stadt ein, der deutsche »Volksrat« erklärte sich mit dem Anschluss an Rumänien, nachdem dieses ihm kulturelle Autonomie zugestanden hatte, einverstanden. Der Jüdische Nationalrat verhielt sich neutral. Bei den Friedensverhandlungen von Paris nahm Rumänien 1919 als Siegermacht teil und bekam, neben anderen Territorien, die Bukowina zugesprochen. Großrumänien entstand. Aus Czernowitz wurde Cernăuţi.

Die Antschels, Ancels

Im Saal des »Jüdischen Bauhandwerkervereins«, eines der zahlreichen Vereine der Stadt, heirateten Anfang 1920 Leo Antschel (in rumänischer Orthographie: Ancel) und Friederike (Fritzi) Schrager. Das Ehepaar zog in die Wohnung von Leos Vater – die Mutter war verstorben – in der damaligen Wassilkogasse und teilte sich die drei Zimmer mit dem Vater und den beiden jüngeren, unverheirateten Schwestern Leos, Regina und Minna. Am 23. November 1920 wurde ein Sohn geboren, den die Eltern Paul nannten. Er sollte ihr einziges Kind bleiben.

Leo Antschel war ein ausgebildeter Bautechniker, der aber nach dem Ersten Weltkrieg keine Anstellung fand; das Baugewerbe lag in Czernowitz ebenso darnieder wie die ganze einstmals florierende Wirtschaft der Stadt. Leo arbeitete als Makler und später als Vertreter im Brennholzhandel, ein halbwegs einträgliches Geschäft, weil die waldreiche Umgebung sich als unerschöpflicher Lieferant des Rohstoffs erwies.

Leo und Fritzi stammten aus jüdischen Familien in der Bukowina und Galizien. Leo Antschel-Teitler – nach der mütterlichen wie väterlichen Linie trug das Kind zunächst einen Doppelnamen – wurde 1890 in Schipenitz, einem Dorf nördlich von Czernowitz, in eine jüdisch-orthodoxe Familie hineingeboren. Leo erhielt vom Vater Wolf eine streng orthodoxe Erziehung, Tora- und Talmudstudium, während sich die Mutter um den eigenen Krämerladen kümmerte, in der Bukowina Greißlerei genannt. Israel Chalfen kann die vaterliche Linie noch weiter zu den Großeltern, Pauls Urgroßeltern, zurückverfolgen, zu Schikke (Jeschajahu) Teitler und seiner Mathel. Der Urgroßvater war vermutlich *Melamed*, Lehrer der hebräischen Erstklässler und Vorbeter der jüdischen Landgemeinde. Wolf Antschel und sein älterer Bruder David waren die Ersten in der Familie, die einen nichtgeistlichen Beruf ergriffen. David ging nach Sachsen und betrieb in Schwarzenberg bei Chemnitz eine Metallwarenfabrik. Für Leo Antschel-Teitler war die weltliche Berufswahl schon selbstverständlicher. Sein Sohn Paul wuchs in einem Elternhaus auf, in dem das Judentum zwar noch gelebte Selbstverständlichkeit war, aber keine orthodoxe Form mehr annahm. Im Haus seines Großvaters mütterlicherseits indes wurde noch der Schabbat gehalten. Friederike (Fritzi) Schrager, 1895 in Sadagora geboren, stammte aus einer frommen Familie. Ihr Vater, Philipp Schrager, war nach dem Tod seiner zweiten Frau, Adele, der Mutter von Fritzi, 1907 nach Czernowitz gezogen und blieb allein mit vier Kindern zurück: der zwölfjährigen Tochter, der vierjährigen Tochter Blanca, dem zweijährigen Bruno sowie einem älteren Sohn aus der Ehe mit seiner früh verstorbenen ersten Frau. 1911 heiratete er ein drittes Mal. Im Ersten Weltkrieg flohen die Schragers vor den russischen Truppen nach

Paul Celans Mutter Fritzi zwischen 1914 und 1918

Böhmen und blieben für einige Zeit in Lubenz, dann in Aussig, kleinen Städten an der Elbe. »Mama, während des ersten Weltkriegs, in Böhmen –«, notiert Paul Celan später auf einer Fotografie seiner Mutter. Auf die Zeit an der Elbe, auf Böhmen wird er in seinen Gedichten zurückkommen.

Die Zeit nach dem Ersten Weltkrieg war auch in Czernowitz von wirtschaftlicher Not und Entbehrungen gekennzeichnet. In dieser Welt wuchs Paul, als einziges Kind besonders behütet und umsorgt, auf. Der Kindheitsfreund Moshe erinnert sich an ein sehr lebendiges Bild: »Wir saßen auf einem kleinen steinernen Zaun, vor uns ein großer Spielplatz, wo Kinder sich tummeln und großen Lärm machen. Er sprach auf eine merkwürdig verträumte Weise. Ob das seiner allgemeinen Zurückhaltung zuzuschreiben ist, kann ich nicht sagen, aber die Art des Sprechens, also der Ton – sehr leise, ruhig –, ich kann mich z.B. überhaupt nicht an ihn erinnern als schreiend oder als lärmend, als jemanden, der Lärm macht.« Und ein halbes Jahrhundert später findet der Freund eine wunderbare Formulierung: »Es war irgendeine – heute würde ich sagen: so eine besonnene Melancholie über diesem Kinde.«[13]

Paul besuchte den deutschsprachigen Meisler-Kindergarten, mit knapp sechs Lebensjahren kam er ins Meisler-Institut, eine teure Privatschule, dann in die Ssafa-Iwrija (zu Deutsch: hebräische Sprache), eine »Volksschule«, wir würden sie heute Grundschule nennen, von zionistischen Organisationen unterhalten, und in der, neben Deutsch und Rumänisch, Hebräisch Schulfach war. Das Schulgeld wurde den jüdischen Kindern erlassen. Im Herbst 1930 wurde Paul in das Liceu Ortodox de Baeti aufgenommen, das einstige Griechisch-orientalische Oberrealgymnasium in Czernowitz. Es war auch später ein Elitegymnasium mit Rumänisch als Unterrichtssprache. Jüdische Schüler waren zugelassen, aber nicht gern gesehen. Dennoch schickten viele jüdische Eltern ihre Kinder in die beste staatliche Schule der Stadt. Im Hebräischen erhielt Paul noch einige Zeit Privatstunden, auf denen der strenge Vater bestanden haben soll. Israel Chalfen berichtet, dass dem Schüler das Hebräisch schwergefallen sei. 1934 wechselte Paul wegen des wachsenden Antisemitismus in diesem Gymnasium ins Vierte oder Ukrainische Gymnasium, das als liberal galt. Das Fach Rumänisch unterrichtete der Dichter Aurel Vasiliu, der auf den Schüler, der ein besonderes Interesse für die Botanik zeigte, aufmerksam wurde und dessen Begabung für Sprachen und Literatur früh erkannte.

Winterkastanien

In ihren *Erinnerungen an Paul Celan* zeichnet die ein Jahr jüngere Edith Silbermann ein Bild ihrer gemeinsamen Herkunft:

> *Wenn man vom Haupteingang des Czernowitzer Volksgartens die Siebenbürgenstraße zur Kaserne des 8. Jägerregiments überquerte, kam man nach wenigen Schritten zum steilen Töpferberg, der in die Bräuhausgasse mündete. Dort stand mein Elternhaus, und gegenüber, im etwas baufälligen, ebenerdigen Haus, dessen Front zur Feldgasse hin sah und das noch keine Wasserleitung, sondern einen Ziehbrunnen im Hof hatte, wohnte der Herrenschneider Chomed. Mit seinem Sohn, Gustl, meinem Spielkameraden aus früher Kindheit, war Paul als Schüler des 4. Staatsgymnasiums eng befreundet. Der Töpferberg war eine wundervolle Rodelbahn, von der aus, wenn man oben mit Schwung losfuhr und oben nicht bremste, auf der breiteren, ebenen Bräuhausgasse ganz weit gelangen konnte. Die verkehrsreiche Straßenkreuzung, an der morgens rumänische und ruthenische Bäuerinnen und ›Schwäbinnen‹ aus der Vorstadt Rosch Gemüse und Obst feilboten, war des geschäftigen Markttreibens wegen jedoch nicht ungefährlich. Um mich*

an den beiden Jungen zu rächen, die mich in ihren sportlichen Leistungen zu übertrumpfen trachteten, den Berg mutiger hinuntersausten und mich ›folgsames Kind‹, das die Warnungen der Erwachsenen vor den Gefahren des Verkehrs nicht wie sie in den Wind schlug, zu hänseln pflegten, legte ich mir im Herbst auf dem Dachboden einen Vorrat von aus dem Volksgarten heimgebrachten Kastanien an und bombardierte an klaren Wintertagen durch die Dachluke oder vom Balkon aus die vermeintlich Überlegenen mit diesen Wurfgeschossen. Dies war meine erste Kontaktnahme mit Paul.

Pauls Kindheitsfreundin Edith erweist sich viele Jahre später als ebenso umfassende wie genaue Chronistin der gemeinsamen Heimatstadt. *Czernowitz – Stadt der Dichter* heißt ihr Buch, von ihrer Nichte Amy Colin 2015 postum herausgegeben, ein reicher Schatz an Familien- wie Stadtgeschichte, an historischen Ereignissen, reich vor allem auch an Literaturgeschichte. Aber nicht minder an Alltagsgeschichte. Ihre Mutter etwa stellt Silbermann anhand von deren Kochkünsten vor, die zum österreichisch geprägten Czernowitz gehörten:

Meine Mutter war für ihre Käse-, Nuß- und Mohnbuchteln berühmt, die es oft am Montag nach einer Kümmelsuppe oder einem Borschtscht zu Mittag als Hauptgericht gab. Für Freitagabend bereitete sie gewöhnlich einen ›versulzten‹ Karpfen (in Aspik) vor, zu dem wir von ihr selbst gebackenen Kolatsch (Zopfbrot) aßen und davor Fisolenpüree (Bohnenpüree). Fisch kaufte sie in einer Passage in der Liliengasse lebend und ließ ihn vom Händler an Ort und Stelle erschlagen. Sonntag hatten wir immer zum Mittag eine Fleischspeise; Tafelspitz mit Kren (Meerrettich) und Salzkartoffeln, eine Rindssuppe, eine ›goldene Jauch‹ mit Grießknödel – wie wir damals die fette Hühnersuppe nannten –, Hühner-, Puten- oder Gänsebraten mit Reibekuchen oder Kartoffelpuffern, dazu Möhren oder rote Beete und Sauerkraut oder saure Gurken als Beilage; hernach Kompott, rohes Obst oder eine Mehlspeise. An den übrigen Tagen ›Mamaliga‹ mit Quark und Butter, Spinat, Mohnnudeln, Palatschinken, Powidltatschkeln, mit Kartoffeln, gerösteten Zwiebeln und Hackfleisch, Grieben oder Quark gefüllten Maultaschen, Schwammerlsuppe und manch andere leckere Gerichte.[14]

»Mamaliga«, eine Art Polenta, war ein Grundgericht der bukowinischen Küche, wie die Chronistin bei ihrer Auflistung der Czernowitzer Kulinaria nicht zu erwähnen vergisst.

Pauls Freundschaft mit Edith, die mit Mädchennamen Horowitz hieß, begann um 1937. Zwei Jahre zuvor waren die Antschels in eine Wohnung in der Masarykgasse gezogen, nahe Pauls Schule, in ein neu errichtetes Viertel für die gehobene Mittelschicht der Stadt. Gemeinsam mit Gustav, genannt Gustl, Chomed bildeten sie ein Freundestrio. Ediths Vater, der »Herr Professor« genannt, war ein studierter Gräzist, der zudem eine Banklehre absolviert hatte. Einige Jahre hatte er an Czernowitzer Gymnasien unterrichtet, dann aber die Lehrtätigkeit aus Widerwillen gegen die neuen Herren der Verwaltung beendet, die auf eine »Rumänisierung« des gesamten Schulwesens der Stadt drängten. In der Bibliothek von Professor Horowitz konnte der heranwachsende Paul nach Herzenslust stöbern. Dort entdeckte er zwei Schriften, die für sein Schreiben entscheidend sein werden: Hofmannsthals *Brief des Lord Chandos* und den Erzählungsband *Ein Landarzt* von Kafka, klassische Texte der Moderne.

Ilse Goldmann, 1921 in Czernowitz geboren, auch sie eine Jugendfreundin, erinnert sich an den 15-, 16-jährigen umschwärmten Paul als einen selten schönen Menschen, »ganz in der Art jugendlicher Romantiker, etwa Byrons oder Shelleys, mit sanften Rehaugen und einem goldüberhauchten

Pfirsichton der Haut, mit langen, schlanken, sehr ebenmäßigen Gliedern. Einer seiner verständnisvollen Bewunderer verglich ihn mit einer jungen Erle, nicht zu Unrecht. Manchmal schien mir um ihn eine Schwüle wie in einem Treibhaus voller Orchideen zu herrschen. Er hatte eine durchaus mädchenhafte Art, den Kopf auf die Seite zu legen und den Blick passiv und elegisch schweifen zu lassen, die mich wütend machte.« Was andere ansprach, Schönheit und Ebenmaß des jungen Paul, ließ Ilse auf Distanz gehen: »Seine Gegenwart belastete mich, und das wurde nie anders. Ich mochte ihn vom ersten Augenblick an nicht. Meine Abneigung [...] stammte aus der Physis.«

Ruth Kaswan, geborene Kissmann (1921–1999), indes, eine Jugendfreundin aus den 1930er Jahren, berichtet von der gemeinschaftlichen Lektüre von Rimbaud, Gide und Rilke. »Ich erinnere nicht viel von Pauls Rezitationsfähigkeit, und von den Gedichten, die er damals schrieb, ist mir nicht einmal ein allgemeiner Eindruck verblieben. Ich erinnere, dass unser Prüfstein Verlaine war – das Bildhafte, das Musikalische der Sprache. Die Form war sehr wichtig, und wir waren weit mehr mit dem Stil als mit dem Inhalt beschäftigt.«

Als Ort vieler Völker und Sprachen stand Czernowitz nicht allein da. Das alte Lemberg, Prag, Vilnius oder Krakau können es darin mit der jüngeren Schwesterstadt aufnehmen. Czernowitz zeichnet aber die literarische Vielfalt an Formen wie Motiven, Themen wie Figuren, auch das Experimentieren mit Stilen aus. Man kann von einem Literatop sprechen, einem Ort, an dem sich die sozialen, politischen wie ästhetischen Energien literarisch äußern: in der Dichte wie Intensität, im Austausch, aber mehr noch im Streit wie in der Abgrenzung eine einzigartige Stadt im letzten Jahrhundert. Czernowitz war eine Bücherstadt mit Autorinnen und Autoren wie Rose Ausländer, Moshe Altman, Alfred Gong, Alfred Kittner, Itzik Manger, Immanuel Weissglas und Manfred

Winkler als unmittelbaren Zeitgenossen von Paul Antschel. Elieser Steinbarg (1880–1932) hatte mit seinen auf Jiddisch verfassten Geschichten und Fabeln vor allem auf die Kinder von Czernowitz großen Einfluss, vermutlich auch auf den heranwachsenden Paul. Seine »Majselech«, »Geschichten«, seine Fabeln, Balladen und Gedichte, erst recht seine Fibel *Alef, Beys* (in Anlehnung an ABC) von 1921 haben ganze Generationen von Kindern geprägt. 1880 in Lipcani, im damals russischen Bessarabien, geboren, wurde Steinbarg Lehrer und Direktor der jüdischen Schule seiner Heimatstadt, 1919 in Czernowitz, wo er den »Yiddischen Schulfarayn« wesentlich prägte. 1928 ging Elieser Steinbarg nach Brasilien und leitete die Scholem-Alejchem-Schule in Rio de Janeiro. Aus Heimweh kehrte er 1930 nach Czernowitz zurück, wo er mit nur 52 Jahren an den Folgen einer Blinddarmoperation starb.

Sprachwelten

Was den Einfluss der jiddischen Sprache und Literatur auf den jungen Paul angeht, so ist die Überlieferung nicht eindeutig: So soll Paul Texte von Steinbarg rezitiert[15] haben, während Chaim Ginninger, der spätere Sprachwissenschaftler, schreibt: »Ich könnte nicht bestätigen, daß er irgendein Interesse an der jiddischen Literatur bekundete. Ich bin gar nicht überzeugt, dass er Steinbargs Fabeln geliebt hat. Vielleicht darf ich behaupten, dass ihm die Ausführlichkeit der Aussage, der dichterischen Manifestation bei Steinbarg zuwiderzulaufen schien. Ich habe ihn übrigens nie ein jiddisches Wort äußern hören.«[16] Paul hielt Chalfen zufolge das Jiddische für »verdorbenes Deutsch«[17]. Und doch nahm der spätere Dichter einzelne jiddische Verse und Wendungen aufmerksam wahr und fügte sie in sein Werk ein.[18] Beides schließt sich nicht aus: Die jüdische Ober- und Mittelschicht sah auf das Jiddisch, die herrenlose Sprache zumal der Armen, damals mit Geringschätzung herab, nicht allein in Czernowitz, sondern ebenso in Wien, in Berlin oder anderswo im Westen Europas. Ihre Sprache war Deutsch.

Der Kindheitsfreund Moshe Barash erinnert Antschel und seine Eltern als eine typisch jüdische Familie in Czernowitz: »Es war eines der Merkmale für den jungen Celan und auch für seine Eltern, soweit ich mich sehr dunkel an sie erinnern kann, dass sie sich bemühten, gutes Deutsch zu sprechen. Gutes Deutsch hieß: reines Deutsch. Und reines Deutsch, das ist vielleicht von Interesse, eine geschriebene eher als eine gesprochene Sprache.«[19]

Wie viele Sprachen beherrschte der junge Paul? Deutsch war seine Muttersprache, Rumänisch die gängige Landessprache, Hebräisch hatte er in Grundzügen gelernt, das spätere Schriftbild verrät Sicherheit im Alphabet, Englisch hatte er in der Schule gelernt und bei der Übersetzung von Shakespeares Sonetten vervollkommnet, Französisch als Schüler und vor allem als Student gelernt. Später kam Russisch hinzu, das er mündlich nicht ganz fehlerfrei sprach, dafür im Schriftlichen sicher beherrschte.[20]

Es war für die jungen wie die älteren Czernowitzer nicht ungewöhnlich, in mehreren Sprachen zuhause zu sein und aus ihnen mehr oder weniger fließend zu übersetzen. Und bei dem späteren Paul Celan wurden die vielen Sprachen, auch das Übersetzen zu einem wesentlichen Bestandteil seines Werkes.

Der 16-, 17-jährige Paul begann, selber Gedichte zu schreiben, weitgehend im Stil dessen, was er las. Anklänge an Rilke und George lassen sich ausmachen, Park, Teich, Heide, »ein Föhrenwald« und Gärten als poetische Orte, wir finden ein erlesenes Vokabular, romantische Motive, und ein ausgeprägtes Formbewusstsein lässt sich erkennen. Es entsteht eine in hohem Maß gestaltete Seelenlandschaft. Das wohl früheste überlieferte Gedicht datieren wir dem jungen Dichter folgend auf »Muttertag 1938«, also Mai jenes Jahres:

Kein ankerloses Tasten stört die Hand und nachts verstreutes
Heimweh trägt die Not
gefalteter Gebete zitternd hin vors Rot
im Bangen deiner Züge, dunkeler gespannt.

Die zagen Atemzüge halten in
den Abhang ihres Rankens dein Gesicht;
und den bestürzten hält es leise licht-
gesträhnte Sorgfalt vor die Träume hin.

Doch diese ragen aus dem hellen Ruhn
und oft schlägt Purpur ein Gewand um sie
von Fahrt und Fährnis, uferlosem Tun ...

Die so entfliehn der Rast, erreichst du nie,
wo Dickicht ist und Schwärmen, steil und bunt –
Denn du bist Ruhe, Mutter, Schimmer aus dem Grund.
(NKG, S. 316)

Das Gedicht ist bedeutungsreich, worterlesen, in einer heute fremd anmutenden Symbolik; und dennoch lässt sich in Paul Antschels frühen Gedichten die Handschrift des späteren Paul Celan schon ausmachen.

Seine frühen Poeme teilen sich in drei Etappen, die seinem Lebensweg folgen: Bukowina, Bukarest, Wien. Jede dieser drei Stationen nimmt eine etwas andere poetische Gestalt an, die der Ort vorgibt. Doch in seinem ganzen Werk, dem frühen wie dem späteren, bleibt die Heimatstadt ausgespart – mit einer Ausnahme, die noch zur Sprache kommen wird.

Pauls Klassenkamerad Immanuel Weissglas schrieb ebenfalls Gedichte. Die beiden jungen Dichter führten fast täglich miteinander Gespräche. Dabei pflegte Immanuel, was ihn beschäftigte, als Wettstreit auszurufen, etwa die Übersetzung eines rumänischen Gedichts von Mihai Eminescu. Wer ist der bessere Übersetzer? Paul aber, so überliefert es Israel Chalfen, sei diesem Wettbewerb aus dem Weg gegangen. »Während Weissglas, der ein vielversprechender Pianist war, sich in seiner Jugend außer für Musik nahezu ausschließlich für Dichtung interessierte und bei Mitschülern als der begabtere Lyriker galt, waren Pauls Interessen viel breiter gefächert. Er hatte mehr Selbstdisziplin und Ausdauer als sein dichterisch hochbegabter Freund, war deshalb auch ein besserer Schüler. Auch politisch war Weissglas weniger engagiert. Pauls Interesse für Politik und soziale Fragen war sehr früh wach«, berichtet die Schulkameradin Edith. Als Immanuel schließlich in der neunten Klasse nicht versetzt wurde, trennten sich die Wege beider. Immanuel Weissglas wird Paul Celan später wieder begegnen – und wir den beiden Dichtern.

Paul hatte sich, wie Edith Silbermann berichtet, mit ihr und einer anderen Schulfreundin, Ruth Kissmann, Tochter eines der führenden Sozialdemokraten der Stadt, einer illegalen kommunistischen Jugendgruppe angeschlossen, die eine illegale Zeitschrift, den *Roten Schüler*, *Elevul Rosu*, herausgab. Sie lehnte sich an Karl Kraus' *Fackel* und Carl von Ossietzkys *Weltbühne* an und wurde auf einem Vervielfältigungsapparat abgezogen, den der junge Paul unter seinem Bett versteckt haben soll – bis der Vater diesen entdeckte und aus dem Haus schaffen ließ. Die jugendlichen Teilnehmer verfassten eigene Artikel, nachdem sie Schriften von Marx, Kropotkin oder Gustav Landauer gelesen hatten, die Paul sehr zusagten. Ilse Goldmann war hinzugekommen, ebenjene Klassenkameradin, der Pauls Schönheit suspekt war und der, als geborener Anführerin, seine politische Parteinahme nicht weit genug ging: »Pauls sozial-politische Interessen waren nie weit her [...]. Seine Beziehung zu mir spielte da auch eine Rolle. Es war meine Härte, Unentwegtheit, schwer errungene Engstirnigkeit, die ihn anzogen. […] Paul war nicht groß darin, die Konsequenzen seiner vermeintlichen Interessen zu ziehen, was meine Verachtung erweckte, doch für viele Zustände und Sachverhalte hatte er ein erstaunlich waches und kritisches Auge, etwas vom Ahnungsvermögen Hölderlins. […] Er hatte in diesen Jahren eigentlich nur Sinn für das Außerordentliche, das sich in ihm vollzog.«[21]

Im Juni 1938 legte Paul das rumänische Abitur ab. An den traditionsreichen Gymnasien der Stadt hatte man die Reifeprüfung früher Matura genannt, nun hieß sie Bacalaureat und wurde nach französischer Manier von einer meist strengen externen Prüfungskommission abgenommen. Paul wurde Viertbester seines Jahrgangs.

Auf dem Weg nach Frankreich

Im selben Jahr, zwei Wochen vor seinem 18. Geburtstag, im November 1938, reiste Paul Antschel von Czernowitz über Berlin nach Frankreich. Sein Zug hielt vermutlich in den frühen Morgenstunden von Lemberg, Krakau und Breslau kommend am Anhalter Bahnhof, wie alle Züge, die aus dem Osten Richtung Reichshauptstadt fuhren. Von dort ging es mit der Stadt- oder Straßenbahn weiter zum Schlesischen Bahnhof, von wo der Nordexpress um 21.15 Uhr mit Halt Alexanderplatz, Friedrichstraße, Zoologischer Garten, Charlottenburg über Hannover, Wuppertal, Köln die Reise nach Paris antrat.[22] Während der Fahrt durch die Stadt, der Stunden, die er in Berlin verbrachte, nahm er die Pogromstimmung wahr: »Über Krakau / bist du gekommen, am Anhalter / Bahnhof / floß deinen Blicken ein Rauch zu, / der war schon von morgen […].« (Celan, NKG, S. 165) »Verjährtes / geht jung über Bord« schreibt der Dichter 1962 in seiner Erinnerung. In der Nacht vom 9. auf den 10. November 1938 brannten in Deutschland Synagogen und jüdische Geschäfte. Ob Paul Antschel tatsächlich am Morgen des 10. November in Berlin angelangt war, wissen wir nicht; wir können aber sicher sein, dass er, auf seiner ersten Reise ins Ausland, die feindselige Atmosphäre Juden gegenüber, den Rauch von morgen in der Reichshauptstadt wahrgenommen hat.

In Paris angekommen, wohnte er bei Bruno Schrager, dem Bruder der Mutter, und durchstreifte zusammen mit dem Czernowitzer Freund Leonid Miller das Quartier Latin und Montmartre. Paul besuchte den Louvre und sah Stücke in der Comédie Française, ehe er nach Tours weiterreiste, einer verschlafenen Provinzstadt an der Loire, um an der École Préparatoire de Médecine (einer das Hochschulstudium vorbereitenden Schule) zu studieren. Der sprachbegabte Abiturient, literarisch versiert und ambitioniert, hatte sich gegen sein Lieblingsfach, die Botanik, entschieden und sich vom Vater von den Vorzügen eines Medizinstudiums überzeugen lassen, das in Czernowitz nicht möglich war. Immer mehr Juden aus der Bukowina zog es nach Frankreich, ein Land, in dem mit Léon Blum ein Jude Premierminister werden konnte, erschien ihnen eine neue sichere Heimat. Auch Celans Schulfreund Manuel Singer war nach Tours gegangen, um sich aufs Medizinstudium vorzubereiten.

»Nur Tours ist billiger als Paris«, schreibt Paul am 7. Dezember 1938 an seinen Schulfreund Gustav Chomed in Czernowitz. »– Schau, in Paris ist es so, daß überall das Leben herumsteht, auf den Straßen und in den Häusern, überall. Da ist Notre Dame und der Louvre und das Musée Rodin, Kirchen und Gärten, Konzerte, Theater. Tours, das ist Öde, Alleinsein, Bangnis.« Und einige Zeilen zuvor schreibt er, er habe dem Freund in zwei nicht aufgegebenen Briefen von der weiten Reise erzählt und von dem Land, das er nur durchquert hatte: »Und von allen Ländern, die ich sah, hatte ich Dir geschrieben, von allen und von Deutschland. Von Deutschland … Ich will Dir alles noch einmal erzählen, aber diesmal kann ichs nicht tun, glaub mir, ich kanns nicht.« (Briefe, S. 11)

Paris blieb das Zentrum seiner Sehnsucht: Die Weihnachtsferien 1938 verbrachte er wieder dort bei der Familie seines Onkels Bruno und Ostern 1939 schließlich bei Berta Antschel, einer Schwester seines Vaters, in London. Die Tante, seit 1914 in Wien ansässig, war 1938 nach London emigriert. Sie blieb unverheiratet und sah den jungen Verwandten nur selten. »England hat ihn nicht sehr interessiert. Nur Paris war seine Sehnsucht«, schreibt Berta Antschel 1972 über ihren Neffen.

Anfang Mai 1939 schrieb Paul, wohl in Tours, den einzigen, erst jetzt aufgefundenen Brief an seine Mutter in Czernowitz:

Mama, meine liebe, gute Mama,

Sonntag ist Muttertag, ich freu mich schon lange drauf, nun kann ich diesen Brief schreiben.

Wie ich hier lebe, einsam und ungeduldig, und verzichten mußte ich auf die meisten Gewohnheiten meines Herzens (ich hatte sie steigern und vermehren wollen …), ist mir jeder geringste Anlaß, das Beiläufige des täglichen Lebens zu vergessen, eine kleine Freude.

So denk ich mir diesen Brief, der Dich an Deinem Tag, am Muttertag erreichen soll, aus lauter Gefühl, das Dir gehört.

Oft, wenn mir ist, als hörte mein Leben auf, sinnvoll zu sein, und eine fürchterliche Trägheit mich einkreist, weiß ich mir keinen andern Rat, als an Dich zu denken. Entstehn Briefe in mir, so sind sie alle wie ein Hilferuf, und wer hört ihn?

Jetzt aber ist mein Brief lauter Ruhe, denn ich weiß, Du bist da, immer …

Dein Paul

(Briefe, S. 13f.)

»*Das erste Russenjahr*«

Im Juli 1939 kehrte Paul über die Sommerferien nach Czernowitz zurück. Der Ausbruch des Zweiten Weltkriegs am 1. September 1939 infolge des deutschen Überfalls auf Polen und der Kriegserklärung Frankreichs ans Deutsche Reich vereitelten seine Rückkehr nach Tours. »Monsieur le Secrétaire, En raison de la guerre je me vois obligé de continuer mes études en Roumanie« (Briefe, S. 14), schreibt Paul am 16. September an die Verwaltung der Medizinischen Fakultät in Tours, wegen des Krieges sehe er sich gezwungen, in Rumänien zu bleiben, um nunmehr Romanistik in Czernowitz zu studieren.

Im Juni 1940 sah die Sowjetregierung die Möglichkeit gekommen, die Umsetzung des geheimen Zusatzprotokolls des Hitler-Stalin-Pakts einzufordern: die Gebietsabtretung Bessarabiens, aber auch der Nordbukowina. Hitler-Deutschland willigte ein und riet dem verbündeten Rumänien zum Einlenken. Die rumänische Regierung willigte ein.

Am 18. Juni 1940 marschierten sowjetische Truppen in Pauls Heimatstadt ein, »das erste Russenjahr«, wie die Czernowitzer es nannten, begann. Der Romanistikstudent lernte den Sommer über sehr zügig Russisch und arbeitete als Dolmetscher in einem Büro, das Wohnungen für das sowjetische Militär vermittelte oder vielmehr beschlagnahmte.

Im September nahm die Universität, nun als ukrainisch-russische Hochschule, ihren Lehrbetrieb auf. Dazu hatte man, wie Israel Chalfen berichtet, Dozenten aus der Sowjetunion herbeigeholt, als einzige Qualifikation galt die Beherrschung der russischen oder ukrainischen Sprache. Das Niveau der Lehre war dementsprechend gesunken.

Im Sommer 1940 begegnete Paul Ruth Kraft, die damals, nach einer Ausbildung in der Bukarester Schauspielschule, in dem von den Sowjets neu gegründeten Jiddischen Staatstheater von Czernowitz zu spielen begann. Paul besuchte Vorstellungen des Theaters und begleitete anschließend die etwas ältere, erfahrenere Schauspielerin nach Hause. Es wurde die erste große Liebe seines Lebens, eine Liebe in Zeiten des Krieges. Seine Gedichte berichten davon leise, zurückgenommen, tastend: »Lautlose, Liebliche, Leichte« heißen sie, »Leise, Geliebte, leise« oder »Rosenschimmer«.

Ruth wird viel später, von 1963 an war sie in Köln ansässig, über sein Leben in den frühen 1940er Jahren, aber vor allem auch über sein Wesen berichten:

> *Obwohl im gesellschaftlichen und freundschaftlichen Verkehr ganz unkonventionell, war Paul sehr sensibel und leicht verletzlich. Ein einziges unangebrachtes oder dummes Wort, von irgendeinem im geselligen Kreis geäußert, ließ Paul für einen langen Abend verstummen oder sogar wortlos verschwinden. Affronts gegen seine Person hätte ohnehin niemand gewagt, weil er immer der Überlegene war. Paul hasste Anmaßung, Halbheit und Stümperei. Vor allem sich selbst gegenüber stellte er höchste Ansprüche, aber auch von den Menschen seines Umganges verlangte er ein unerlässliches Niveau. Man bekam schon damals den Eindruck, dass er keine Kompromisse anzunehmen bereit war, dass er zum Absoluten allein strebte. Deshalb schien er manchem seiner Bekannten ein harter, strenger Mensch zu sein. Wer ihn näher kannte, wusste jedoch, dass die Härte ihm als Schutzhülle diente, um das Banale fernzuhalten. Im Grunde war er ein gütiger, hilfsbereiter Mensch, was sich in schweren Zeiten zeigte. Bei aller Redegewandtheit war er des Öfteren so sehr vom Gefühl beherrscht, dass er ganz plötzlich verstummte und sich verabschiedete, um später in einem kurzen Brief, den er selbst überreichte, das zu sagen, was er vorher nicht hatte aussprechen können.*[23]

Während des »ersten Russenjahrs« waren Schulkinder angehalten, nicht nur Stalin und die Oktoberrevolution anzupreisen, sondern auch Hitler und »seinen gerechten Krieg« zu verteidigen. »Am 7. November 1940 feierten wir zum ersten Mal den Jahrestag der Oktoberrevolution, indem wir an der angeordneten Demonstration teilnahmen«, erinnert sich Dorothea Sella, damals ein Schulmädchen in Czernowitz, »wir wurden in Reih und Glied aufgestellt und winkten heftig, als wir an der Ehrentribüne vorübergingen. Da bemerkte ich nahe den Sowjetgenerälen und Ehrengästen eine Gruppe von Wehrmachtsoffizieren. Das Lächeln, das sie zeigten, erschien mir unpassend und bedrückend aufgrund der Ironie, die sie kaum verbargen.«[24]

Die Allianz von Hitler und Stalin war nur von kurzer Dauer, und der Weltkrieg drang in die Bukowina vor. Edith Silbermann berichtet in ihren Erinnerungen, wie sie im Frühsommer 1941 von Charkow in die sowjetische Hauptstadt fahren wollte. »Mädchen, es kommt Krieg. Fahr nach Hause und nicht nach Moskau!« riet ihr ein junger Russe, der in Charkow, wie er ihr erzählte, aus einer Traktorenfabrik eine Panzerfabrik machte. »Ich fuhr nicht nach Moskau«, schreibt Edith Silbermann: »Als ich am 20. Juni 1941 zu Hause eintraf, fand ich die Stadt verdunkelt und die Menschen niedergeschlagen. In den vier Wochen, in denen ich fort war, hatte es Deportationen nach Sibirien gegeben. Der Überfall der Deutschen auf die Sowjetunion stand unmittelbar bevor. Die Sowjets rechneten mit Krieg. Daher wollten sie, ehe die eigene Armee abziehen musste, sich aller potentiellen Gegner entledigen, zu denen sie nicht nur Kapitalisten, sondern auch sogenannte Burschuis, Kaufleute, die mehr als zwei Angestellte hatten, etwas reichere Bauern und vor allem Zionisten sowie Sozialdemokraten rechneten. Die Menschen wurden in Viehwaggons zusammengepfercht und in die Gulags des Hohen Nordens verschickt. Unter den Deportierten befanden sich auch die Klassenkameradin Renate, bei der wir ein Jahr zuvor unsere Matura gefeiert hatten, sowie ihre Eltern und ihr Bruder.«[25]

Einmarsch

Im Juni 1941 griffen deutsche Truppen die Sowjetunion an. Das sowjetische Militär räumte die Bukowina, auch Czernowitz. »Ehe die Russen abzogen, sprengten sie die Pruthbrücke in die Luft. In Gebäuden, in denen Militär, Miliz oder Behörden untergebracht gewesen waren, zerstörten sie alles, was nicht niet- und nagelfest war.«[26] Rumänien, unter der faschistischen Führung von General Ion Antonescu, schloss sich den Deutschen an und erhielt im Gegenzug die Bukowina und Bessarabien zurück.

Am 5. Juli 1941 marschierten rumänische Truppen in Czernowitz ein, zwei Tage später folgte die Einsatzgruppe D unter Leitung des SS-Brigadegenerals und Generalmajors der Polizei Otto Ohlendorf. Die Soldaten zogen plündernd und mordend durch die Gassen der Stadt. Über 3000 Juden, vor allem männliche Familienoberhäupter, trieben die SS-Männer zum Pruth hinunter und erschossen sie am Fluss, nachdem diese ihr eigenes Massengrab hatten ausheben müssen. Unter ihnen der Oberrabbiner Dr. Abraham Mark, dessen Ehefrau Perle Mark später die Vorkommnisse schilderte: »Bereits zu Beginn der Besetzung von Czernowitz waren SS-Einheiten in die Stadt eingedrungen. Sie verhafteten ihren Ehemann und verlangten von ihm, dass die jüdische Gemeinde einen unerfüllbaren Tribut, die Gestellung von 1000 Kraftwagen, zu entrichten habe. Oberrabbiner Mark reagierte nicht auf die Erpressung, worauf er zur Synagoge geschleift wurde. Dort angelangt, riss man die Türen auf, und der Tempelzierat wurde aus der Bundeslade entwendet. Die Kommandomitglieder schleppten sechzig Thorarollen in den Keller der Synagoge und zündeten sie an; das Feuer war gelegt. Der Oberrabbiner Mark wurde ins Hausgefängnis des Kommandos, den Liftschacht des Hotels ›Schwarzer Adler‹, verbracht, in dem man auch den Oberkantor Gurmann, den Kantor

Tofstein und den Tempeldiener Hochstädt gefangen hielt.«[27] Die Synagoge brannte nieder, und Angehörige der Waffen-SS zwangen jüdische Gefangene, mit Spitzhacken die Steine der Ruinen abzutragen, damit von der Synagoge nichts übrig bliebe. Zwei Tage später wurden Oberrabbiner Mark, der Kantor Tofstein und der Tempeldiener Hochstädt zu den Auen des Grenzflusses Pruth geführt und dort erschossen.

Am 7. Juli 1941 fand die erste Verhaftungswelle von »Juden und Kommunisten« statt, am Tag darauf wurde sie zur »Großaktion« erweitert, in »deren Verlauf die jüdische Führungsschicht ziemlich lückenlos zusammengefangen werden konnte«, wie einer der Befehlshaber der Sicherheitspolizei und des SD meldete. Es waren Rechtsanwälte, Ärzte, Lehrer, auch Fotografen darunter. Die Verhöre der SS im Kulturpalast, in dem man die jüdischen Gefangenen hielt, bleiben ergebnislos, so dass man schließlich nach Rücksprache mit der rumänischen Kriminalpolizei die meisten Juden entließ, aber 101 Menschen zurückbehielt, Männer im Alter von 20 bis 40 Jahren. Sie wurden zu einem Gebäude am Stadtrand gebracht, dessen Grundstück wegen des dichten Baumbestands nicht einzusehen war. Dort wurden 100 von ihnen von Angehörigen des Polizeireservebataillons 9 und der Waffen-SS erschossen. Ein einziger Jude überlebte und hatte die 100 Toten zu beerdigen. Das Kommando in Czernowitz ließ ihn am Leben und zwang ihn, wie wir vermuten können, als »Greifer« Juden in der Stadt aufzuspüren. Das Massaker bezeugte Hermann Neumayer am 6. Juni 1944 in Tel Aviv.[28]

Es war erst der Auftakt zu einer weiteren Mordwelle. Am 9. Juli erschoss die rumänische Wehrmacht in Zusammenarbeit mit dem Einsatzkommando 10b »mehr als 500 Juden«. Dabei machten die Rumänen besonders Jagd auf Juden, die nicht nachweisen konnten, dass sie vor dem 28. Juni 1940 in Czernowitz gelebt hatten. Man hielt sie für Verbündete der Sowjets. In Czernowitz wurden Tausende von Juden »und

Nationale und territoriale Grenzen, 1942

Regionale Grenzen, 1942

Durchgangsstraße (Versorgungslinie)

Bezirkskommissariatszentrum/Rumänisches Präfektenzentrum

Feldverwaltung

Lokaler Administrationsstab

Haupt-Kriegsgefangenenlager

Diese Karte zeigt Czernowitz und die weitere Umgebung zur Zeit der deutschen Besetzung, 1942

Kommunisten« getötet. Über Juden wurde eine Ausgangssperre nach Einbruch der Dunkelheit verhängt; sie mussten vom 30. Juli 1941 an einen gelben Stern tragen und wurden, wie Paul, zu Aufräumarbeiten in der Stadt herangezogen. Pauls Schulfreunde Erich Einhorn und Gustav Chomed hatten sich unterdessen der Roten Armee angeschlossen, für Juden oft der einzige Weg, der Deportation zu entgehen.

Verbracht

Am 11. Oktober 1941 wurde ein Ghetto in den Grenzen eines schmalen Bezirks der Stadt errichtet, durch Schlagbäume vom Rest der Stadt abgetrennt. Zusammengepfercht lebten über 50 000 jüdische Menschen dort. Am 12. Oktober 1941 verließ der erste Deportationszug Czernowitz.

Traian Popovici, seit Anfang 1941 Bürgermeister von Czernowitz, protestierte gegen die Deportation der Juden seiner Stadt nach Transnistrien, gemeinsam mit dem deutschen Konsul Fritz Schellhorn;[29] sie seien unabkömmlich, um die Wirtschaft in der Stadt aufrecht zu erhalten. Antonescu gestattete schließlich 20 000 Jüdinnen und Juden, in der Stadt zu bleiben, Popovici erteilte zudem 4000 weitere Aufenthaltsgenehmigungen, die sogenannten »Popovici-Autorisierungen«.[30]

Damit wandte sich der Bürgermeister gegen die Besatzer seiner Stadt. Schon im August 1941 hatte Ohlendorf allen Einsatzkommandochefs den Befehl gegeben, »dass in Zukunft alle erfassten Juden aus rassischen Gründen zu erschießen seien«.[31] Popovici wurde im Juni 1942 seines Amtes enthoben. Sein Einsatz für das Überleben der Czernowitzer Juden aber bleibt unvergessen. Als er 1946 starb, nahmen viele überlebende Juden der Stadt an seinem Begräbnis teil. 1969 wurde er als erster Rumäne von Yad Vashem in Jerusalem als »Gerechter unter den Völkern« geehrt.

Daten sind im Werk von Paul Celan von entscheidender Bedeutung. Vielleicht sei jedem Gedicht sein »20. Jänner« eingeschrieben, wird der Büchner-Preisträger später sagen und dabei nicht nur an den Tag erinnern, als Büchners Lenz durchs Gebirge ging, sondern auch an ein anderes Datum. Am 20. Januar 1942 wird auf der Wannsee-Konferenz in Berlin die »Endlösung der Judenfrage« vorbereitet. Im darauffolgenden Sommer lief in Czernowitz eine zweite Deportationswelle an, Pauls Eltern wurden bei der »Aushebung«, die Verhaftung und Deportation, am 28. Juni 1942 verhaftet und in ein Lager zwischen den Flüssen Dnestr und Bug verschleppt. Israel Chalfen berichtet in seiner Jugendbiographie, Paul habe seine Eltern nicht überreden können, die Wohnung zu verlassen, um woanders zu übernachten und dadurch den Deportationen, die meist am Wochenende stattfanden, zu entgehen. Dem widersprechen zwar Zeitzeugen wie Ilana Shmueli und David Seidmann. Solche Überredungsversuche des Sohnes hätte es nicht gegeben. Paul Celan selbst hat später weder ein Wort darüber verloren, noch hat er etwas darüber zu Papier gebracht. Er fand zunächst Zuflucht bei seinem Großvater Philipp Schrager und dürfte in den darauffolgenden Monaten im »Jüdischen Arbeitsdienst« in verschiedenen Lagern gearbeitet haben.

Zu diesem Arbeitsdienst hat sich Paul, wie wir vermuten, freiwillig gemeldet. Mit dem Ausschluss von Juden aus der rumänischen Armee 1940 war ein gesonderter Jüdischer Arbeitsdienst eingeführt; später mussten deren Arbeiter eine gelbe Armbinde tragen. Man zog meist jüngere Juden aus der Stadt heran, die in eigenen Lagern untergebracht waren. Man muss diesen Arbeitsdienst von den Deportationen in die Lager diesseits und jenseits des Bug unterscheiden, die oft reine Arbeits- und Todeslager waren. Vermutlich hat sich Paul freiwillig gemeldet, um der drohenden Deportation zu entgehen.

Das Schicksal der Eltern von Paul Antschel ist bis heute im Wesentlichen überliefert durch das Buch eines Lagerinsassen, das 1947 in Bukarest erscheint. Arnold Daghanis Tagebuch *Ein Grab im Kirschgarten*, eine Chronik der SS-Lager, das erst Jahre nach der rumänischen Erstveröffentlichung auch auf Englisch, 1960 auf Deutsch herauskommen wird. In diesen Übersetzungen wird es uns noch beschäftigen. Celan besaß die englische Fassung *The Grave is in the Cherry Orchard*. Wir dürfen indes davon ausgehen, dass er die rumänische Fassung schon bei seinem Erscheinen in Bukarest gelesen oder wenigstens zur Kenntnis genommen, vielleicht sogar Arnold Daghani persönlich gekannt hat. Die Aufzeichnungen erwähnen Pauls Familie namentlich und schildern ihre Geschichte.

Die Czernowitzer Juden wurden in der Regel in Lager nach Transnistrien verbracht. In diesen Lagern warb die SS Arbeitskräfte für ihre Lager östlich des Bug zum Ausbau der DG IV an und versprach ihnen bessere Lebens- und Arbeitsbedingungen, todbringende Täuschungen.

Am 18. August 1942 gelangten Leo und Friederike Antschel nach Michailowka, einem deutschen Arbeitslager östlich des Bug, in der damals von der deutschen Wehrmacht und SS besetzten Ukraine. Unter dem 27. September 1942, einem Sonntag, notiert der Chronist von Michailowka: »Hammerling und Anschel [!] sind zu ihren Frauen gekommen. Die Frau des ersteren, eine Klavierlehrerein, ist buckelig. Sie und ihr Mann haben, wie sie sagt, einige Zeit in Kalkutta oder in Bombay zugebracht. Er hat noch von damals einige esoterische Bücher bei sich.« Und über den nächsten Tag, den 28. September 1942, berichtet Daghani:

> *Es ist Jom-Kippur. Der Tag, um länger zu verweilen bei seinen Erfahrungen oder Erinnerungen … Nach der Pause – jeder*

von uns hatte im Stillen gebetet im Gedenken an seine lieben Toten – sah man Wisotzkas [der Lagerverwalter, TS] in einem Wagen ankommen. Er war gerade von einer Arbeitergruppe gekommen. Er sprang vom Wagen ab, blickte in eine Notiz, die er in Händen hielt, und wandte sich an Frau Kron. In barschem Ton forderte er sie auf, in den Wagen zu steigen. »Nein, nein!«, schrie sie auf. »Um Gottes willen, lassen Sie mich leben! Ich arbeite ja gut. Sie haben doch gegen meine Arbeit nichts einzuwenden.« Wisotzkas blieb ungerührt. »Steige auf!«, schrie er. Mutter und Tochter begannen weinend auf ihn einzureden. Ungeduldig näherte sich Serskus [ein Wachmann, TS] dem Wisotzkas und versetzte Frau Kron einen heftigen Stoß zum Wagen zu, während er die Tochter mit dem Gewehrkolben zur Wiederaufnahme der Arbeit veranlasste. Schon im Wagen sitzend, schrie Frau Kron, indem sie ihre Hände ausstreckte: »Mein Kind, hilf mir!« Der Wagen setzte sich langsam in Bewegung. Er hielt vor der Gruppe der Familie Weisselberg. Hier wurde Frau Bromberger, die Mutter der Frau Weisselberg, von Wisotzkas aufgefordert, sich neben Frau Kron zu setzen. Damit nicht seine Großmutter geschlagen werde, hob Poldi Weisselberg sie selbst auf und setzte sie sanft auf den Wagen. Dieser setzte sich in Bewegung und entschwand unseren Seitenblicken in das Feld. Zwei Schüsse …[32]

Arnold Daghanis Tagebuch verzeichnet die Schrecken und das Grauen von Michailowka. Dorthin war auch die Dichterin Selma Meerbaum-Eisinger verbracht worden, vier Jahre jünger als Paul und mütterlicherseits mit ihm verwandt. Selma wuchs zweisprachig, Jiddisch und Deutsch, auf und verfasste schon früh Gedichte auf Deutsch. Im Oktober 1941 kam die Familie ins Ghetto von Czernowitz, am 28. Juni 1942 zunächst ins unter rumänischer Verwaltung stehende Übergangslager Cariera de Piatra (Steinbruch), von dort ins deutsche SS-Zwangsarbeiterlager Michailowka, wo die 18-Jährige an Flecktyphus erkrankte. »Gegen Abend hauchte Selma Meerbaum-Eisinger ihr Leben aus«, notiert Daghani am 16. Dezember 1942. Freunde von Selma bargen ein Album mit 57 handgeschriebenen Gedichten mit dem Titel *Blütenlese,* das sehr viel später und auf vielen Umwegen nach Israel gelangte, wo der Band schließlich 1976 von Hersch Segal, Selmas ehemaligem Lehrer am Jüdischen Gymnasium, veröffentlicht wurde.

Paul bekam vermutlich – sicher wissen wir es nicht – nur einen einzigen Brief von seiner Mutter aus dem Todeslager, der sich nicht erhalten hat. Er hat diesen Brief in ein Gedicht verwandelt, »Schwarze Flocken«, das von Celans Hand zusammengebundene Exemplar nennt Paşcani oder Czernowitz 1943, alle Angaben mit einem Fragezeichen versehen, und notiert: »(In Erinn. an den Schnee am Bahnh. Paşcani – Lager Rădăşeni)« (NKG, S. 664):

Schnee ist gefallen, lichtlos. Ein Mond
Ist es schon oder zwei, daß der Herbst unter mönchischer Kutte
Botschaft brachte auch mir, ein Blatt aus ukrainischen Halden:

»Denk, daß es wintert auch hier, zum tausendstenmal nun
im Land, wo der breiteste Strom fließt:
Jaakobs himmlisches Blut, benedeiet von Äxten …
O Eis von unirdischer Röte – es watet ihr Hetmann mit allem
Troß in die finsternden Sonnen … Kind, ach ein Tuch,
mich zu hüllen darein, wenn es blinket von Helmen,
wenn die Scholle, die rosige, birst, wenn schneeig stäubt das Gebein
deines Vaters, unter den Hufen zerknirscht
das Lied von der Zeder …
Ein Tuch, ein Tüchlein nur schmal, daß ich wahre
Nun, da zu weinen du lernst, mir zur Seite
die Enge der Welt, die nie grünt, mein Kind, deinem Kinde!«

Blutete, Mutter, der Herbst mir hinweg, brannte der Schnee mich:
sucht ich mein Herz, daß es weine, fand ich den Hauch, ach des Sommers,
war er wie du.
Kam mir die Träne. Webt ich das Tüchlein.
(NKG, S. 19)

Im moldauischen Rădăşeni bei Paşcani war Paul im Winter 1943 zur Zwangsarbeit herangezogen worden. Das Gedicht ist Erinnerung daran und an die Botschaft aus den ukrainischen Weiten zugleich, wo der Vater vollkommen entkräftet im Herbst 1942 im SS-Arbeitslager an Typhus gestorben war. Israel Chalfen vermutet, dass ein Brief der Mutter, vielleicht unter der Kutte eines Geistlichen verborgen, dem Sohn die Nachricht überbracht hat,[33] doch dafür gibt es keine historischen Anhaltspunkte. Man kann es nicht ganz ausschließen, darf aber die poetische Aussage so wenig in die Realität übertragen wie umgekehrt die Realität ins Gedicht. Es schafft eine eigene Wirklichkeit, die Krieg und Zerstörung evoziert.

Steinbruch am Bug heißt der Bericht, den Isak Weissglas, der Vater von Pauls Schulkameraden Immanuel, über die Errichtung des Ghettos und die Deportation der Czernowitzer Juden nach Transnistrien verfasste. »Cariera da Pietra« hieß auf Rumänisch das Arbeitslager, in das die Familie Weissglas verbracht wurde. Weissglas' Text blieb Fragment und erschien erst mehr als fünfzig Jahre später, von Herbert Wiesner und Ernest Wichner 1995 im Berliner Literaturhaus herausgebracht. »Schon mit dem Einzug der rumänischen Truppen in die Stadt (Cz), am 5. Juli 1941, hatte der Vernichtungsfeldzug gegen die Jüdische Gemeinde begonnen«, schreibt Isak Weissglas, als er den »Zug der Ausgestoßenen« ins Ghetto schildert.[34]

In dem unter rumänischer Verwaltung stehenden Lager am

Steinbruch war ein Geigenspieler interniert, wie Hermann Sternberg sich erinnert:

> *Das Lager stand unter der Leitung eines rumänischen Sanitätsunterleutnants, der eine komfortable Villa ausserhalb des Lagers bewohnte. Es war bekannt, dass er fast allnächtlich zusammen mit eingeladenen Gästen aus der benachbarten Garnison Orgien feierte, zu denen er gewisse Frauen aus dem Lager durch Gendarmen holen liess. Für Musik sorgte ein Lagerinsasse, der sich mit Mühe eine Geige verschafft hatte; es war ein berühmter Violinenvirtuose.* [35]

So spielt bei der Deportation aus dem Arbeitslager »Cariera da Pietra« ins Todeslager östlich davon das Musikinstrument des jungen Weissglas eine entscheidende Rolle:

> *Auch ich stand mit meiner Familie in der zweiten Gruppe, mein Sohn mit seiner Geige unter dem Arm. Als der Leutnant an uns vorbeikam, machte mein Sohn eine Bewegung mit bittender Gebärde gegen ihn. Er erkannte die Geige, die ihm oft zu süßen Gelagen getönt hatte, hielt seinen Schritt an und fragte den Jungen, wieviel Personen wir wären. Er zeigte uns ihm. Die Geige, unser Talisman, tat zum zweitenmal ihre Wirkung, der Leutnant ließ uns hinüber.* [36]

Die Geige erwies sich als Glück für die Familie Weissglas. In der »Todesfuge« heißt es: »er befiehlt uns spielt auf nun zum Tanz« und »er ruft streicht dunkler die Geigen dann steigt ihr als Rauch in die Luft«.

Der große Tempel von Czernowitz nach der Zerstörung durch die SS und die deutsche Wehrmacht

Czernowitz 1944

Erst 1944 erfuhr Paul Antschel vom Tod beider Eltern. Der Vater war 1942 an Typhus gestorben, die Mutter im Herbst 1942 durch einen Genickschuss getötet worden. Der Vetter Benno Teitler soll dem Sohn die Nachricht überbracht haben.

Im Frühjahr 1944 besetzten sowjetische Truppen Czernowitz. Paul kehrte in die elterliche Wohnung in der Masarykgasse zurück und wohnte dort mit der Familie seiner Tante Regina, der Schwester seines Vaters, die aus Transnistrien zurückgekehrt war.

Freunde vermittelten ihm eine Arbeit als Krankenpfleger in der psychiatrischen Klinik von Czernowitz und bewahrten ihn so davor, in die sowjetische Armee eingezogen zu werden.

Am 1. Juli 1944 schreibt Paul aus Kiew, wo er von Czernowitz aus auf einer Dienstreise (russisch: *komandirovka*) als medizinische Hilfskraft der Czernowitzer Psychiatrischen Klinik war, an seinen Jugendfreund Erich Einhorn, der damals bei den Truppen der Roten Armee war:

Lieber Erich,

ich bin für zwei Tage in Kiew (auf Kommandirowka) und freue mich auf die Gelegenheit, Dir einen Brief zu schreiben, der Dich rasch erreicht.

Deine Eltern sind gesund, Erich, ich habe mit ihnen

gesprochen, bevor ich hergekommen bin. Das ist sehr viel, Erich, Du kannst Dir nicht vorstellen, wie viel.

Meine Eltern sind von den Deutschen erschossen worden. In Krasnopolka am Bug.

Erich, ach Erich.

Lieber Erich, wo ist Tanja Adler?

Ich weiß nur // daß sie lebt, aber wo ist sie? Schreibe ihr, Erich, daß ich lebe, daß ich sie bitte, mir zu schreiben. Auf meine alte Adresse. Viel ist zu erzählen. Du hast so viel gesehen. Ich habe nur Demütigungen erlebt und Leere, unendliche Leere. Vielleicht kannst Du nachhause kommen. Vielleicht kannst Du nachhause kommen. Konrad Deligdisch ist gekommen.

Frau Alper, unsere gute Frau Alper, ist tot … Gerta ist in Czernowitz.

Erich, bitte, schreibe Tanja, oder vielleicht telegraphierst Du.

Wo ist Erika, ihre Mutter weiß nichts über sie.

Ich umarme Dich, Erich,

Dein alter

Paul[37]

Dieser Brief, einer der frühesten überhaupt, die von Paul Antschel überliefert sind, erzählt vom Schicksal seiner Eltern. In Krasnopolka am Bug war ebenfalls ein SS-Lager. Und der Brief berichtet vom Schicksal der Czernowitzer Freunde: Erich Einhorns Eltern, Rosa und Moses, die der Deportation entgangen waren. Von Tanja Adler, die zum engeren Freundeskreis von Paul gehörte, während des Krieges in die Sowjetunion ging und nach Czernowitz zurückkehrte; von Gerta und ihrer Mutter, Frau Alper, deren Haus in der Maria-Theresien-Gasse 1937/38 zum Treffpunkt der illegalen kommunistischen Jugend wurde; auch Erich Einhorn gehörte zu diesem Kreis: »Dort wurde stundenlang debattiert, diskutiert, polemisiert, gesungen. Im Mittelpunkt stand Frau Alper, eine alte Illegalistin, die auch für die privaten Probleme der jungen Leute, für ihre Auseinandersetzungen mit den bürgerlich oder zionistisch gesinnten Eltern, aufgeschlossen war.«[38] Gerta und ihre Eltern wurden von den Deutschen nach Transnistrien deportiert, wo Frau Alper an Typhus starb. Ihre Tochter kehrte nach Czernowitz zurück, heiratete Konrad Deligdisch und wanderte später mit ihm in die USA aus. Erika Brettschneider, eine Freundin von Erich Einhorn, war im Krieg umgekommen. Einhorn selber gelangte 1941 als Student der Czernowitzer Universität in die Sowjetunion. 1944, als er Paul Antschels Brief erhielt, studierte er an der Universität in Rostow am Don. Erich Einhorn wird ein Leben lang Pauls Freund bleiben.

»Nähe der Gräber« heißt eines der Gedichte, die im Umkreis von Paul Antschels Brief vom 1. Juli 1944 entstanden; »nach der Rückkehr aus Kiew« notiert das Handexemplar:

Kennt noch das Wasser des südlichen Bug,
Mutter, die Welle, die Wunden dir schlug?

Weiß noch das Feld mit den Mühlen inmitten,
wie leis dein Herz deine Engel gelitten?

Kann keine der Espen mehr, keine der Weiden,
den Kummer dir nehmen, den Trost bereiten?

Und steigt nicht der Gott mit dem knospenden Stab
Den Hügel hinan und den Hügel hinab?

Und duldest du, Mutter, wie einst, ach, daheim,
den leisen, den deutschen, den schmerzlichen Reim?
(NKG, S. 17)

Im Februar 1944 war Paul aus den Arbeitslagern zurückgekehrt. »Als er im Jahre 1944 beschloß, englische Literatur zu studieren, bezauberte er uns mit dem Deklamieren der von ihm geliebten Sonette Shakespeares oder der dunkel verhangenen Verse Blakes. Dieses Genie der Sprache war auch ein Sprach-Genie«, erinnert sich die Jugendfreundin Dorothea.[39]

Paul übersetzte Texte aus dem Ukrainischen für eine rumänische (damals moldauische) Parallelausgabe der ukrainischen Zeitung *Radjanska Bukovyna*, die *Bukowina sowjetike* hieß, und studierte an der nun sowjetischen Universität in Czernowitz. Seiner Freundin Ruth fiel die seelische Wandlung auf, die der junge Dichter durchmachte: »Unerwartet rezitierte Paul jiddische Fabeln von Steinbarg oder sang plötzlich leise eine synagogale Melodie aus dem Neujahrsgebet vor sich hin. Zum ersten Mal hörte man Paul etwas über die Schönheit der hebräischen Sprache sagen und von den Jahren sprechen, die er mit dem Erlernen des Hebräischen verbracht hatte.«[40]

Er stellt eine Sammlung von 93 Gedichten zusammen, *Jugendgedichte*, die später als *Typoskript 1944* in die Forschung eingingen, drei sorgfältig broschierte Exemplare, von denen zwei später mit ihren Besitzern, zwei Jugendfreunden Pauls, nach Israel gelangten, eines blieb in Bukarest und muss als verschollen gelten.

Todestango

Im Dezember 1944 oder um die Jahreswende las der 24-jährige Student einen Bericht in der *Iswestija*, der sowjetischen Regierungszeitung, vom 23. Dezember 1944 »über die Verbrechen der Deutschen auf dem Gebiet des Bezirks Lemberg«:

Im September 1941 wurde auf Befehl des Generalmajors der SS Katzmann in Lemberg ein Ghetto errichtet, von den Deutschen ›Judenlag‹ genannt – jüdisches Lager. Das Ghetto lag am Stadtrand. Das Lagergebiet war mit Zaun und Stacheldraht umgeben. Niemand durfte das Ghetto verlassen. Zur Arbeit wurden die Juden immer unter Bewachung geführt. Im Lager befanden sich 136 000 Menschen. Die Bevölkerung war Plünderungen ausgesetzt. Die Lebensbedingungen im Ghetto waren schrecklich – die Leute schliefen auf dem blanken Boden und unter freiem Himmel, mit den Juden ging man schlimmer um als mit dem Vieh. Die Deutschen führten in der Stadt Massenrazzien nach Juden durch. Sie schonten weder Manner noch Frauen noch Kinder. Die Erwachsenen wurden einfach ermordet, die Kinder übergab man Hitlerjugend-Einheiten als Zielscheiben beim Schießen …[41]

Sechzehn Jahre später, als er seine Dankesrede für den Büchner-Preis vorbereitet, für die höchste literarische Auszeichnung in Deutschland, erinnert Paul Celan (aus Antschel, rumänisch: Ancel, war Celan geworden) und schreibt im Mai 1960 in einer Notiz über »das Jüdische«, hinter das er einen Gedankenstrich setzt:

das Jüdische – / als ich im [September] Mai 1945 / die Todesfuge schrieb, ich hatte damals, / in der Izvestia, wie ich mich zu erinnern / glaube, die Berichte über d[ie]as Lemberger / Ghetto gelesen – nur einmal getan. –[42]

Der Text ist ersichtlich ein Fragment, ins Unreine geschrieben, wie Barbara Wiedemann gezeigt hat,[43] niedergeschrieben zudem in einer Situation äußerer Anfechtung und innerer Bedrängnis Celans, die uns noch beschäftigen wird.[44] Dass er sich an diesen Zeitungsbericht erinnert, wie an eine Beglaubigung von etwas nicht zu Glaubendem, gehört in den

Zusammenhang des späteren Jahres 1960. Der Zeitungsbericht ist sicher nicht die einzige Quelle dessen gewesen, was er über die Ghettos und Lager in Transnistrien, über die Vernichtungslager in der Ukraine oder in Polen erfahren hat. Das Ghetto von Czernowitz hatte er unmittelbar erlebt, sicher hatte man auch von der Ermordung des Oberrabbiners Dr. Mark und seiner Leidensgenossen in den Lagern gesprochen, in denen er Zwangsarbeit verrichten musste. Der Bericht der *Iswestija* vom Dezember 1944 weist auf etwas, was die Überlebenden der Lager wie die sie befreienden Soldaten der Roten Armee, deren Informationsoffiziere wie die Vertreter der anderen alliierten Truppen beschäftigte: auf die Überlieferung dessen, was sie bei der Befreiung sahen und hörten und zu Papier brachten. 1945 wurden zahlreiche Berichte niedergeschrieben, oft als Hefte oder schmale Bücher in den Lagern der Displaced Persons gebunden, weitergegeben oder, wie das Heft *Geopfertes Volk*, das als Beweismaterial beim Nürnberger Kriegsverbrecherprozess 1946 vorgelegt wurde. Über das Ghetto von Lemberg berichtet Mieczyslaw Chersztein – zuerst im April 1945 mündlich und einige Monate später niedergeschrieben: »Am Ghetto-Tor – es gab nur eins – spielten sich schreckliche Szenen ab. Jeden Morgen veranstalteten die SS-Männer beim Passieren der Juden ein Scheibenschießen nach lebendigen Zielen, die sie sich aus der marschierenden Gruppe heraussuchten. Einige Monate später wurde das Ghetto vollständig erledigt und niedergebrannt.«[45]

Der zweite Teil des Artikels in der *Iswestija* handelt von dem Lager Janowska am Rand von Lemberg, von entsetzlichen Torturen, die sich die Mörder für ihre Opfer ausdachten, und einem besonderen Umstand:

Die Schilderungen werden durch Bilder ergänzt. Auf einem von ihnen sieht man im Kreis um einen Dirigenten Musiker, Streicher, Bläser, Akkordeonspieler, am Rand rechts einen Hund.[46] Der Musikdirektor Striks sagte im Nürnberger Kriegsverbrecherprozess im Februar 1946 als Zeuge über dieses Foto aus dem Lager Janowska aus:

> *Die Erschießungen wurden dort von einem Todesorchester begleitet; ein Todestango wurde gespielt. Professor Stricks, Insasse des Lagers, leitete zusammen mit dem Dirigenten Mundt das Orchester. Auf der rechten Seite des Bildes sehen Sie den Leiter des Lagers in der weißen Uniform. […] Ich bitte, Ihre Aufmerksamkeit auf zwei Punkte zu richten. Rechts ist Obergruppenführer Gebauer, der Leiter des Lagers, in weißer Uniform. Hinter ihm steht sein Hund Rex. Dieser Hund ist uns aus vielen Protokollen bekannt. Er war abgerichtet, lebende Menschen zu zerreißen.*[47]

Vier Jahrzehnte später deutet Moshe Barash, Pauls Kindheitsfreund und später ein bedeutender Kunsthistoriker in Israel, im Gespräch mit Cord Barkhausen die »Todesfuge«. »Es gibt da Metaphern oder Halbbilder, die mich sehr genau an gewisse Ereignisse und Erzählungen, die wir in der Zeit zwischen 1942 und 44 gehört haben, erinnern.«[48] Er entschuldigt sich für das freie Assoziieren, das ihm als Naturwissenschaftler widerstrebe, und fährt dann fort, »im Sommer 42, in drei Wochen hintereinander, wurde ein großer Teil der jüdischen Bevölkerung, der in Czernowitz geblieben ist, unter ganz besonderen Bedingungen – das war eine Extrakategorie – deportiert. Da waren auch Paul Celans Eltern dabei. Alle Juden, die hingebracht wurden, wurden umgebracht, wurden erschossen, fast alle. Ich erinnere mich an die Zahl nicht, aber es wurden viele Tausende hingebracht, ich glaube, drei oder vier sind entkommen. Die Erzählungen, die uns dann erreichten – wir waren damals noch in Czernowitz –, waren natürlich uns allen bekannt, fraglos auch Paul Celan.«[49]

Und er erinnert sich genau daran, wie in den Erzählungen immer wieder betont wurde, dass die Leute, die ihr Grab schaufeln mussten, in engen Gräbern zu liegen kamen, »dass niemand natürlich ein Grab für sich hatte und dass die tiefen Gräber, die da von den Leuten geschaufelt wurden, sich mit dicht gedrängten Leichen füllten, und – ich kann das nicht beweisen und ich will das auch nicht beweisen – das Bild von dem Grab in den Lüften, wo man nicht eng liegt, verbindet sich wenigstens in meiner Assoziation mit der Vorstellung von der toten Mutter, die in einem engen Grab liegt.«[50]

Die bewaffneten rumänischen Polizisten und anderen Einheiten waren, wie Barash berichtet, »wenn nicht immer, dann oft von großen wilden Hunden begleitet«.[51] Man wusste in Czernowitz 1942, dass die Deportationen merkwürdigerweise in der Nacht vom Sonnabend zum Sonntag erfolgten, so dass die Gefährdeten für diese eine Nacht Zuflucht bei Verwandten oder Bekannten finden konnten, die sichere Papiere hatten.[52]

»Ich habe noch eine kleine Assoziation, die – wie mir scheint – ganz genau hier passt«, fügt Moshe Barash hinzu:

> *»Er befiehlt uns spielt auf nun zum Tanz.« Ich will Ihnen sagen: in diesen Nächten von Samstag auf Sonntag gab es in den verschiedenen Häusern der Machthaber große, ballartige Veranstaltungen, und wir verfolgten mit Schrecken jeden Sonnabend, ob nun diese Vorbereitungen gemacht werden oder nicht. Wurden sie nicht gemacht, so gab's keine Deportation. Um dieselbe Stunde in den frühen Morgenstunden – ich sehe das vor meinen Augen – jetzt –, als die Juden da konzentriert wurden, umgeben von den Rüden und von den Bewaffneten, da gab es verschiedene Kapellen, die die Gäste von diesen Festlichkeiten dann rausbegleitet haben. Ich versteckte mich zu jener Zeit in einer Wohnung, die nicht weit von einem solcher Häuser gelegen war, und ich habe das an drei solchen frühen Sonntagmorgen miterlebt, wie man nun aufspielte zum Tanz.*

Diese Zusammensetzung – Gräber, wo man nicht gedrängt ist, Herbeipfeifen von Rüden und Juden und Aufspielen zum Tanz –, das hat eine für mich bis heute – entschuldigen Sie – erschreckende Genauigkeit. Das wollte ich Ihnen sagen.[53]

Die »Todesfuge« erschien zuerst 1947 als »Todestango« in Bukarest auf Rumänisch und trug in diesem Titel die Spuren des unmittelbaren Berichts. Was Paul Antschel über Lemberg las, hätte er über andere Orte ebenso erfahren können. Lemberg wurde 1939, dem Hitler-Stalin-Pakt folgend, Teil der Sowjetunion, genauer der Sowjetrepublik Ukraine, nach dem deutschen Angriff im Juni 1941 gehörte die Stadt zum »Generalgouvernement Polen«, im weiteren Umkreis der Region, in die man auch Leo und Fritzi Antschel verbracht und wo man sie umgebracht hatte. Wir wissen nicht genau, wie viel Paul Antschel über die Morde der Deutschen und ihrer Helfer aus der Ukraine und aus Rumänien seit 1944 wusste. Vermutlich genauso viel wie sein Jugendfreund Moshe Barash. Die »Todesfuge« belegt, dass er um die Musik wusste, die diese Morde begleitete, um die selbst geschaufelten Gräber, und er wusste von den Hunden, die bei den Deportationen an Ort und Stelle waren und Menschen bei lebendem Leib zerrissen: »... er / pfeift seine Rüden herbei / er pfeift seine Juden hervor läßt schaufeln ein Grab in der Erde / er befiehlt uns spielt auf nun zum Tanz« (NKG, S. 40).

Mieczyslaw Chersztein berichtet über den größten Massenmord im Konzentrationslager Majdanek nahe Lublin am 3. November 1943:

In Gruppen zu Tausend wurden die Juden aus anderen Lagern, in Lublin, Lipowa und Umgebung herbeigeführt. Das fünfte Feld war von einer dreifachen Reihe von Maschinengewehren umstellt. Die Deutschen, die Handgranaten und automatische Waffen trugen, führten die Opfer zum 23. Block. Dort befahl man ihnen, sich nackt auszuziehen und durch einen besonderen Ausgang nacheinander im Laufschritt mit erhobenen Händen auf die andere Seite zu laufen. Die Männer mussten auf die Gräber zulaufen, die sie selbst gegraben hatten und sich dort nebeneinander niederlegen. Der Graben hatte etwa zwei Meter Breite. Als der ganze Graben mit Menschen gefüllt war, beschossen die SS-Männer die Menschenmasse von oben mit automatischen Pistolen und beschütteten sie mit Erde, ohne darauf zu achten, ob die Leute noch lebten. Um das Knattern der Schüsse zu verbergen, waren Lautsprecher eingeschaltet worden und spielten Tanzmusik. Zwischen 6 Uhr morgens und 12 Uhr nachts wurden 22 000 Menschen erschossen.[54]

Es war die sogenannte Aktion »Erntefest«.

Lucjan Wilczyński, am 6. Januar 1908 in Białystok geboren, Häftling Nr. 4724, und Stanisław Chieslikowski, geboren am 15. Mai 1926 in Warschau, Häftling Nr. 4446, haben die Vorgänge von ferne beobachtet und in Nürnberg bezeugt.

Zeugnis

Die »Todesfuge« wurde eines der frühesten – vielleicht sogar das früheste – Zeugnis von der Ermordung von Juden in den deutschen Lagern. Alfred Kittner berichtet viele Jahre später, 1981, von seiner Rückkehr nach Czernowitz:

Im Spätfrühling 1944 war ich, aus dem Lager befreit, in das damals bereits von den Sowjettruppen zurückeroberte Czernowitz zurückgekehrt, und da entsinne ich mich noch deutlich meiner ersten Wiederbegegnung mit Paul, der damals schon seit längerem wieder daheim war und bereits von der Ermordung seiner Eltern erfahren hatte. Wir gingen lange miteinander spazieren, und Paul sprach, wie ich mich erin-

nere, vor allem bewundernd über Camus, der mir damals noch kaum dem Namen nach bekannt war. Das mehr als dreijährige Lagermartyrium hatte mich von allem, was im Westen geschah, völlig abgeschnitten. Nicht lange danach dürfte es gewesen sein, dass er mir eines Vormittags vor dem Eisengitter der Czernowitzer erzbischöflichen Kathedrale in der Siebenbürgerstraße die kurz zuvor entstandene ›Todesfuge‹ vorlas, die mir bei aller Bewunderung, die ich für sie empfand, allzu kunstvoll, zu vollendet dünkte, gemessen an den Schrecknissen, denen ich kaum entronnen war, was ich ihm auch nicht vorenthielt.[55]

Mit Alfred Kittner müssten wir die Entstehung der »Todesfuge« also vordatieren, auf den Sommer oder Herbst 1944, jedenfalls vor Erscheinen des Artikels in der *Iswestija* im Dezember. Aber vielleicht setzt der Chronist die Szene vor dem Eisengitter auch zu früh an? Vielleicht gab es eine frühere, erste Fassung des Gedichts?

Alfred Kittner wurde, wie Immanuel Weissglas, zusammen mit den Familien, in Vernichtungslager am Bug, im Süden der Ukraine, deportiert, wie er schreibt, »und es war als Glück im Unglück zu bezeichnen, dass wir im gleichen Transport, im gleichen Viehwaggon die Todesreise antraten und den größten Teil der schicksalsschweren Reise zusammenblieben. Paul drohte das gleiche Los, doch er versteckte sich bei Bekannten und entging so der Verschickung, so dass nur seine Eltern an den Bug getrieben wurden, während er als Daheimgebliebener später einem Arbeitsdétachement im Lande, in der Moldau, zugeteilt wurde. Also geriet er nicht unmittelbar in den Limbus des Todes. Als er uns nach den Jahren der Drangsale und Qualen mit unseren Familien, Weissglas mit seinen Eltern, zurückkehren sah, muss er einen schweren, nie überwundenen psychischen Schock erlitten und sein Gewissen schwer belastet gefühlt haben. Es war der Gedanke, dass er vielleicht die

Ermordung seiner Eltern im Lager hätte abwenden können, wenn er mit ihnen gegangen wäre.«[56]

Gedichte schreiben 1945

»Allzu kunstvoll, zu vollendet« erschien Alfred Kittner das Gedicht des elf Jahre jüngeren Paul. Das habe er ihm nicht vorenthalten. Was wird Paul Antschel ihm erwidert haben? Wird er überhaupt etwas gesagt und nicht vielmehr geschwiegen haben? Oder hat er den Bedenken des Freundes Rechnung getragen und den Text der »Todesfuge« geändert? Es sind keine Vorstufen zur »Todesfuge« erhalten; wir wissen darum nicht, ob und, wenn ja, wie sich das Gedicht vor seinem Erscheinen am 2. Mai 1947 in Bukarest verändert hat. Im Geiste habe Kittner, so erinnert er sich, der »Todesfuge« die »Klage« von Moses Rosenkranz entgegengehalten, die ihm »in ihrer Wortkargheit, ihrer Monumentalität« angemessener erschien und die er in seinen Bukarester Erinnerungen 1981 zitiert:

So leichenweiß
ist kein Schnee wie die Not,
kein Herd ist so heiß wie der Tod.

Die Gräber glühen
Wie Kohlen im Land,
du drüber musst ziehen
im Sündergewand.

Fällst wie ein Schnee
Und liegst wie ein Brand,
Wolke von Weg,
mein Volk, in dem Land.

So sprießt kein Reis,
wo mein Israel ruht:
der Glanz ist zu weiß,
zu rot ist die Glut.[57]

Das Gedicht von Moses Rosenkranz, der zum literarischen Czernowitz gehörte, 1904 dort geboren, 2003 fast hundertjährig im Schwarzwald gestorben, stimmt in einigen Motiven – dem Weiß, dem Schnee, den Gräbern, dem Glanz, vor allem aber auch mit der Erinnerung an den massenhaften Tod, der Klage – mit der »Todesfuge«, überhaupt mit Paul Antschels frühen Gedichten überein und unterscheidet sich doch gleichzeitig wieder von ihnen in seiner religiösen Wendung ans eigene Volk, »mein Israel«.

Man hat über die Jahre immer wieder nach Vorläufermotiven der »Todesfuge« geforscht und ist dabei auch fündig geworden. Rose Ausländer berichtet Israel Chalfen 1972 von Besuchen des jüngeren Dichters, der ihr eigene Texte vorgelesen habe. Sie sei »von allem Anfang an von den Gedichten Pauls begeistert« gewesen, und sie fügt nobel hinzu:

Dass Paul die Metapher ›schwarze Milch‹, die ich in meinem 1925 geschriebenen, jedoch erst 1939 veröffentlichten Gedicht ›Ins Leben‹ geschaffen habe, für die ›Todesfuge‹ gebraucht hat, erscheint mir nur selbstverständlich, denn der Dichter darf alles als Material für die eigene Dichtung verwenden. Es gereicht mir zur Ehre, dass ein großer Dichter in meinem bescheidenen Werk eine Anregung gefunden hat. Ich habe die Metapher so nebenhin gebraucht, er jedoch hat sie zur höchsten dichterischen Aussage erhoben. Sie ist ein Teil von ihm selbst geworden.[58]

Alfred Kittners Gedicht »Die Schule des Todes« von 1945 stimmt in einigen Motiven mit der »Todesfuge« überein und unterscheidet sich doch gravierend: »Was hier in diesem Buche steht, / Es ist ein klappernd Alphabet. / Wir lernten sterben und verwesen / Und können es drum fließend lesen. // Wenn mich der Tod zur Tafel ruft, / Das A ist Grab, das U ist Gruft. / Muss ich zur letzten Stunde gehen, / Werd ich die Prüfung wohl bestehen«, um die ersten beiden Strophen zu zitieren.[59]

Von Kittner stammt auch das »Requiem 1944«:

Schnee ein Messer gezückt,
einen Heiland zu schächten
im Eisfrost der Steppe.
Kein Ruf ward vernommen;
Am Schweigen der Engel
zerbrach er,
ein Schindergeheul
über Zeit hin und Zorm.

Straßen im Blutstrom
der Widderhornklage.
Erloschene Fackeln,
in Ställe gepfercht,
mit vermauerten Lippen,
gepfählten Zungen,
in Stummheit gebannt,
die ein grindiger Tod nur erlöst.[60]

Jedes dieser Gedichte hat eine eigene Logik und Bilderwelt, und doch stimmen Motive überein, der allgegenwärtige Tod, der alles bedeckende Schnee, die semantische Verkehrung wie in der schwarzen Milch, die Klage, die Gräber. Gedichte, die um 1945 in Czernowitz entstanden, drücken Ort und Zeit ihrer Entstehung auf besondere Weise aus.

Im August 1945 schrieb der aus der KZ-Haft und dem Todesmarsch befreite David Rousset in Paris innerhalb weniger Wochen seine Erfahrungen in Buchenwald, Neuengamme und anderen Lagern nieder. Im Jahr darauf erschien das Buch *L'univers concentrationnaire*, erst 2020 wird es unter dem Titel *Das KZ-Universum* in deutscher Übersetzung vorliegen. Darin bezeichnet Rousset die Befehlshaber der Kapos in den Lagern als »Meister«, er verwendet den deutschen Begriff.[61] »Der Tod ist ein Meister aus Deutschland«. Alle Bildelemente in der »Todesfuge« haben eine präzise historische Entsprechung. Man muss diese Selbstverständlichkeit so hervorheben, weil Kritiker in Nachkriegsdeutschland sie, ob bewusst oder nicht, anzweifelten und zu »Exerzitien auf dem Notenpapier«, graphischen Gebilden ohne Sinn werden lassen wollten.

Später, viel später wird heftig über Vorläuferinnen oder Nachfolger der »Todesfuge« gestritten, deren Originalität, Einzigartigkeit. Davon wird noch die Rede sein. Aber man hat bei allen Diskussionen des »zu Schönen«, Abgeleiteten, schon Vorgefundenen kaum bedacht, dass Ähnlichkeiten die einfachste Quelle haben können: ähnliche Erfahrungen. Wie hatte Moshe Barash gesagt, als er, der Wissenschaftler, der auf genaue Ableitung achtete, Assoziationen beim Lesen der »Todesfuge« nannte: »das hat eine für mich bis heute – entschuldigen Sie – erschreckende Genauigkeit. Das wollte ich Ihnen sagen.«

TANGOUL *Morţii*

de **PAUL CELAN**

Poemul a cărui traducere o publicăm e construit pe evocarea unui fapt real.

La Lublin, ca şi în multe alte „lagăre naziste ale morţii", o parte din condamnaţi erau puşi să cânte muzică de dor în timp ce ceilalţi săpau gropile.

Lapte negru din zori îl bem când e seară
îl bem la amiaz dimineaţa îl bem şi la noapte
îl bem şi îl bem
săpăm o groapă 'n văzduh şi nu va fi strâmtă
Un om stă în casă se joacă cu şerpii şi scrie
el scrie 'n amurg în Germania, Aurul părului tău Margareta
scrie şi iese în prag mai scapără stelele 'n cer el îşi fluieră câinii
evreii şi-i fluieră el poruncă le dă ca să sape o groapă 'n ţărână
poruncă ne dă să cântăm pentru dans

Lapte negru din zori te bem când e noapte
la amiază te bem te sorbim dimineaţa şi seara
te bem şi te bem
Un om stă în casă se joacă cu şerpii şi scrie
el scrie 'n amurg în Germania Aurul părului tău Margareta
Cenuşa părului tău Sulamith o groapă săpăm în văzduh şi nu va fi strâmtă
El strigă săpaţi mai adânc iar ceilalţi cântaţi
arma o 'nşfacă, o flutură, albaştrii i-s ochii
săpaţi mai adânc iar ceilalţi cântaţi pentru dans mai departe

Lapte negru din zori te bem când e noapte
te bem la amiază dimineaţa şi seara te bem
te bem şi te bem
un om stă în casă, aurul părului tău Margareta
cenuşa părului tău Sulamith el se joacă cu şerpii

El strigă cântaţi mai blajin despre moarte căci moartea-i un meşter german
el strigă plimbaţi un arcuş mai cetos pe viori veţi creşte ca fumul atunci
veţi zace 'ntr'o groapă în nori şi nu va fi strâmtă
Lapte negru din zori te bem când e noapte
te bem la amiaz e moartea un meşter german
te bem dimineaţa şi seara te bem şi te bem
e moartea un meşter german albaştrii i-s ochii
cu plumb te împroaşcă din plin şi adânc te loveşte
un om stă în casă aurul părului tău Margareta
câinii spre noi şi-i asmute ne dăruie-o groapă 'n văzduh
se joacă cu şerpii visând e moartea un meşter german

aurul părului tău Margareta
cenuşa părului tău Sulamith

Traducere din limba germană
de **PETRE SOLOMON**

Erste Veröffentlichung der »Todesfuge« auf Rumänisch unter dem Titel »Todestango«, übersetzt von Petre Solomon, Bukarest, 2. Mai 1947

Bukarest 1945

»Als ich in Bukarest ankam, läuteten die Friedensglocken. Es war der 9. Mai 1945. In der Stadt herrschte Jubel«, berichtet Edith Silbermann über den Tag ihrer Ankunft in der rumänischen Hauptstadt.[62] Der Frieden kam spät über Bukarest; das Königreich Rumänien hatte sich erst im Sommer 1944 gegen seinen Verbündeten, das nationalsozialistische Deutschland, gewandt und den Alliierten angeschlossen, vor allem der nahenden Roten Armee. So hatte Rumänien in der letzten Etappe mit ihnen gesiegt. Ein Sieg nach vielen Niederlagen.

Bukarest war 1945 eine befreite Stadt, zuallererst befreit von der eigenen Diktatur. König Michael hatte den rumänischen Führer, den *Conducătorul* Ion Antonescu, am 23. August 1944 abgesetzt und inhaftieren lassen. Am 25. August marschierte die Rote Armee in die rumänische Hauptstadt ein, nachdem kurz zuvor noch deutsche Flugzeuge sie bombardiert hatten.

Im April 1945 verließ Paul Antschel seine Heimatstadt Richtung Bukarest, ohne Reisepass, aber von den sowjetischen Behörden als Auswanderer registriert. Den Sowjets lag daran, im Sinne des von ihnen angestrebten Bevölkerungsaustauschs die deutschsprachige und damit zumeist jüdische Bevölkerung zur Ausreise zu bewegen und Ukrainer wie Russen in Cern[a]u[t]i, wie Czernowitz jetzt hieß, anzusiedeln.

Von allen Lebensorten Celans ist Bukarest am wenigsten

erforscht. Das hängt auch damit zusammen, dass durch die Emigration von Freunden und Weggefährten aus Bukarest gen Westen viele Dokumente verstreut sind oder vereinzelt sogar verloren gingen. Bukarest lag schon Richtung Westen, war aber eine östliche Metropole; eine Stadt im Umbruch, unter sowjetischem Einfluss, in der aber noch ein König auf seinem Thron saß, der, so jung, wie er war, dem Diktator, den sein Vater Karl II. eingesetzt hatte, Einhalt gebot. Doch hatte das Land keine eigene demokratische Tradition. Bukarest war die Hauptstadt eines Landes, das von seiner ländlichen Kultur bestimmt war. Hinzu kam, dass Großrumänien ein Viertel seines Territoriums an die siegreiche Sowjetunion abtreten musste und selbst, nach einem Interregnum von rund drei Jahren, zu einer Volksrepublik wurde, in der die Kollektivierung der Landwirtschaft durchgesetzt wurde und es zu Drangsalierungen aller Art kam. Vor allem aber war Bukarest eine Stadt, die 1945, wie so viele andere europäische Städte, zahllose Flüchtlinge aufnehmen musste. Viele von ihnen Juden aus der Bukowina und Bessarabien mit der Erfahrung von Entrechtung, Verfolgung und Deportation, der Ermordung ihrer Familien, Freunde, Nachbarn.

Serge Moscovici war einer von ihnen, wenngleich er schon 1936 als Elfjähriger zu seiner Tante nach Bukarest gekommen war. »Un maître venu d'Allemagne«, ein Meister aus Deutschland, wörtlich: ein aus Deutschland gekommener Meister, überschreibt Serge Moscovici seine Erinnerungen an diese Zeit mit dem abgewandelten Zitat aus der »Todesfuge«. Er schrieb sie Jahrzehnte später in Paris nieder, als er längst ein berühmter, weltweit anerkannter Sozialpsychologe war. Wäre er in seiner Heimat geblieben, in der rumänischen Bukowina, hätte ihn dort das gleiche Schicksal ereilt wie den Rest seiner Familie, die ermordet wurde. »In Bukarest waren wir einem Regime der Willkür unterworfen wie einer andauernden Bedrohung, aber unsere Chancen zu überleben waren unendlich viel größer und wir waren nicht, wie anderswo in Europa, in ein abgeschlossenes Ghetto gesperrt. Nach den ersten Niederlagen der Deutschen vermutete der rumänische Diktator pragmatisch, die Juden des alten Rumänien könnten ihm als Pfand bei eventuellen Verhandlungen mit den Alliierten dienen. Die Behörden unterschieden tatsächlich zwischen den Juden der kürzlich gewonnenen Provinzen wie der Bukowina und Bessarabien, die erst 1918 rumänisch geworden waren, und den anderen.«[63] Die Juden aus dem alten Rumänien, zumal aus Bukarest, überlebten die Verfolgung meistens; sie lebten wie in Klammern, erinnert Serge Moscovici sich, voller Ungewissheit über das, was die Zukunft ihnen bringen würde: den Tod oder das Überleben. Die Geographie wurde zum Schicksal.

Vor dem Zweiten Weltkrieg lebten rund 800 000 Juden in Rumänien, sie machten die zweitgrößte ethnische Minderheit aus, jetzt sind es etwa 6000. Wenn man heute nach Bukarest reist, findet man noch das einstige jüdische Viertel mit dem Templul Coral, dem Choral-Tempel, der größten Synagoge, die Chabad-Synagoge, auch Yeshoah Tova genannt, und der Credința-Synagoge. Man findet den Cimitirul Evreiesc de Rit Sefard, den alten Jüdischen Friedhof der Stadt, ein Jüdisches Museum und, von 1948 an, das Jiddische Theater.

Im Oktober 2019 unterzeichnete der rumänische Präsident Klaus Johannis ein Dekret, das die Gründung eines eigenen rumänischen Holocaust-Museums vorsieht. Dieser Museumsgründung kommt deshalb so große Bedeutung zu, weil die Verfolgung der rumänischen Juden wie der nichtrumänischen Juden ein bis heute nicht ausreichend erforschtes Kapitel der Verfolgung und Vernichtung ist. Moscovici nennt es »ein skandalös abwesendes oder unzulänglich behandeltes Thema in der einschlägigen Literatur. »Wer hat zum Beispiel vom Massaker von Bogdanovka am Bug gehört – 70 000 von der rumänischen Polizei im Zeitraum einer Woche Ende Dezember 1941 ermordet, ganz in der Nähe von dem Ort, an den die Eltern von Paul deportiert wurden – doppelt so viele wie in Babi Jar nahe Kiew.«[64] Erst das monumentale Buch *Cartea Neagra*, das Schwarzbuch des rumänischen Holocaust von Matatias Carp, 2009 auf Französisch erschienen, aber nicht auf Deutsch, habe Licht in dieses Dunkel gebracht. Schon 2004 hatte der ausführliche Bericht der sogenannten Elie-Wiesel-Kommission die ganze Dimension von Verfolgung und Vernichtung offengelegt.

Bukarest war für den 24-jährigen Paul, wie für viele andere, so etwas wie eine Stadt im Transit, eine Wanderstadt, um ein Wort von ihm aufzugreifen, auch wenn er selbst über zweieinhalb Jahre blieb. In der Stadt erwartete Ruth – sie war von Czernowitz nach Bukarest gegangen – ihn mit einer guten Nachricht: Der Dichter und Vermittler Alfred Margul-Sperber hätte sich von seinen Gedichten, die sie ihm überbracht hatte, begeistert gezeigt und brannte darauf, den jungen Kollegen kennenzulernen. Einer seiner ersten Wege in Bukarest führte Paul also zu dem Mann, der bald darauf sein Förderer und enger Freund wurde. 1898 in der Bukowina geboren, in Czernowitz, und von 1914 an, als der Erste Weltkrieg Czernowitz erreichte, in Wien ausgebildet, kehrte Margul-Sperber nach einigen Jahren in Paris und New York 1924 wieder in seine Heimat zurück und wurde als Redakteur des *Czernowitzer Morgenblatts* eine Institution im literarischen Leben der Stadt. Nach der sowjetischen Besetzung übersiedelte er 1940 nach Bukarest und entging der Deportation. Er blieb bis zu seinem Tod 1967 in Bukarest und wurde in späteren Jahren ein Förderer der rumäniendeutschen Literatur. In seinem gastlichen Haus versammelte er schon in den 1940er Jahren und später an jedem Sonntag andere Dichter.[65] Und ebendort empfing Alfred Margul-Sperber auch den jungen Paul Antschel und bot ihm für die erst Zeit in Bukarest an eine Unterkunft an. Paul schlief auf dem Tisch in der Küche. Später bezog er ein Zimmer in der Strada Roma 47. Das Haus steht noch heute in einem gutbürgerlichen Viertel der rumänischen Hauptstadt, leicht nach hinten versetzt.

Der junge Paul haderte mit seinem Nachnamen Antschel, auf Rumänisch: Ancel, in der Bukowina ein geläufiger Name. Daraufhin soll die Frau von Alfred Margul-Sperber, Jetty, ihm vorgeschlagen haben, sich »Celan« zu nennen, ein Anagramm der rumänischen Schreibweise seines Namens Ancel. Unter diesem Namen erschienen einige Übersetzungen von ihm aus dem Russischen, von Tschechow und Lermontow.

Paul war Lektor bei Cartea Rusă geworden, einem neu gegründeten Verlag, der Klassiker der russischen Literatur und Neuerscheinungen aus der damaligen Sowjetunion auf Rumänisch herausbrachte ebenso wie eine Studie über Dostojewski von W. Alexandrow oder eine Gedichtsammlung von Samuil Marschak. Denn die sowjetische Besatzungsmacht legte Wert auf die Verbreitung ihrer Werke in den neuen Bruderstaaten. Es gab einen Verlag, der russische Bücher auf Rumänisch herausbrachte, wie einen Rumänischen Verlag, der ausschließlich Werke der nationalen Literatur verlegte.

Der Bekanntschaft mit Alfred Margul-Sperber verdankte Celan vieles, auch die erste Veröffentlichung dreier seiner Gedichte in der ersten und einzigen Ausgabe der mehrsprachigen Zeitschrift *Agora* im Mai 1947. »Das Gastmahl«, »Das Geheimnis der Farne« und »Ein wasserfarbenes Wild« erschienen unter Ion Caraions Redaktion und wurden später Teil von Celans erstem Gedichtband *Der Sand aus den Urnen*. In ihrem erlesenen Wortschatz, den völlig ungewöhnlichen, neuen Bildern zeigen die Gedichte der Bukarester Zeit schon den späteren Celan: »Geleert sei die Nacht aus den Flaschen im hohen Gebälk der Versuchung, / die Schwelle mit Zähnen gepflügt, vor Morgen der Jähzorn gesät: / es schießt wohl empor uns ein Moos noch, eh von der Mühle sie hier sind, / ein leises Getreide zu finden bei uns ihrem langsamen Rad …«, lautet die erste Strophe von »Das Gastmahl«, und das Gedicht fährt fort: »Unter den giftigen Himmeln sind andere Halme wohl falber, / wird anders der Traum noch gemünzt als hier, wo wir würfeln um Lust, / als hier wo getauscht wird im Dunkel Vergessen und Wunder, / wo alles nur gilt eine Stunde und schwelgend bespien wird von uns, / ins gierige Wasser der Fenster geschleudert in leuchtenden Truhen -: / es birst auf der Straße der Menschen, den Wolken zum Ruhm!« (NKG, S. 33)

Ein nächtliches Gastmahl, von Kelchen und Flaschen ist die Rede, von Vergessen und Wunder, von Lust. Vielleicht doch Schlüsselwörter jener Lebensstation von Celan. Der rumänische Schriftsteller, Übersetzer und Weggefährte Celans, auch der genaueste Chronist jener Jahre, Petre Solomon, beschreibt Celan als temperamentvollen, lustig aufgeschlossenen, zur Freundschaft begabten jungen Mann. In Bukarest sei er noch jung gewesen, habe starke Nerven gehabt, und die erlittenen Traumata schienen nicht seine geistigen Kräfte zu übersteigen, im Gegenteil: die andauernden Leiden erforderten eine ausgleichende Behandlung: ›eine Kur der Sorglosigkeit‹, wie Paul Morand gesagt hätte.[66] Solomons Buch über Celan erschien 1987 – zunächst auf Rumänisch unter dem Untertitel *Dimensiunea Romanesca*, zu Deutsch: die rumänische Dimension, drei Jahre später auf Französisch unter dem Titel *Paul Celan. L'Adolescence d'un Adieu*. Es blieb im deutschsprachigen Raum so gut wie unbekannt und ist doch eine wichtige Quelle über zwei entscheidende Jahre im Leben des Dichters an seinem Anfang.

Die Bukarester Jahre scheinen eine besondere Periode im Leben des jungen Paul Ancel gewesen zu sein, ein Atemholen, Zu-Kräften-Kommen nach einer unfassbar traumatischen Zeit, dem Verlust der Eltern, von Freunden, der ganzen vertrauten Umgebung.

Ganz offensichtlich bekam ihm das Bukarester Klima, und ein Zeichen seiner Wiederherstellung war wohl seine unvergleichliche Umgänglichkeit. Paul wechselte leicht von einem Milieu zum anderen, er besuchte oft seine alten Bekannten aus Czernowitz und näherte sich sogar zu einem bestimmten Zeitpunkt dem sehr verschlossenen Zirkel der surrealistischen Dichter. Trotz seiner Umgänglichkeit blieb er, wie jeder von uns, ein geheimnisvoller Mensch mit vielen Facetten, vor allem in seinem Gefühlsleben.[67]

Solomon zeichnet das Bild des Freundes im Spiegel ihrer gemeinsamen Bekannten, vor allem von Nina Cassian, die Anführerin eines Bukarester Künstlerkreises, Malerin und Lyrikerin zugleich,[68] mit der Celan später noch in Verbindung stand. Petre Salomon war oft mit Paul bei Nina Cassian und ihrem Mann Colin in der Poènaru-Bordea-Straße zu Gast.

Die Zeitschrift *Contemporanul* (Der Zeitgenosse) kam von 1946 an als intellektuelle Stimme der Kommunistischen Partei heraus, 1947 hatte sich die Wochenschrift immer stärker gegen die bürgerlichen Parteien positioniert, die im Jahr zuvor noch die Wahlen gewonnen hatten, und brachte eher sowjetfreundliche Artikel. In *Contemporanul* erschien am 2. Mai 1947 die »Todesfuge« zuerst als »Todestango« (»Tangoul morții«) unter dem Namen Celan, aus dem Deutschen ins Rumänische übersetzt von Petre Solomon unter Mitwirkung von Mony Cahn, das Pseudonym von Ovid S. Crohmălniceanu.

Dass das Gedicht überhaupt in *Contemporanul* erscheinen konnte, verdankt sich, glaubt man dem frühen Weggefährten und früheren Redakteur der Zeitschrift Ovid S. Crohmălniceanu, einem Zufall. Der Chefredakteur, Alexandre Buican, ein strammer Stalinist, sah in Paul Antschel einen Klassenfeind, von dem er nichts in seinem Blatt bringen wollte. Während einer langen Abwesenheit von Buican gelang es Crohmălniceanu, die »Todesfuge« im Blatt unterzubringen, ein Wunsch, den er seit langem hegte.[69] Mit einer realistischen Note, die in der beigefügten Erklärung zum Tragen kam: »Das Gedicht, dessen Übersetzung wir veröffentlichen, geht auf Tatsachen zurück. In Lublin und anderen ›Todeslagern‹ wurde ein Teil der Verurteilten gezwungen aufzuspielen, während ein anderer Gräber schaufelte.«[70]

Am 11. Mai 1947 folgte unter den Initialen »V.P.« eine erste Besprechung des Hefts in der *Revista Literara* (Literarische Revue). Sie unterstrich »den reichen Beitrag« von Nina Cassian und Sanda Movila in der gleichen Ausgabe des *Contemporanul*, Nummer 32, und fügte hinzu, dass »Der Todestango« »des deutschen [!] Dichters Paul Celan, übersetzt von Petre Solomon, sich sowohl durch seine Machart wie durch seine Eigenart der bewegenden Anrufung« hervorhebe. Und V.P. (vermutlich für Veronica Porumbeau) verweist auf ein anderes neues Gedicht in derselben Nummer: »Groapa comunà« (Die Gemeinschaftsgrube) des kroatischen Dichters Ivan Goran. »Das Gedicht von Herrn Celan bezeugt eine authentische Sensibilität, von der wir wohl noch andere Überraschungen erwarten.«[71]

Und noch etwas weiß der Bukarester Chronist Solomon zu berichten: »Paul Celan liebte es, inmitten der Menschen zu leben, denen er ein aufmerksames Ohr für ihre Sorgen lieh. Sein so aufgeregter Lebenshunger nahm in Bukarest ebenfalls die Form einer intensiven erotischen Erfahrung an. Ich gebe nicht vor, der Chronist aller seiner hier durchlebten Liebesabenteuer zu sein, aber ich kann sagen, daß es ziemlich viele waren und diese einem schwindelerregenden Rhythmus folgten.«[72]

Diese Stimmung würde aber später genau ins Gegenteil umschlagen, wie Celans frühe Freunde bezeugen. Als sie ihm in Paris wiederbegegneten, sei der Bukarester Elan ganz verflogen, die Euphorie der Melancholie gewichen.

Im Oktober 1981 kamen Celans frühe Freunde noch einmal

im Goethe Institut in Bukarest zusammen, das eine Tagung mit dem Verband rumänischer Schriftsteller veranstaltete. Zwei Tage lang tragen sie ihre Erinnerungen zusammen. Petre Solomon entsinnt sich der Entbehrungen und des Hungers jener Jahre. In der Kantine von Celans Verlag hätte es ein zweigängiges Menü gegeben: eine Wassersuppe und einen gekochten Maiskolben. »Auch die sogenannten ›Ökonomaten‹ habe ich gekannt, wo die Angestellten auf Karten zusätzliche Kalorien – Zucker, Öl oder Mehl – oder ein Stück Stoff für einen Anzug kaufen konnten. Auf einem Schnappschuß aus jener Zeit sehe ich mich neben Paul auf dem Boulevard, der damals ›Bratianu‹ hieß, etwa dort, wo heute das Nationaltheater steht. Wir sind beide mager (vor allem ich sehe aus wie ein Hungerkünstler), und Paul hält ein offenes Buch in der Hand – was mag das wohl für ein Buch gewesen sein?«[73]

Es war die Zeit der schönen Wortspiele, die die Freunde wiederholen, sie erinnern an Pauls Heiterkeit und Jovialität, die man später so gar nicht mit ihm verbinden wird. Sie lassen eine Silvesterfeier 1946/47 in Bukarest Revue passieren. Die Dichterin und Übersetzerin Maria Banus erinnert sich an die erste Begegnung mit Paul während eines strengen rumänischen Winters, Ion Caraion an seine Rezeption der rumänischen Lyrik. Schön sei ihr Freund gewesen, gelöst und heiter.

Bevor dieser im November 1947 Bukarest verlässt, in das er nie wieder zurückkehren wird, übergibt er je ein Konvolut seiner Gedichte an Ruth Kraft und an Alfred Margul-Sperber mit der Bitte, sie zu verwahren. Auf dem langen, beschwerlichen Weg in den Westen könnten sie verloren gehen. Margul-Sperber hütete Celans Gedichte bis zu seinem Tod 1967 in seiner Bukarester Wohnung. So findet man heute im dortigen Literaturmuseum mehrere frühe Fassungen der »Todesfuge«, die zuerst auf Rumänisch erschienen war.

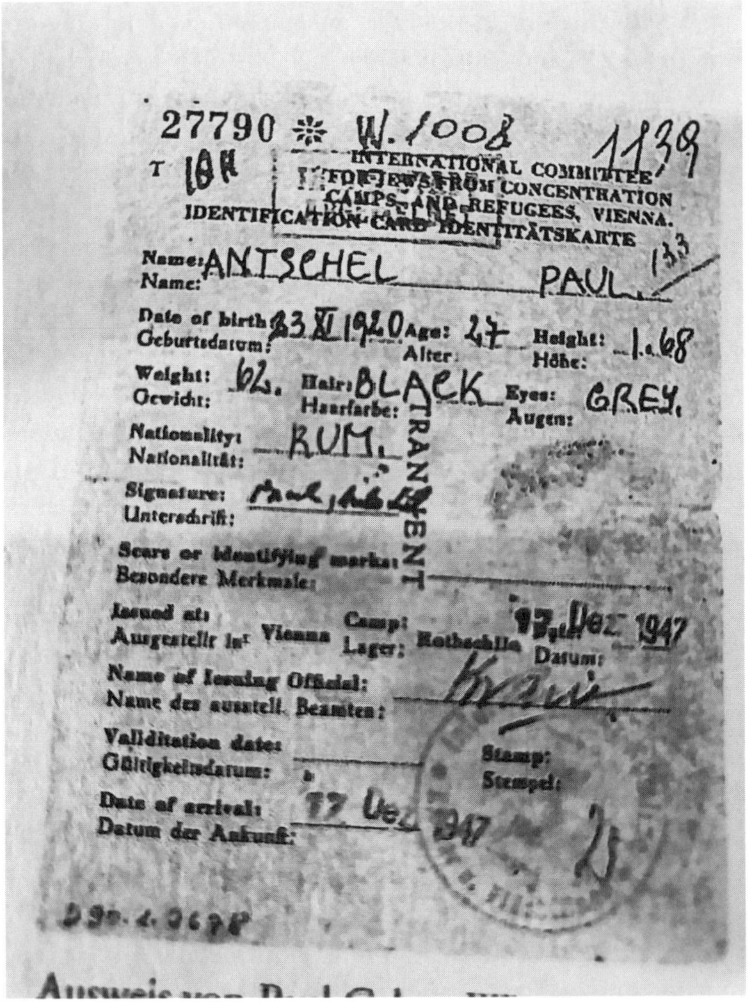

27790 W. 1008 1139

T 10A

INTERNATIONAL COMMITTEE FOR JEWS FROM CONCENTRATION CAMPS AND REFUGEES, VIENNA.

IDENTIFICATION CARD IDENTITÄTSKARTE

Name: ANTSCHEL PAUL 133

Date of birth / Geburtsdatum: 23 XI 1920 Age / Alter: 27 Height / Höhe: 1.68

Weight / Gewicht: 62. Hair / Haarfarbe: BLACK Eyes / Augen: GREY.

Nationality / Nationalität: RUM.

Signature / Unterschrift: Paul Antschel

TRANSIENT

Scars or identifying marks / Besondere Merkmale:

Issued at / Ausgestellt in: Vienna Camp / Lager: Rothschild Date / Datum: 17. Dez. 1947

Name of issuing Official / Name des ausstell. Beamten:

Validitation date / Gültigkeitsdatum:

Stamp / Stempel:

Date of arrival / Datum der Ankunft: 17 Dez. 1947

Meldeschein von Paul Antschel in Wien am 17. Dezember 1947

Wien 1947

Am 17. Dezember 1947 meldete das Rathaus der österreichischen Hauptstadt, dass das Schweizerische Rote Kreuz »seinen 48. Transport« abgefertigt hätte: »Unter den 590 Kindern, die heute für drei Monate zu Schweizer Pflegeeltern fuhren, befand sich auch das zehntausendste Kind aus Wien.«[74] Die Schweiz hatte seit Dezember 1945 140 000 Kinder aus zahlreichen Ländern Europas aufgenommen, davon 24 000 allein aus Österreich; sie sollten im Nachbarland aufgepäppelt werden und Not und Entbehrungen in ihrer Heimat für einige Wochen hinter sich lassen können. Gemeldet wurde zudem, dass 200 Mann für den Rettungsdienst im verschneiten Wienerwald bereitstünden. Bald würde das Rathaus auch die Fleischzuteilungen zu Weihnachten und Neujahr für die Wiener Bevölkerung verkünden, von der Beseitigung von Bombenschäden sowie der Errichtung neuer Wohnungen berichten, vor dem Ansteigen der Diphtherie warnen und das 40-jährige Thronjubiläum König Gustavs V. von Schweden vermelden, das die Österreichisch-Schwedische Gesellschaft mit einem Festakt im Wiener Rathaus feierte.

Am 17. Dezember 1947 erreichte Paul Celan Wien. Er war wochenlang zu Fuß unterwegs gewesen, um von Bukarest über Budapest nach Wien zu gelangen, durch Kälte, Regen und Schnee, vorbei an Grenzpfosten, die den Eisernen Vorhang schon vorbereiteten und die es auf Schleichpfaden zu umgehen galt. Vermutlich war er über zwei Monate unterwegs und zählte zu den letzten Flüchtlingen eines langen Trecks, der schließlich nach Wien gelangte. Im Dezember 1947 riegelten Ungarn und Rumänien ihre Grenzen gen Westen hermetisch ab. Es gab kein Durchkommen mehr, und wen immer die Grenzsoldaten noch aufgriffen, der wurde festgenommen und zu jahrelanger Haft in den beiden inzwischen zur sowjetischen Hemisphäre gehörenden Ländern verurteilt.

»Liebe Ruth«, schreibt er am 28. Dezember an die Freundin Ruth Kraft in Bukarest auf einer Karte, »ich bin zwar schon zehn oder mehr Tage hier, weiß aber immer noch nicht, wie alles werden soll. Es sieht so aus als müßte ich den Winter hier verbringen, was ja nicht so schlimm wäre, wenn ich für den Augenblick nicht so ganz ohne Geld wäre. Ich hatte eine sehr schwere Reise, Ruth.« (Briefe, S. 29) Celan gehörte zu den Hunderttausenden von Flüchtlingen aus den Lagern vor allem in Ost- und Mitteleuropa, die aus zerstörten Städten, aufgegebenen Dörfern, oft verwaist oder verwitwet und vollkommen allein, angefüllt mit grauenvollen Erinnerungen, bestückt nur mit leichtem Gepäck, oft ziellos umherirrend, denn die erwünschten oder ihnen erreichbaren Zielorte waren ebenfalls zertrümmert, weithin unbewohnbar, mit Zuzugssperren belegt. Man schätzt die Zahl der Displaced Persons oder DPs, wie man sie nannte, auf insgesamt mehr als zehn Millionen Menschen. Die sogenannten DP-Lager, die man für sie errichtete, ursprünglich nur als Transitorium gedacht, beherbergten ihre Bewohner oft jahrelang. Sie wurden vor allem aus Mitteln jüdischer Fonds mit dem Notwendigsten an Nahrung und Kleidung versorgt, in Hebräisch oder Englisch unterrichtet, um sie auf die Auswanderung vorzubereiten; wer wollte, wurde auch in technischen Berufen, Handwerken oder in der Landwirtschaft unterwiesen. In den selbstverwalteten DP-Lagern gab es eigene Zeitungen und einfach hergestellte Bücher, auf Jiddisch, Deutsch oder Englisch, die oftmals über das zurückliegende Grauen der Displaced Persons berichteten. Der Status der DPs sollte nur vorübergehend sein, blieb aber häufig viele Jahre bestehen. Das letzte DP-Lager im oberbayrischen Föhrenwald schloss seine Pforten erst 1957.

Eine dieser ungezählten Displaced Persons war also Paul Celan. Mit im Gepäck hatte Celan Briefe, einige Familienbilder und seine Gedichte. Das Manuskript *Der Sand aus den Urnen* hatte Alfred Margul-Sperber schon von Bukarest aus nach Wien geschickt. Celan kam zunächst im Rothschild-Spital unter, einem zu einem DP-Lager umfunktionierten Wiener Krankenhaus am Währinger Gürtel. 1873 hatte Anselm Freiherr von Rothschild der Israelitischen Kultusgemeinde in Erinnerung an seinen Vater ein Gemeindespital geschenkt. In der Zeit des Nationalsozialismus war das Rothschild-Spital das einzige Krankenhaus, in dem jüdische Patienten behandelt wurden. Ende 1942 wurde das Spital enteignet und in ein Krankenhaus der SS umfunktioniert. Vom Ende des Krieges bis 1949 waren insgesamt rund 170 000 jüdische DPs im Rothschild-Spital untergebracht, eine extrem hohe Zahl: Bei Eröffnung des Lagers lebten etwa 600 Menschen dort, täglich kamen rund 100 neue aus Polen, Ungarn, Rumänien und den Ländern der Sowjetunion hinzu. Die Flüchtlingsorganisation der Vereinten Nationen errichtete Werkstätten, um Schneider, Schuster und Mechaniker auszubilden, die man in den USA, in England und auch im jungen Staat Israel brauchte.[75]

Celan kam in eine geteilte Stadt. Die Alliierten hatten Wien in Sektoren aufgeteilt. Es gab eine amerikanische, eine britische, eine französische und eine sowjetische Zone, die jeweils unter der Verwaltung der einzelnen Siegermacht stand, und in der Mitte eine Internationale Zone, die die alliierten Mächte gemeinsam kontrollierten. Es war die frühe Nachkriegszeit, die Carol Reeds legendärer Film »The Third Man«, »Der dritte Mann«, 1949 nach dem Drehbuch von Graham

Greene so atmosphärisch dicht in Szene setzte. Der Amerikaner Holly Martins (gespielt von Joseph Cotten) kommt bald nach dem Krieg ins zerstörte Wien, sein Jugendfreund Harry Lime (Orson Welles) hat ihn eingeladen. Kaum angekommen, erfährt Martins, dass Lime bei einem Verkehrsunfall unmittelbar vor seinem Haus ums Leben gekommen sei. Aber diesen Tod umgibt von Beginn an ein Rätsel. Der zunächst arglose Besucher gerät zunehmend mehr ins Milieu der Schieber, Schmuggler und Fälscher, die in der Stadt zwielichtigen Geschäften nachgehen und dabei sogar Tote in Kauf nehmen. Die berühmteste Szene des Films zeigt Holly Martins und Harry Lime, dessen Tod nur vorgetäuscht war, in der Gondel im nächtlichen Prater. Sie sprechen sich aus, Freunde, die einander ganz fremd geworden sind. Lime gesteht seine Schiebereien mit gepanschtem Penicillin, das Kinder wie Erwachsene in Wien das Leben gekostet hat. Es sind Bilder und Szenen aus einem Milieu, das so nur in der Zeit unmittelbar nach dem Zweiten Weltkrieg, der Zeit der Besatzungszonen, gedeihen konnte. Und ein Milieu, das dem jungen Paul Celan, aus Rumänien geflohen, nicht ganz fremd gewesen sein dürfte. Wir vermuten, dass auch ihn anfangs Freunde durch Schmuggelgut und Schieberwaren mit dem Nötigsten versorgten.

Wiener Landschaft

Im Sommer 1947 war der Volksprater wieder eröffnet worden: »Das Riesenrad dreht sich wieder! Jeder zweite Waggon fehlt, es sind also fünfzehn Waggons, die das Riesenrad dreht, und aus den Fenstern schauen und winken die Leute. Absonderlich der Gegensatz zwischen dem funkelnagelneuen Eisengitter, lackgrün und gediegen wie die versperrte Eingangspforte, und den grauen Ruinen des Kaisergartens dahinter, ein Prater-Pompeji.«[76] In dieses Nebeneinander von Belustigung und Zerstörung, Erinnerung an die Vergangenheit und lauten Gegenwart kam Paul Celan. Zwölf Tage nach seiner Ankunft in Wien, am 29. Dezember 1947, bezog er ein Zimmer in der Pension Pohl, Rathausgasse 4 in der Internationalen Zone, dem Zentrum von Wien.

»Bahndämme, Wegränder, Ödplätze, Schutt« heißt ein späteres Gedicht, in dem Celan in das Wien von »damals« zurückkehrt:

(Die
Augärten, damals, das
gelächelte Wort
vom Marchfeld, vom
Steppengras dort.
Das tote Ringelspiel, kling.
Wir
drehten uns weiter.)
(NKG, S. 116)

Eine Wiener Topographie – der Augarten nordwestlich des Wiener Praters, das Marchfeld, eine östlich der Stadt gelegene Landschaft mit Steppengras, das sich drehende Riesenrad im Prater mit seinem Klingelspiel –, die Celan von seinem Aufenthalt in Wien nach Kriegsende her kannte und die er erst im Sommer 1957 wiedersehen wird.[77] Im Jahr darauf entsteht das Gedicht.

»Petre Margul stand etwas benommen an dem langen Tisch des Portiers und starrte andächtig auf die Karte des Orients unter der Glasplatte. Es war eine altmodische Karte mit schwer lesbarer Schnörkelschrift, am Rand verziert mit allegorischen Figuren. So groß ist Österreich? wunderte er sich, und erst dann fiel ihm ein, daß die Grenzen, die auf dieser Karte verzeichnet waren, schon lange nicht mehr stimmten.

Nur die Berge waren gleichgeblieben, und der Lauf der Flüsse hatte sich nicht verändert. Dort lag Bukarest. Es lag noch immer in der Nähe des Schwarzen Meeres, und gleich daneben lag Odessa. Nach Wien war es ein Katzensprung«, so schildert der Freund Milo Dor, wie Paul Celan, dem er den Namen Petre Margul – eine Hommage an den gemeinsamen Bukarester Freund Margul-Sperber – gibt, sich in der Rezeption der neuen Unterkunft einfindet.[78]

Celans Aufenthalt in Wien – wenn auch die kürzeste Station auf seinem Lebensweg, so doch aber eine, die von Aufbruch und Energie geprägt war und seinem Werk die Richtung wies – sollte sich als entscheidende Zäsur im Leben des jungen Dichters erweisen, dem dort der Durchbruch gelang – die Ankunft des Dichters Paul Celan.

Wenige Wochen vor seiner Ankunft in Wien, im November 1947, hatte die New Yorker Zeitung *Austro American Tribune* einen offenen Brief des Wiener Stadtrats Viktor Matejka »an die österreichischen Künstler und Wissenschaftler in der [sic!] U.S.A.« veröffentlicht: »Seit Monaten spielen hier alle Theater, Kinos, Cabaretts und Varietés, die vom Krieg und seinen Folgen verschont geblieben sind.« Nur bei Büchern gebe es Engpässe, um »den immensen Bedarf zu decken, der bei uns für neue österreichische und die uns durch Jahre hindurch vorenthaltene Weltliteratur vorhanden ist«.[79]

Es war ein Aufruf an die österreichischen Künstler und Wissenschaftler zur Rückkehr in ihre Heimat, dem so früh nur wenige folgten. Schon 1945 war der Schriftsteller und Lyriker Ernst Schönwiese aus dem ungarischen Exil zurückgekehrt und hatte in Salzburg das Literaturprogramm des amerikanischen Senders Rot-Weiß-Rot übernommen und 1946 den Verlag »das silberboot« gegründet, der an die gleichnamige Zeitschrift anknüpfte, die Schönwiese von 1935 bis 1936 herausbrachte und in der er dem österreichischen Publikum Hermann Broch, William Faulkner, Franz Kafka und

James Joyce vorstellte, »einen Querschnitt durch die großen Werke des Jahrhunderts«, um »dem Ungeist des immer massiver auch in Österreich drohenden Nationalsozialismus« zu widerstehen.[80]

An den Verleger Ernst Schönwiese hatte Alfred Margul-Sperber am 6. Juni 1947 aus Bukarest geschrieben:

> *Gerne leiste ich Ihrer Aufforderung Folge, mich in den Stromkreis des »Silberboots« einzuschalten, und sende Ihnen von mir 3 Übersetzungen und 8 Gedichte. Außerdem aber, und das macht wohl das eigentliche Gewicht meiner Sendung aus, schicke ich Ihnen eine Auswahl aus dem Gedichtbande eines ›Jungen‹, und was für eines! Sie haben mir vor vielen Jahren geschrieben, daß ich ein besonderes Flair für literarische Entdeckungen hätte; wenn jemals, so trifft Ihre Behauptung in diesem Falle zu. Die Gedichte sind ganz wahllos herausgegriffen, und der ganze Band ist von dieser Klasse. Ich stehe nicht an zu glauben, daß Paul Celan die stärkste dichterische Kraft der jungen Generation deutscher Dichtung ist; und er ist noch jung und hat so vieles vor sich! Ich werde nicht ruhen, bis ich seinem Gedichtband »Der Sand aus den Urnen« einen Verleger gefunden haben werde. Schreiben Sie mir sofort Ihre Meinung zu diesen Gedichten.*[81]

Der Verleger aber reagierte am 20. Juli 1947 vorsichtig zurückhaltend:

> *Am schwierigsten habe ich es – ich darf doch ehrlich sein – mit Celan. Ich muß da Ihre mich sehr beeindruckende uneigennützige Begeisterung sehr um Entschuldigung bitten, wenn ich Ihnen sage, daß ich noch keinen rechten Zugang gefunden habe. Natürlich spüre ich die – im besten Sinne verstanden! – Verwandtschaft mit Trakl. Aber doch auch manches vom Expressionismus der Zeit nach dem ersten Weltkrieg. – Aber*

vielleicht muß man länger mit diesen Gedichten leben und öfter, in verschiedenen Stimmungen, darin lesen. Lassen Sie mir also noch Zeit und seien Sie nicht zu sehr enttäuscht von meinem ›Versagen‹.[82]

Margul-Sperber zeigte in seiner Antwort vom November 1947 Verständnis für Schönwiese, »mir ist es anfangs mit ihm ebenso ergangen«. Er hatte zuvor schon einen Rat von Schönwiese aufgegriffen und sich an Otto Basil, den Herausgeber der Zeitschrift *Plan*, gewandt und ihm am 9. Oktober 1947 geschrieben, er glaube, dass »›Der Sand aus den Urnen‹ das wichtigste deutsche Gedichtbuch der letzten Dezennien ist, das einzige lyrische Pendant des Kafkaschen Werkes«. Celan sei der »Dichter unserer west-östlichen Landschaft, den ich ein halbes Jahrhundert von ihr erwartet habe und der diese Gläubigkeit reichlich lohnt«.[83]

Am 21. Dezember 1947 schreibt Celan an Margul-Sperber: »Wie Sie ja wissen, erscheint eine größere (darf ich sagen: zu große?) Auswahl meiner Gedichte im Januarheft des *Plan*. Herr Basil ist sehr nett zu mir, aber mit Literatur, besonders mit Poesie, läßt sich hier in Wien nicht viel anfangen.«

In der sechsten Nummer des zweiten Jahrgangs der Zeitschrift *Plan* erschienen im Februar 1948, herausgegeben von Otto Basil, 17 Gedichte eines bis dahin ganz unbekannten Dichters, darunter die »Todesfuge«, zusammengefasst unter dem Titel »Der Sand aus den Urnen«. Die Zeitschrift enthielt darüber hinaus eine Interpretation Franz Kafkas von Peter Demetz, von Hermann Schreiber einen »Roman des Nebeneinander«, »Synthetisches Theater« von E.F. Burian, »Torsi« von Ernst Jirgal, Kritiken und Berichte.

Die Veröffentlichung des ganz unbekannten Lyrikers bescherte ihm Aufmerksamkeit. Celan wurde zu Lesungen im Umkreis der Zeitschrift eingeladen, an Orte, für die surrealistische Malerei und Literatur jener Zeit ausschlaggebend waren. Auch der anfangs so skeptische Ernst Schönwiese zollte dem Herausgeber Respekt: »Auch ich möchte Ihnen sagen, dass ich Heft 6 des *Plan* für eines der besten Hefte halte, die Sie bisher herausgebracht haben. [...] Paul Celans Gedichte kannte ich. Ich wußte, daß das etwas gerade für den *Plan* ist. [...] Ich bin nicht einseitig genug, um mich nicht aufrichtig darüber zu freuen, dass Sie Celan herausgestellt haben.«[84]

Zeitgleich druckte die Schweizer Zeitung *Die Tat* am 7. Februar 1948 Gedichte von Paul Celan ab. Max Rychner, der das Feuilleton des Blatts leitete, hatte die Anregung von Alfred Margul-Sperber aufgegriffen.

Menschenfarbe

Am 19. März 1948 berichtet der *Wiener Kurier* von einer »Ausstellung surrealistischer Kunst«, die fünf Tage später in der Agathon-Galerie am Opernring eröffnet würde, organisiert von den Malern Edgar Jené, Arnulf Neuwirth und Rudolf Pointner, und erwähnt den »Schriftsteller Paul Celan«. Die Einladung zur Eröffnung, ein grünes hektographiertes Blatt, nannte das Motto der Ausstellung »des menschen farbe ist freiheit – andré breton« – und brachte auf der Rückseite einen Text von Jené und Celan, »Eine Lanze«, die sie für den Surrealismus brechen wollten: »Wieder wird der große Hammer geschwungen und wen soll er zermalmen, wenn er niedersaust? Ein Geschöpf, den Menschen nicht mehr ähnlich, eine Mißgeburt aus Sodom, Methusalems letzten Sproß, gezeugt mit seiner Todesstunde: den Surrealismus.«[85]

Wenig später organisierte Otto Basil für den 3. April 1948 eine Lesung für Celan in der Agathon-Galerie. »Der lange, schmale Saal im Souterrain, den man über eine Treppe erreichen konnte, war voll, aber was zählen schon die paar Dutzend Menschen in einer Millionenstadt, die offenbar andere

Sorgen hatten, als sich für einen aus irgendwelchen dunklen Bezirken geflüchteten Dichter zu interessieren, der den Tod als einen Meister aus Deutschland bezeichnete?«, erinnert sich Milo Dor.[86]

Celans erste eigene Veröffentlichung erschien schließlich im Sommer 1948 im Agathon Verlag Wien: »Edgar Jené. Der Traum vom Traume«, eine »mühevolle Wanderung« mit dem befreundeten Maler in die Tiefsee, begleitet von 30 Abbildungen von Jené. Die Tiefsee erst birgt »die neue Welt des Geistes«. »Ich habe versucht«, so schreibt Celan, »einiges zu berichten, das mir in der Tiefsee einer Seele erschien. Edgar Jenés Bilder wissen mehr.«[87]

Das erste Buch Celans bleibt ein Solitär in seinem Werk und seine Begegnung mit dem Surrealismus nur eine Etappe. Auf die Zuwendung folgte schon bald die Abkehr. Ausschlaggebend waren zwei von Celan nicht autorisierte Illustrationen, mit denen Edgar Jené seinen Band *Der Sand aus den Urnen* versehen hatte, der im September desselben Jahres in dem kleinen Verlag A. Sexl in Wien erschienen war, »zwei Beweise äußerster Geschmacklosigkeit«, wie Celan an Max Rychner, den Feuilletonchef der *Tat*, schrieb. Da hatte Celan Wien schon verlassen, um nach Paris zu ziehen.

Eine der beiden Lithographien illustriert die »Todesfuge«. Aus den Pfeifen einer Orgel winden sich Schlangen, davor, wie in der Position des Hockers, ein Frauenkopf mit zerzaustem Haar: eine figurative Umdeutung des Gedichts, das auf einmal ornamental und historisch entrückt erscheint. Der Surrealismus in der Ausprägung von Edgar Jené hatte in ein Jenseits der Geschichte geführt. Was in allen Elementen von historischer Konkretion geprägt, in seiner Entstehung von Orten und Daten bestimmt war, hatte genau diese Konkretion zugunsten ästhetischer Beliebigkeit aufgegeben. Diese Gefahr ist dem Surrealismus von Beginn an eingeschrieben, weil er Normen zugunsten der postulierten Freiheit verwirft.

In jedem Fall war es ein Weg, den Celan in Bukarest eingeschlagen, in Wien fortgeführt, aber bald darauf, in Paris angekommen, verworfen hatte.

Ein Ort für Zufälle

Die neue Stadt war ein Ort für Zufälle: So traf Celan im Frühjahr 1948 in Wien auf der Straße seinen Freund Erich Einhorn wieder, der als sowjetischer Offizier in der besetzten Stadt stationiert war. Keine einfache Begegnung, denn als Angehöriger der Sowjetmacht war Einhorn in seiner Bewegungsfreiheit, erst recht aber in seinen Kontakten zur Zivilbevölkerung und zu Flüchtlingen aus der sowjetisch gewordenen Bukowina stark eingeschränkt. Den Schwarzenbergplatz in Wien hatte die Rote Armee in Stalinplatz umbenannt, Einhorn wohnte in einer Dachkammer im Hotel Imperial, in dem das sowjetische Oberkommando Quartier bezogen hatte. Einhorn hatte im April 1945 an der Eroberung Berlins mitgewirkt, er hatte die zerstörte Reichskanzlei gesehen und war als Militärdolmetscher im Generalstab von Marschall Schukow eingesetzt. 1946 hatte er als Beobachter die Nürnberger Prozesse miterlebt. Auf einem Foto aus der Wiener Zeit sieht man ihn in Zivil vor dem Mozartbrunnen in Wien. Worüber die Czernowitzer Freunde bei ihrer Begegnung auf der Straße im Einzelnen sprachen, wissen wir nicht. Genauso wenig wie, ob dem Wiedersehen weitere Treffen in Wien folgten. Fest steht aber, dass Erich Einhorn später noch das Heft vom *Plan* mit den Gedichten von Celan besaß. Es trägt den Stempel »Militärzensur. Ausfuhr in die UdSSR erlaubt«.[88] Noch einmal kehrt der Name – oder das Wort Einhorn – in Celans späterem Gedicht »Schibboleth« wieder: »Einhorn: / du weißt um die Steine, / du weißt um die Wasser, / komm, / ich führ dich hinweg / zu den Stimmen / von Estremadura« (NKG, S. 87f.).[89]

»Ein paar Besuche bei Basils Freunden, Geschwätz und Diskussionen, die mich nicht interessierten«, so berichtet Celan im Februar 1948 Alfred Margul-Sperber nach Bukarest über das literarische Kaffeehaus in Wien, das ihn nicht sonderlich beeindruckt hatte. Hans Weigel, wohl der federführende Wiener Autor jener Zeit, erinnert sich an Celan, den er auch bei Jené kennenlernte: »Ich habe keinen intensiven Eindruck von ihm bewahrt, obwohl ich seine Gedichte bewunderte. Ich glaube, daß er wortkarg und verschlossen war.«[90] 1951 wird Hans Weigel vier Gedichte von Celan in seine Anthologie *Stimmen der Gegenwart* aufnehmen, darunter die »Todesfuge«.

Herzzeit

Am 16. Mai 1948 begegnete Paul Celan bei Edgar Jené in Wien Ingeborg Bachmann. Beide werden bald darauf ein Paar – die »Herzzeit« beginnt, um aus einem späteren Gedicht von Celan ein Wort zu zitieren. Am Beginn steht das Gedicht »In Aegypten«, unter das Celan notiert hat »Wien, am 23. Mai 1948«. Es ist »Für Ingeborg«, »Der peinlich Genauen, / 22 Jahre nach ihrem Geburtstag, / Der peinlich Ungenaue«, wie Paul Celan vermutlich am 25. Juni 1948, Ingeborg Bachmanns 22. Geburtstag, darunter notierte. »Du sollst zum Aug der Fremden sagen: Sei das Wasser! / Du sollst, die du im Wasser weißt, im Aug der Fremden suchen. / Du sollst sie rufen aus dem Wasser: Ruth! Noëmi! Mirjam!« beginnt das Gedicht und deutet auf die besondere Konstellation dieser Begegnung – von einem Juden zu einer Nichtjüdin.

»Der surrealistische Lyriker Paul Celan, den ich bei dem Maler Jené am vorletzten Abend mit Weigel noch kennenlernte, und der sehr faszinierend ist, hat sich herrlicherweise in mich verliebt, und das gibt mir bei meiner öden Arbeiterei doch etwas Würze«, schreibt Ingeborg Bachmann im Mai 1948 an ihre Eltern in Klagenfurt. »Leider muß er in einem Monat nach Paris. Mein Zimmer ist momentan ein Mohnfeld, da er mich mit dieser Blumensorte zu überschütten beliebt.«[91] Und an ihrem Geburtstag gut vier Wochen später schreibt sie den Eltern: »Von Paul Celan zwei prächtige Bände moderne franz. Malerei mit den letzten Werken von Matisse und Cézanne, ein Band Chesterton (ein berühmter engl. Dichter), Blumen, Zigaretten, ein Gedicht, das mir gehören soll, ein Bild, das ich Euch in den Ferien zeigen kann. (Er fährt morgen nach Paris): Ich war daher gestern, am Geburtstagsvorabend noch sehr festlich mit ihm aus, Abendessen und ein wenig Wein trinken.«[92]

Das junge Paar hatte fünf gemeinsame Wochen in Wien; Jahre später, nach langer Trennung und einem Wiedersehen in Köln, wird Celan Bachmann am 31. Oktober 1957 aus Paris schreiben:

> *Du weißt auch: Du warst, als ich Dir begegnete, beides für mich: das Sinnliche u n d das Geistige. Das kann nie auseinandertreten, Ingeborg.*
> *Denk an ›In Ägypten‹. Sooft ichs lese, seh ich Dich in dieses Gedicht treten: Du bist der Lebensgrund, auch deshalb, weil Du die Rechtfertigung meines Sprechens bist und bleibst. (Darauf habe ich wohl auch damals in Hamburg angespielt, ohne recht zu ahnen, wie wahr ich sprach.)*
> *Aber das allein, das Sprechen, ists ja gar nicht, ich wollte ja auch stumm sein mit Dir.*[93]

Der 2008 veröffentlichte Briefwechsel zwischen Paul Celan und Ingeborg Bachmann unter dem sprechenden Titel *Herzzeit*, ein Austausch von Briefen und Gedichten, zeigt, wie sehr die Beziehung beider von diesem Ursprungsmoment bestimmt ist. »In Ägypten« ist für das jüdische Gedächtnis der Ort der Fremde, der Bedrohung, des Zu-Durchquerenden,

Celan setzt die biblischen Frauengestalten Ruth, Noëmi und Mirjam gegen die »Fremde«, seine Erinnerung an die Vernichtung der eigenen Familie, der ganzen Lebenswelt gegen die der sechs Jahre jüngeren Ingeborg Bachmann, die aus einem nationalsozialistischen Elternhaus in Kärnten stammte. Diese Gegenläufigkeit und Zusammengehörigkeit ließ eine überaus komplexe Beziehung entstehen, die das Leben und die Dichtung beider beeinflusste, über die Briefe hinaus, die sie wechselten, über jene Gedichte hinaus, die Celan und Bachmann einander zueigneten. Dabei kommt der »Todesfuge« im Fortgang eine herausgehobene Bedeutung zu.

Szenen eines Briefwechsels

Im Februar 1952, Celan ist schon längst in Paris, Bachmann immer noch in Wien, ringen beide um die Beziehung zueinander: »Was ich mich zu sagen entschliesse, ist dies: Lass uns nicht mehr von Dingen sprechen, die unwiederbringlich sind, Inge – sie bewirken nur, dass die Wunde wieder aufbricht, sie beschwoeren bei mir Zorn und Unmut herauf, sie scheuchen das Vergangene auf – und dieses Vergangene schien mir so oft ein Vergehen, Du weisst es, ich habe es Dich fuehlen, ja wissen lassen –, sie tauchen die Dinge in ein Dunkel, ueber dem man lange hocken muss, um sie wieder hervorzuholen, die Freundschaft weigert sich hartnaeckig rettend auf den Plan zu treten, – Du siehst, es geschieht das Gegenteil von dem, was Du wuenschst, Du schaffst, mit ein paar Worten, die die Zeit in nicht gerade kleinen Abstaenden vor Dich hinstreut, Undeutlichkeiten, mit denen ich nun wieder ebenso schonungslos ins Gericht gehen muss wie seinerzeit mit Dir selber«, schreibt Celan am 16. Februar,[94] und Ingeborg Bachmann antwortet unmittelbar fünf Tage später in einem längeren Brief, beide sind sich noch einmal in Paris begegnet:

Dein Brief hat mich sehr unsicher gemacht, ich verstehe Dich und ich verstehe Dich nicht; es ist mir immer bewusst, wie schwierig alles war, – Dein Abscheu und Dein ›Zorn‹ ist begreiflich – was ich nicht verstehe, und das muss ich einmal sagen – ist diese schreckliche Unversoehnlichkeit, das ›niemals vergeben und niemals vergessen‹, das fuerchterliche Misstrauen, das Du mich fuehlen laessr. Als ich gestern Deinen Brief, wieder und wieder, las, war mir sehr elend zumute, alles scheint mir sehr sinnlos und vergeblich, mein Bemuehen, mein Leben, meine Arbeit. Vergiss nicht, dass die ›Undeutlichkeiten‹, mit denen Du ins Gericht gehst, eine Folge davon sind, dass ich ins Leere spreche. Ich habe keine Moeglichkeit mehr, gutzumachen, und das ist das Schlimmste, was einem widerfahren kann. Meine Situation wird immer gespenstischer. Ich habe alles auf eine Karte gesetzt und ich habe verloren. Was mit mir weiter geschieht, hat wenig Interesse fuer mich. Ich kann, seit ich aus Paris zurueck bin, nicht mehr leben, wie ich frueher gelebt habe, ich habe das Experimentieren verlernt, ich will auch nicht mehr, ich will ueberhaupt nichts mehr. Fuerchte auch nicht, dass ich noch einmal davon zu sprechen beginne – ich meines vom Vergangenen.[95]

Diesem Brief legt Ingeborg Bachmann einen weiteren bei, den sie zwei Tage zuvor begonnen, aber nicht abgesandt hat. Darin berichtet sie von einer Lesung im Art-Club in Wien, bei der Klaus Demus, ein gemeinsamer Freund und Autor, Celans Gedichte gelesen hatte, und von einer Lesung im Kosmos-Theater, in dem die amerikanische Besatzungsbehörde »Österreichische Abende« abhielt und ein Schauspieler Celans Texte rezitiert hatte: »Im Kosmos-Theater las Hans Thimig – uebrigens ganz ausgezeichnet – drei Gedichte. Die ›Todesfuge‹, ›Wer sein Herz …‹ und ›So schlafe …‹.«[96]

Wie haben die Zuhörenden in jenen frühen Jahren die ersten Rezitationen der »Todesfuge« aufgenommen? War ihnen die historische Signatur bewusst? Jahre später wird Paul Celan Ingeborg Bachmann an sein Gedicht erinnern, Aufmerksamkeit dafür einklagen. Das wird noch zur Sprache kommen. Aber aus der frühen Korrespondenz ist kein einziges Zeugnis der Rezeption der »Todesfuge« überliefert, weder in der Korrespondenz noch in der Kritik. Die »Todesfuge« entfaltete ihre Wirkung zeitversetzt.

Wien war der Ort von Celans Debüt, brachte ihm Aufmerksamkeit und publizistische Möglichkeiten. Es war aber zugleich der Ort großer Enttäuschungen, von denen Celan schon von Paris aus Max Rychner in Zürich in einem längeren Brief vom Oktober 1948 berichtet:

> *Als ich vor einem Jahr Rumänien verließ, um ins Ausland zu gehen, ohne Paß und allein meinem Stern vertrauend, wußte ich, daß es geraumer Zeit bedürfen würde, bis ich aufgehört hätte, das zu sein, was ich immer noch bin und vielleicht bleiben muß: ein Wandernder im Dunkel. Eines hatte ich mir jedoch unberührt von all den Windstößen erhofft: meine Gedichte. Um ihretwillen ging ich nach Wien, in der Hoffnung, sie veröffentlichen zu können. Aber ich hatte kein Glück. Mein erster Verleger, Erwin Müller, erklärte sich zwar sofort bereit, meine Gedichte herauszugeben, machte jedoch ihr Erscheinen von einer vorherigen Subskription abhängig, weil ja Poesie kein Geschäft ist. Freunde stellten mir den erforderlichen Betrag zur Verfügung. Was aber tat mein Verleger? Nach einiger Zeit bekam ich zwar ein paar Fahnen zum Korrigieren, aber bald darauf geriet alles ins Stocken. Wochen verstrichen, bis mir endlich gesagt wurde, die angezahlten zweitausend Schilling seien zur Deckung von Verlagsschulden verbraucht worden, so daß mein Buch nicht mehr erscheinen könne. Müller versprach, das Geld in vier Wochenraten zurückzuzahlen, aber schon bei der zweiten Rate wurde er wortbrüchig. Inzwischen war ein halbes Jahr verstrichen, und mir wurde es in*

Wien immer ungemütlicher. Ich bin in einer ehemaligen Provinz der Habsburgermonarchie, in der Bukowina geboren, die später zu Rumänien, jetzt aber zu Rußland gehört. Einem nach heutigen Begriffen in Rußland geborenen Flüchtling bot Wien wenig Sicherheit. Doch wollte ich, obwohl zur Weiterreise entschlossen, mein Buch veröffentlicht wissen. Freunde stellten mir einen weiteren Betrag zur Verfügung, der diesmal direkt der Druckerei bezahlt wurde. Voller Zuversicht ging ich im Juli nach Paris und wartete.

(Briefe, S. 44 f.)

Auf Reisen

In Paris wird Celan dann gewahr, wie fehlerhaft sein Band *Der Sand aus den Urnen* gesetzt und gedruckt ist, und wird ihn zurückrufen. »Auf Reisen« heißt eines der Gedichte, »Wien 48 (vor der Abreise)« hat Celan dahinter notiert, ein Ausblick auf den künftigen Ort, Abschied und Ankommen:

Es ist eine Stunde, die macht dir den Staub zum Gefolge,
dein Haus in Paris zur Opferstatt deiner Hände,
dein schwarzes Aug zum schwärzesten Auge.

Es ist ein Gehöft, da hält ein Gespann für dein Herz.
Dein Haar möchte wehn, wenn du fährst – das ist ihm verboten.
Die bleiben und winken, wissen es nicht.

(NKG, S. 48)

Später folgt »Auf Reisen« unmittelbar auf die »Todesfuge«. In Paris angekommen, schickt es Celan auf einer Postkarte an Alfred Margul-Sperber nach Bukarest.

Über Innsbruck reiste Paul Celan im Juli 1948 nach Paris. Er machte halt in Mühlau und ging zum Grab von Georg Trakl, dessen expressivem Symbolismus er sich nahe fühlte. Und er besuchte in Mühlau Trakls Freund und Förderer Ludwig von Ficker. Am 6. Juli 1948 schreibt er an Ruth Kraft in Bukarest:

> *Gestern war ich in Mühlau, auf dem Kirchhof, wo Trakl begraben ist. Ich hatte Blumen mit [...] und unterwegs habe ich von einer Weide einen kleinen Zweig gebrochen, den ich von Dir auf das Grab gelegt habe. Am Abend habe ich dann bei Ludwig von Ficker, Trakls Freund, Gedichte gelesen. Du kannst Dir denken, daß ich befangen war. Aber Ludwig von Ficker sagte mir dann, ich sei dazu berufen, das Erbe von Else Lasker-Schüler anzutreten. Else Lasker-Schüler ist für die Fickers ebenso wie Trakl der Inbegriff wahrer Poesie. Sie war selber oft draußen in Mühlau, und einer ihrer Gedicht-Zyklen ist »Ludwig von Ficker, dem Landvogt von Tirol und seiner schönen Schwedin« zugeeignet. Die »schöne Schwedin«, Frau von Ficker, ist heute eine alte Dame [...]. Sie findet, daß ich Else Lasker-Schüler ähnlich sehe – das sagte sie mir noch ehe ich meine Gedichte gelesen hatte, und dabei bleibt es für sie wohl für allezeit [...].*[97]

Im Hause der Familie von Ficker liest Celan auch die »Todesfuge«, die Tochter Birgit von Schowingen-Ficker erinnert sich später an Celan als »eine Gestalt der vornehmsten Prägung – scheu, zurückhaltend, wie flehend Verständnis erhoffend«.[98]

Am gleichen Tag, an dem er Ruth schrieb, berichtete Celan auch Alfred Margul-Sperber nach Bukarest von seinem Besuch und der Lesung, bei der Ludwig von Ficker Celan in der Tradition von Trakl und Else Lasker-Schüler sah: »Was mich besonders freute, war, daß er ganz auf das Jüdische meiner

Gedichte einging – Sie wissen ja, daß mir viel daran liegt. Ich darf also stolz sein, und das verdanke ich in erster Linie Ihnen, mein lieber, lieber Herr Sperber [...].«[99]

Es scheint, als wäre Ludwig von Ficker an diesem Julitag 1948 einer der ersten Hörer und Leser von Celans Lyrik, die eine Dimension erkannten, die den meisten – wenn nicht allen – bis dahin verschlossen war: den Bezug auf das Jüdische, verkörpert durch Else Lasker-Schüler, auf die sich der junge Lyriker aber fortan nicht mehr berufen wird.

Als Celan später Trakls Gedicht »Psalm« liest und auf die Strophe stößt »In seinem Grab spielt der weiße Magier mit seinen Schlangen«, notiert er: »Seltsam! vgl. Todesfuge«.[100]

Die Begegnung mit Ludwig von Ficker wird noch lange nachwirken. Am 5. Februar 1951 wird Celan ihm aus Paris das überarbeitete Manuskript von *Der Sand aus den Urnen* schicken und an die Begegnung vom Sommer 1948 anknüpfen.

Stimmen der Gegenwart hieß eine Anthologie, die Hans Weigel »im Auftrag der Gesellschaft für Freiheit der Kultur« 1951 in Wien herausgab, die Arbeiterbank, die Import- und Exporthandelsgesellschaft, die Städtische Krankenversicherung wie Leichenbestattung, Kaufhäuser und die Zentralsparkasse der Gemeinde Wien hatten diese Veröffentlichung mit Zuwendungen unterstützt. Darin war Celan mit vier Gedichten vertreten: »Wer sein Herz«, »In Ägypten«, »So schlafe« und »Todesfuge«.[101] »Lebt gegenwärtig in Paris, wo er sich als Fabrikarbeiter, Dolmetscher und Übersetzer durchschlägt. Nebenbei beendet er seine germanistischen Studien«, stellt ihn die Anthologie ihren Lesern vor. Von allen nationalen Zuschreibungen, wird Celan später schreiben, sei ihm die als österreichischer Schriftsteller am liebsten.

Paul Celan, Nani Demus und Jean-Dominique Rey 1948
im Pariser Quartier Latin

Paris 1948

Über Straßburg erreichte Celan am 13. Juli schließlich die französische Hauptstadt.

Acht Tage zuvor war Georges Bernanos im Amerikanischen Krankenhaus von Paris gestorben. An ihn kann man in diesem historischen Moment erinnern. Der damals berühmte, heute weithin vergessene Schriftsteller hatte 1946 in seinem Buch *Nos Libertés* geschrieben: »Versteht doch, dass es nicht das Massaker an Millionen Unschuldiger ist, das uns an der Zukunft verzweifeln lässt, sondern dass solche Schrecken einladen, an EUCH zu verzweifeln, dass sich nach solchen Abscheulichkeiten nicht schon mehr Fälle individuellen Gewissens einstellen.«[102] Der katholische Schriftsteller, aus französisch-spanischem Elternhaus, 1888 in Paris geboren, hatte 1934 Mallorca als Wohnort gewählt, von wo aus er die spanische Falange und die Haltung der katholischen Bischöfe brandmarkte. Im Sommer 1938 ging er aus Protest gegen die nachgiebige Haltung der französischen Regierung gegenüber Hitler, die dann zum Münchner Abkommen im September jenes Jahres führte, ins Exil nach Paraguay und Brasilien. Ein Jahr später, 1939, erschien bei Gallimard sein Buch *Nous autres Français*, in dem der emigrierte Autor die Nachgiebigkeit seines Landes anprangerte, vor einem neuen Weltkrieg warnte und die Niederlage Frankreichs vorhersagte. Sie trat ein: Am 1. September 1939 überfiel das nationalsozialistische

Deutschland Polen und eroberte im Jahr darauf Frankreich. Bernanos' *Plea for Liberty* kam 1944 in New York mit dem Untertitel *Letters to the English, the Americans, the Europeans* heraus. Der europäische Autor rief im lateinamerikanischen Exil nach Freiheit, einer zu erkämpfenden, erstrittenen, also streitbaren Freiheit als Grundlage aller Gerechtigkeit. Vor allem aber fragte er seine Zeitgenossen nach der Verantwortung für das, was geschehen war.

Nach seiner Rückkehr aus dem Londoner Exil, wo er mit dem Komitee »Freies Frankreich« den Widerstand in seinem Heimatland koordiniert hatte, lud General de Gaulle Georges Bernanos 1944 ein, ins befreite Frankreich zurückzukehren, und stellte ihm ein Amt in der Regierung in Aussicht. Der kehrte zwar zurück, schlug aber de Gaulles Angebot aus und ging bald darauf nach Tunesien. Bernanos beklagte am Ende des Zweiten Weltkriegs den Mangel an individuellem Gewissen, am Eingestehen von persönlicher Schuld und Verfehlung. Es war das bittere Fazit der Gegenwart jener späteren 1940er Jahre, das schon in die Zukunft wies: die Abwesenheit individuellen Gewissens. Und in einem Vortrag in Genf stellte er 1946 diesen Befund in einen größeren Zusammenhang einer zerstörerischen, genauer gesagt: einer selbstzerstörerischen Zivilisation: »Was mich erschreckt – Gott gebe, daß ich Sie dazu vermöchte, meinen Schrecken zu teilen –, ist nicht, dass die moderne Welt alles zerstört, sondern dass sie sich keineswegs durch das bereichert, was sie zerstört. Indem sie zerstört, zehrt sie sich auf. Diese Zivilisation ist eine Zivilisation der Aufzehrung, die so lange dauern wird, als es etwas aufzuzehren gibt. Oh, ich weiß, es fällt Ihnen schwer, die Zivilisation dafür zu halten, da doch ihr einziges Gesetz gerade die Produktion, und sogar die aufs äußerste gesteigerte, die maßlose Produktion zu sein scheint. Aber diese riesenhafte Produktion, dieses Gigantische der Produktion, ist gerade das Zeichen der Verwirrung, der sie früher oder später unfehlbar unterliegen muss. Indem sie zerstört, zehrt sie sich auf. Indem sie produziert, zerstört sie sich.«[103]

Wir wissen nicht, ob Paul Celan die Sätze aus Georges Bernanos' *Nos Libertés* voll von moralischer Verzweiflung kannte. In seiner Rede stellte er seiner Gegenwart eine bittere Diagnose, aber auch die Prognose einer Zukunft, die heute, ein Menschenleben später, für uns Vergangenheit ist, die Ahnung einer Epoche der individuellen Verantwortungslosigkeit inmitten kollektiver Zerstörung. Albert Camus stand Bernanos besonders nahe; mit ihm und seinen Schriften wiederum war Celan vertraut.

Der mittellose, staatenlose junge Dichter Paul Celan war, allein und auf sich gestellt, nach Paris gekommen. Warum in diese Stadt? Paris im Sommer 1948, vier Jahre nach der Befreiung, zog viele Flüchtlinge aus Osteuropa an, zumal Schriftsteller und Künstler. Für den jungen Dichter kam Paris deshalb in Betracht, weil er die Stadt aus seiner Studienzeit zehn Jahre zuvor kannte. Von Czernowitz aus hatten auch andere die Flucht nach Paris angetreten; gerade das rumänische Bürgertum fühlte sich der französischen Kultur, Lebensart und Sprache nahe. Das spielte auch eine Rolle für Celan, Paris als Lebensort zu wählen, als Ort eines neuen Anfangs. Auch wegen Rilkes *Malte Laurids Brigge* habe er Paris gewählt, wird Celan später sagen. Hinzu kam: Andere Orte waren ihm versperrt, Wien war von vornherein nur als eine Station auf seinem Weg in den Westen in Betracht gekommen, Deutschland überhaupt nicht.

Celan, dessen bürgerlicher Name noch immer Antschel lautete, zog zunächst ins Hôtel d'Orléans, das heutige Hôtel de Sully, in der rue des Écoles 31, im fünften Arrondissement, ganz in der Nähe der Sorbonne und unweit der École normale supérieure, an der er mehr als zehn Jahre später unterrichten sollte.

Milo Dor, einer der »intellektuellen oder halbintellektuellen Balkanesen«, reiste ebenfalls von Wien an und zog in Celans kleines Hotel ein: »Er hatte dort ein Zimmer mit einem kleinen Vorraum, der ihm als Waschraum und Küche diente. Dorthin stellte man gegen eine geringe Gebühr ein Sofa, auf dem ich schlief. Die Toiletten befanden sich im Stiegenhaus in den Zwischenstöcken, sodass wir oft hinunter oder hinauf laufen mussten, wenn die nächste gerade besetzt war. Doch für die Menschen, die auf den Pritschen und Strohsäcken der Lager geschlafen hatten und die stinkenden Latrinen hatten benutzen müssen, war das geradezu ein Luxus. Durch einen irren Zufall den Fängen des Todes entronnen, konnten wir tun und lassen, was wir wollten, wenn auch in einem engen Rahmen, wie er den Außenseitern des Schicksals zukommt. Es mag absurd erscheinen, aber wir empfanden selbst diese armseligen Lebensbedingungen als eine Wohltat. Die drei Wochen, die ich in Paul Celans Vorraum auf einem viel zu kleinen Sofa geschlafen habe, zählen zu den glücklichsten und gelöstesten meines Lebens. Ich lief den ganzen Tag durch die Straßen einer Stadt, die wirklich frei war, was ich bisher noch nicht gekannt hatte, besuchte Museen und Ausstellungen und ging abends in verschiedene Theater, wo ich meist auf den billigsten Plätzen saß.«[104]

In Paris traf Celan Isac Chiva wieder, den er von ihrem gemeinsamen Fluchtweg über Budapest kannte, und machte Bekanntschaft mit Serge Moscovici. Sie lernten sich kennen, als sie sich an der Faculté des Lettres an der Sorbonne einschrieben, um später ganz verschiedene Wege einzuschlagen. Isac Chiva, 1925 in Jassy geboren, hatte 1941 einen furchtbaren Pogrom in seiner Heimatstadt überlebt, und wurde später ein bedeutender Ethnologe des französischen Landlebens. Er starb 2012 in Paris. Serge Moscovici, der, ebenfalls 1925 in eine jüdisch-rumänische Familie hineingeboren, uns schon in Bukarest begegnet ist, gelangte 1948 über Ungarn, Österreich und Italien nach Paris, wo er Psychologie studierte. Er wurde einer der bedeutenden Sozialpsychologen Frankreichs und entwickelte früh eine weltweit anerkannte Lehre politischer Ökologie. In seinem schon erwähnten Buch *Mein Nachkrieg in Paris* nennt er Celan, Chiva und sich »les trois métèques«, mit Georges Moustaki übersetzt: »die drei Kanaken«. Fremd, jüdisch, ungebunden, Verfolgung, Flucht, den Tod der Nächsten hinter sich habend. Eine verschworene Bande in Paris, zu der sich noch ein vierter *métèque* aus Bukarest gesellte: Lucien Goldmann. In Bukarest hätten sich ihre Wege kreuzen können, auch in Budapest auf dem Weg in den Westen. Aber die Wege ins Exil sind rätselhaft, wie Moscovici anmerkt: »Es war schließlich in einer kleinen Kantine für jüdische Flüchtlinge an der Ecke der rue Claude-Bernard und der rue de l'Arbalète, dass wir im Juni/Juli 1948 Freunde wurden.«[105]

Von Ruhm und Anerkennung waren die vier jungen Flüchtlinge aus Rumänien bei ihrer Ankunft weit entfernt. Doch die Perspektive, der Versuch eines Neuanfangs verband sie. Paris war 1948 das intellektuelle Zentrum Europas. Selbst unter der deutschen Besatzung gab es dank des Wirkens der Résistance ein zwar extrem eingeschränktes, doch noch immer wirksames literarisches Leben. Das Comité national des écrivains, eine Gruppierung des literarischen Widerstands, hielt wöchentliche Treffen ab, einige Zeit existierte die Widerstandsgruppe Socialisme et liberté, 1942 konnte Albert

Camus' Roman *Der Fremde* erscheinen, 1943 wird Jean-Paul Sartres Stück »Die Fliegen« in Paris uraufgeführt. Nach der Befreiung im Sommer 1944 zieht die Stadt vor allem amerikanische Autoren an, Norman Mailer zieht mit seiner Frau nach Paris, ebenso Saul Bellow und James Baldwin. Und jüdische Schriftsteller und Schriftstellerinnen, die Verfolgung und Konzentrationslager überlebt hatten, kommen nach Paris. Einer von ihnen war Paul Celan.

Im November 1948 schrieb er sich an der Faculté des lettres ein, erhielt aber erst im Februar 1949 das *brevet supérieure*, die Anerkennung der Hochschulreife, die für die Fortsetzung seines Studiums an der Sorbonne notwendig war.[106] Um das Zertifikat *d'études littéraires générales* zu erlangen, wählte Celan zwei Fremdsprachen aus: Deutsch und Englisch. Auf das für ihn naheliegende Russisch verzichtete er, vermutlich, wie Andrei Corbea-Hoişie mutmaßt, um im beginnenden Kalten Krieg nicht »negativ« aufzufallen. Celan gab unterdessen Deutschkurse an der Berlitz School und bekam das eher bescheidene Stipendium der Entraide universitaire.

Die Abreise

Szenenwechsel: Eine morgendliche Abreise im fremden Land, Wecker werden gestellt, in der Frühe soll der Zug abfahren, der den Gast über die Grenze zurück nach Hause bringen wird. Man verabschiedet sich am Abend, die Frau legt sich zu Bett. Ein Traum sucht sie heim, sie erwacht, blickt sich um: Der Wecker, auf Viertel nach fünf gestellt, ist nicht mehr da. Die Erzählerin versucht sich zu erinnern, wir haben doch die Uhren gerichtet, wir haben über alles gesprochen, über das Frühstück, über den Zug. »Aber vielleicht habe ich geträumt, wir haben die Uhren nicht gerichtet, wir haben über nichts gesprochen, ich habe vergessen zu sagen, daß ich abreisen muß, daß sie mich am Zug erwarten, daß mein Name auf dem Sammelpaß verzeichnet ist und ich gar keine andere Möglichkeit habe, über die Grenze zu kommen. Ja, ich habe vergessen, es zu sagen; und jetzt schlafen alle, und ich weiß nicht, wie spät es ist. Ich weiß nicht, wie lange ich schon geschlafen habe, es kann drei Uhr sein oder vier Uhr oder sogar später als vier Uhr, es ist Winter, und die Nächte sind lang.«[107] Die Erzählerin steht auf, öffnet das Fenster und sieht den roten Himmel über der großen Stadt. Ihre Seele entfernt sich und irrt durch die Stadt und vertut ihre Zeit, eine ganz eigene Zeit der erzählten Erinnerung.

> *Aufstehen wolltest du und fortlaufen, aber wieder saß jemand neben dir, den du kanntest; diesmal war es der junge Dichter aus dem Osten, der Heimatlose mit dem ruhigen, schwermütigen Blick. Warum laufen Sie fort? fragte er, warum eilen Sie? Warten Sie, bis ich Ihnen vorgelesen habe, meine Todesfuge, dein goldenes Haar, Margarete, dein aschenes Haar, Sulamith! Das Gedicht war schön und traurig, und du vertatest deine Zeit, aber dann wurdest du unruhig, du erkanntest den Ort, das Haus, in dem ihr zusammen wart und miteinander gesprochen habt; vielleicht sind sie noch da, die Reisegefährten, ja, sicherlich sind sie noch da. Und du gingest hinaus in das große, alte Haus, in den Sitzungssaal, die Glastür öffnet sich vor dir, aber die Leute, die da versammelt waren, waren fremde Leute, die gar nicht redeten, sondern nur den Mund auf- und zumachten und sich verneigten und Beifall klatschten, alles ganz lautlos und still.*[108]

So erinnert sich Marie Luise Kaschnitz in ihrer Erzählung »Die Abreise« an ihre Begegnung mit Paul Celan zwei Jahre zuvor, am 4. Oktober 1948, in der Abtei von Royaumont, einem Zisterzienserkloster nahe von Paris, wo sich Schriftsteller aus verschiedenen Ländern getroffen hatten. Im Park von Royaumont las Celan der älteren Autorin aus seinen Gedichten vor. Darunter die »Todesfuge«. Marie Luise Kaschnitz schenkte ihm ihren gerade erschienenen Band *Totentanz und Gedichte zur Zeit*: »Paul Celan zum Dank für die Stunde im Park von Royaumont / 4. Okt 48«. Es war der Beginn einer langen Verbindung, ja Freundschaft. Marie Luise Kaschnitz wurde Mentorin und Förderin. Die von ihr mitherausgegebene Zeitschrift *Die Wandlung* brachte im März 1949 vier Gedichte von Celan aus *Mohn und Gedächtnis*, »Corona«, »Auf Reisen«, »In Ägypten« und »Nachtstrahl«, die erste Veröffentlichung seiner Texte in Nachkriegsdeutschland, ohne die »Todesfuge«. Celan versah den Abdruck seiner Gedichte mit einem höflichen biographischen Hinweis: »... erlaube ich mir, da ich weiß, daß es Ihnen nicht ganz gleichgültig sein kann zu wissen, wie das Leben eines unbekannten Autors bisher verlief, das Wenige, das mein äußeres Leben umschreibt, zu erwähnen. Was während der Kriegsjahre das Leben eines Juden war, brauche ich nicht zu erwähnen.«[109]

Marie Luise Kaschnitz' Erzählung »Die Abreise« von 1950 ist das erste deutlich erkennbare Zeugnis der Rezeption der »Todesfuge« in Deutschland. Es ist in literarischer Form, vermittelt, überliefert, nicht unmittelbar. Wir dürfen davon ausgehen, dass die Erzählung als Sequenz eines einzigen Albdrucks von dem gehörten Gedicht Celans ausging. Über lange Zeit blieb Marie Luise Kaschnitz die einzige deutschsprachige Autorin, die Celans »Todesfuge« – ob nun deutlich ausgesprochen oder indirekt – zu einem Element ihres Werks machte. Jedenfalls hat sie den Schrecken wahrgenommen und hat uns, ihren Leserinnen und Lesern, ihre Verstörung mitgeteilt. Damit war sie 1948 allein auf weiter Flur und sollte es lange bleiben.

Ebenfalls im Jahr 1948 kam der Film »Morituri« von Artur Brauner in die deutschen Kinos, Winnie Markus und Walter Richter spielten die Hauptrollen. Der Film ist neben Herbert B. Fredersdorfs »Lang ist der Weg« die erste filmische Darstellung des Lebens im Konzentrationslager. Die Einstellung zu Beginn zeigt Häftlinge mit ihren Nummern in einem deutschen Konzentrationslager in Polen, die ein polnischer Arzt untersucht, um über ihre Arbeitsfähigkeit zu befinden. Eine Gruppe derer, die als nicht arbeitstauglich eingestuft und dadurch unmittelbar von der Ermordung bedroht sind, die »Morituri«, die Todgeweihten, wagt mit Hilfe des Arztes den Ausbruch aus dem Lager und taucht in den Wäldern Polens unter. Dort treffen sie auf polnische Familien, die sich vor deutschen Soldaten verbergen. Man wartet auf die nahende Rote Armee als Befreier. Die Gerüchte über die Untergetauchten erreichen schließlich die SS, die die Wälder durchkämmt. Der Arzt aus dem Lager, der die Untergetauchten warnen will, wird von deutschen Soldaten erschossen. Als ein Wehrmachtsoldat den Morituri in die Hände fällt, eröffnet ein ehemaliger jüdischer Strafverteidiger ein Tribunal. Er plädiert dafür, den Deutschen leben zu lassen, da man nicht weiß, wie sehr er sich schuldig gemacht habe. Ebendieser deutsche Soldat dankt sein Überleben damit, dass er den verzweifelten Untergetauchten zuruft, die Front sei gefallen.

Artur Brauner hatte den Film im Winter 1947/48 in den Wäldern Brandenburgs unter schwierigsten Bedingungen – unter anderem mit den alliierten Besatzungsbehörden – gedreht. Es war ein Film, der Brauners eigene Erfahrungen von Flucht und Verfolgung und dem Verstecken im besetzten Polen aufnahm. Die Premiere war am 28. August 1948 bei den Filmfestspielen in Venedig, die deutsche Uraufführung fand am 24. September in Hamburg statt, im November 1948 war er in Berlin zu sehen. Allerdings geriet der Film über die jüngste deutsche Vergangenheit, ein »Film gegen das Vergessen«[110], zum Flop: Das deutsche Publikum nahm die Darstellung deutscher Konzentrationslager nicht zur Kenntnis, ja wehrte sich in Teilen vehement dagegen, indem es randalierte und die wenigen Kinos, die den Film überhaupt ausstrahlten, verwüstete. Erst 1991 strahlte das ZDF »Morituri« aus. Und erst heute werden wir gewahr, was für ein aufrüttelnder, mutiger Film Artur Brauner gelungen war – dem der Durchbruch verwehrt blieb. Die demolierten Kinos im Deutschland des Jahres 1948 werfen ein Schlaglicht darauf, wie es um die Rezeption der nahezu zeitgleich erscheinenden »Todesfuge« bestellt war.

Im Januar 1949 begann Celan in einem Elektrizitätswerk nahe von Paris zu arbeiten, neben seinem Sprachenstudium, bei dem er den Akzent auf die Sprachwissenschaften legte.

Als erstes von Celan in Paris verfasstes Gedicht vermuten wir eines, das viel über diese Zeit und seine Gemütslage aussagt:

Wer wie du und alle Tauben Tag und Abend aus dem Dunkel schöpft,
pickt den Stern aus meinen Augen, eh er funkelt,
reißt das Gras aus meinen Brauen, eh es weiß ist,
wirft die Tür zu in den Wolken, eh ich stürze.

Wer wie du und alle Nelken Blut als Münze braucht und Tod als Wein,
bläst das Glas für seinen Kelch aus meinen Händen,
färbt es mit dem Wort, das ich nicht sagte, rot,
schlägts in Stücke mit dem Stein der fernen Träne.

(NKG, S. 49)

Die Gedichte dieser frühen Pariser Zeit kennen und nennen das »Hagelkorn der Schwermut«, »ein Tuch, ganz weiß vom Abschiedwinken«, »das Dunkel«, »im Uhrwerk der Schwermut« (NKG, S. 49). »Auf Reisen« hieß das schon zitierte, zuvor in Wien verfasste Gedicht, das die Zeit der Ankunft am Ort der endgültigen Emigration antizipiert: »Es ist eine Stunde, die macht dir den Staub zum Gefolge, / dein Haus in Paris zur Opferstatt deiner Hände, / dein schwarzes Aug zum schwärzesten Auge« (NKG, S. 48).

Irgendwann in diesem Winter lernte Celan in der Warteschlange einer Mensa Yves Bonnefoy kennen, einen der bedeutenden französischen Lyriker seiner Generation. 1923 in Tours geboren, stand er wie Celan zunächst dem Surrealismus nahe, um sich ebenso schnell wie dieser von ihm abzuwenden. 1946 erschien sein erstes Werk *Traité du pianiste*, im gleichen Jahr gründete er die Zeitschrift *La Révolution, la Nuit*, Yves Bonnefoy eröffnet die Reihe französischer Dichter, denen Celan in Paris begegnen sollte. René Char, Henri Michaux, André du Bouchet, Jean Daive und andere werden folgen. Ihre Gedichte hat Celan ins Deutsche übersetzt – nur nicht die von Yves Bonnefoy, mit dem er über Jahre befreundet war. Celans Gedichte wiederum wurden von André du Bouchet ins Französische übertragen.

Im Mai 1949 legt Celan die erste Universitätsprüfung ab und wartet auf Ingeborg Bachmann; »wie sehr ich mich freue, daß Du kommst«, schreibt er ihr Anfang August: »Hoffentlich kommt dieser Brief noch rechtzeitig genug, und Du schreibst, wann Du eintriffst: darf ich Dich erwarten? Oder darf ich es nicht, weil ich ja auch nicht nach dem Warum und Wozu Deiner Reise fragen darf? Ich voller Ungeduld, Liebe. Dein Paul«[111]

»Meine liebe Ingeborg« heißt es in seinem folgenden Brief vom 20. August, »Du kommst also erst in zwei Monaten – warum? Du sagst es nicht, Du sagst auch nicht, für wie lange, sagst nicht, ob Du Dein Stipendium bekommst. Inzwischen können wir ja, schlägst Du vor, ›Briefe wechseln‹. Weißt Du, Ingeborg, warum ich Dir während dieses letzten Jahres so selten schrieb? Nicht allein, weil Paris mich in ein furchtbares Schweigen gedrängt hatte, aus dem ich nicht wieder freikam; sondern auch deshalb, weil ich nicht wußte, was Du über jene kurzen Wochen in Wien denkst. Was konnte ich aus Deinen ersten, flüchtig hingeworfenen Zeilen schließen, Ingeborg?«[112] Erst drei Monate später antwortet Ingeborg Bachmann: »Lieber, lieber Paul, jetzt ist es November geworden. Mein Brief, den ich im August geschrieben habe, liegt noch da – alles ist so traurig. Du hast vielleicht auf ihn gewartet. Nimmst Du ihn heute noch?«[113] – und sie kommt doch nicht nach Paris.

Szenen im Quartier Latin

Im August 1949 lernt Celan in einem Café auf dem Boulevard Saint-Michel die junge niederländische Sängerin Diet Kloos kennen, deren Mann von den Nationalsozialisten ermordet worden war. Eine Liebesbeziehung beginnt, unbeschwert, kurz und kurzweilig. An einem Sommermorgen, die Uhr in seinem Hotelzimmer ist stehen geblieben, schreibt Paul Diet, die wieder in den Niederlanden ist, von einem nächtlichen Ausflug im Quartier Latin, auf gemeinsamen Spuren, er geht zum »candle-light-concert« von Gordon Heath, einem farbigen Sänger, »unserem Neger«, in eine kleine Gasse hinter Saint-Germain-des-Prés:

> *An meinem Tisch saßen ein Mann und eine Frau, die sich in einer skandinavischen Sprache unterhielten – ich tippte auf Dänisch, es stellte sich aber heraus, daß es Norwegisch war – und dies längere Zeit, bis sie auf einmal Deutsch zu sprechen*

begannen, stark dialektgefärbt, österreichisch. Als der Mann mich dann um ein Streichholz bat, kamen wir ins Gespräch, in ein unerquickliches Gespräch, denn der Mann, stark angeheitert, wollte genau wissen, woher ich denn meinen österreichischen Akzent hätte, wieso ich nicht bei der Wehrmacht gewesen sei usw. Im Grunde – das merkte ich gleich – wollte er nur wissen, ob ich Jude sei. Als ich es ihm, der sichtlich seine weitere Haltung mir gegenüber von der Beantwortung dieser Frage abhängig machte, sagte, geriet er außer Rand und Band und wußte nicht mehr, auf welche Weise das vorher Erzählte rückgängig zu machen: der Mann war sicherlich irgendein norwegischer Kollaborateur, dem jetzt natürlich die Welt offen steht. Der Gedanke, daß dieser Gordon Heath Lieder wie das von den ›strange fruits in the poplar trees‹ für Kerle wie mein Norweger singt, ließ mich nicht mehr los.

(Briefe, S. 55f.)

Im Herbst jenes Jahres kommt es zu einer für Celans weiteres Leben folgenschweren Begegnung. Im September schon hatte Celan, mit Grüßen von Alfred Margul-Sperber, Yvan Goll geschrieben. Margul-Sperber kannte den Dichter aus den 1920er Jahren, als beide zusammen in Paris waren. Goll, 1891 im französischen Teil der Vogesen als Sproß einer jüdischen Familie geboren, war 1947 zusammen mit seiner Frau Claire Goll aus dem New Yorker Exil nach Paris zurückgekehrt und bald darauf schwer an Leukämie erkrankt. Anfang November 1949 schloß Celan, vermittelt durch Yves Bonnefoy, Bekanntschaft mit ihm. Bald darauf besuchte Celan die Golls in ihrer Wohnung. »Er liest uns Gedichte aus ›Der Sand aus den Urnen‹ mit inspirierter Stimme vor, und Claire und ich finden sie beide bewundernswert, rein und wissend, wo die Schatten von Rilke und Trakl vor seinem klaren Genie langsam verlöschen«, schreibt Yvan Goll am 6. November 1949 in sein Tagebuch. »›Todesfuge‹ notamment nous empoigne et nous émerveille«: »Vor allem ›Todesfuge‹ ergreift und entzückt uns. Celan ist gleichzeitig schüchtern und sehr stolz. Er ist mit vollem Recht von seiner Dichtermission überzeugt. Er ist der typische, geistig sehr anspruchsvolle junge Jude aus Czernowitz. Er hatte Claire acht Rosen mitgebracht, er, der im Quartier Latin ohne einen Pfennig Geld dahinvegetiert. Wir haben ihn zu einem kleinen Abendessen eingeladen.«[114]

Celan widmet ihm ein Exemplar von *Der Sand aus den Urnen*. Goll bittet ihn, einige seiner französischen Gedichte zu übersetzen. Celan kommt dieser Bitte nach, nicht ahnend, welche schwere Hypothek er sich mit dieser Arbeit selber aufbürdet. Am 27. Februar 1950 stirbt Yvan Goll mit 59 Jahren in Paris, seine Frau Claire und Paul Celan sind bei ihm, am 2. März wird er auf dem Friedhof Père Lachaise beigesetzt, ebenfalls im Beisein Celans. Claire Goll ersucht ihn in der Folge, drei französische Gedichtbände ihres Mannes zu übersetzen.

Ein Satz

1949 formuliert der Philosoph und Soziologe Theodor W. Adorno einen Satz, der ebenso berühmt wie berüchtigt werden soll und seinem Verfasser über die nachfolgenden zwanzig Jahre Erklärungen und einen Widerruf abverlangen soll, einen Satz, der ganz auf die »Todesfuge« bezogen werden und das Gedicht zu dem machen wird, als das wir es heute wahrnehmen: »Nach Auschwitz ein Gedicht zu schreiben, ist barbarisch.« Zwei Jahre später macht er ihn in seinem Aufsatz über »Kulturkritik und Gesellschaft« öffentlich.[115] Adorno war im Oktober 1949 aus dem amerikanischen Exil nach Frankfurt am Main gekommen, um an seiner Heimatuniversität eine Professur zu vertreten. Es war noch keine endgültige Rückkehr; in den darauffolgenden Jahren ging Adorno immer wieder in die USA zurück, um die amerikanische Staatsangehörigkeit nicht zu verlieren. Man kann weithin ausschließen, dass Adorno zur Zeit der Niederschrift Celans »Todesfuge« kannte; er wird das Gedicht einige Zeit später gelesen haben. Vielleicht als er, 1953 endgültig nach Frankfurt zurückgekehrt, Freundschaft mit Marie Luise Kaschnitz schloss, die ihn sicher auf den jungen Dichter, den sie in Frankreich kennengelernt hatte, hinwies und vermutlich auch auf dessen »Todesfuge«. Sicher jedenfalls ist, dass sich Adorno in keiner seiner Schriften auf das Gedicht bezieht. Gleichwohl wird dieser eine Satz, in einem größeren Zusammenhang formuliert, zum Stein des Anstoßes, einem scheinbar feststehenden und abschließenden Diktum, bis heute, vor allem aber zum Beginn einer schwierigen Beziehung, einer buchstäblich versäumten Begegnung zwischen Celan und Adorno zehn Jahre später.

Im Sommer desselben Jahres schließt Celan sein Studium mit der Licence ès lettres ab und schreibt sich einige Monate später für einen Magister an der Sorbonne ein.

»Liebster, ich habe so große Sehnsucht nach ein wenig Geborgenheit, daß ich beinahe Angst habe, sie bald zu finden. Du wirst viel Geduld mit mir haben müssen – oder aber es sehr einfach mit mir haben. Ich bin verloren, verzweifelt und verbittert und weiß, daß ich mir von Paris allein nicht die Lösung aller dieser inneren Schwierigkeiten erwarten darf, sondern daß viel auf mich und viel auf unsere Beziehung ankommen wird«,[116] schreibt Ingeborg Bachmann aus Wien, bevor sie im Oktober 1950 endlich nach Paris aufbricht, um Paul Celan nach über zwei Jahren wieder zu sehen, nach einer verschobenen Reise im Jahr zuvor, nach einigen Briefen, Annäherungen, Entfernungen voneinander.

»Mama« – dieses eine Wort trägt Celan am 1. Dezember 1950 in seinen Notizkalender ein. Es wäre der 55. Geburtstag seiner Mutter gewesen. In etlichen Gedichten wird Celan später an sie erinnern.

»Ein unbequemes Zuhause« hat Andrei Corbea-Hoişie Celans erstes Jahrzehnt in Paris genannt, es geht auf ein Wort von ihm selbst zurück. Es sind Jahre, in denen Celan versuchte, sein Studium zu absolvieren, einen Beruf zu ergreifen, französischer Staatsbürger zu werden und »Celan« als seinen gültigen Namen eintragen zu lassen. Am 3. Januar 1951 stellte der immer noch staatenlose Paul Antschel auf dem Polizeirevier der Sorbonne einen Antrag auf Einbürgerung. Es ist der Beginn eines langen, hürdenreichen Verfahrens, Franzose zu werden.

Am 28. September 1951 traf Celan in der Brasserie Lipp Alain Bosquet: »– er hat die Todesfuge übersetzt, mit einigen nicht mehr gut zu machenden Fehlern – na, es geht, auf Frankreich kommts eigentlich nicht an« (Briefe, S. 95), wie er Hannelore Scholz am gleichen Tag berichtet. Der Lyriker Alain Bosquet (1919–1998) hatte das Gedicht für einen Artikel unter dem Titel »La Poésie allemande d'aujourd'hui« ins Französische übertragen, der im Januar 1952 im belgischen *Journal des Poètes* erschien, einer Monatsschrift »de création et d'information poétique«. Der Aufmacher ist von Edgar Lohner, einem jungen, umtriebigen Literaturkritiker, der damals vor allem die Nähe Gottfried Benns suchte und nun, sechs Jahre nach 1945, die Nachkriegslyrik französischsprachigen Lesenden vorstellt. Benn ist als Einziger mit einem Porträt vertreten, »Berthold« Brecht mit dem Gedicht »An die Nachgeborenen«, mit »A mes compatriotes« nicht ganz exakt übersetzt. Edgar Lohner nennt Friedrich Georg Jünger (den Bruder Ernst Jüngers, wie er hinzufügt), Georg Britting, Hermann Hesse, Elisabeth Langgässer, Fritz Usinger, Werner Bergengruen, Hans Carossa als Vertreter »der alten Generation«, deren Lyrik gerade nicht »typisch modern« sei. Davon unterscheidet Lohner Karl Wolfskehl (1869–1948) und den 1886 geborenen Gottfried Benn, Wolfskehl nennt er »einen orthodoxen Juden«, was auf den Spross des liberalen Darmstädter Judentums überhaupt nicht zutrifft, dessen Poesie ihre Wurzeln in der Kabbala, den Propheten und der mediterranen Kultur habe. Gottfried Benn hingegen sei, schon als Arzt, der Einzige, der es zu »einer europäischen Reputation« gebracht habe. Bei einem Großteil der zeitgenössischen Lyriker sieht er »eine totale Abwesenheit von Empfindsamkeit, Ideen und Energie« am Werke. Sie würden verkennen, was der Poesie möglich sei.

Einige Lyriker hebt Lohner hervor und sieht zumindest einen Vergleich als möglich an: Karl Krolow, Günter Eich, Horst Lange und Oda Schäfer, allesamt Lyriker der damals jüngeren Generation. Wilhelm Lehmann und »Oscar« Loerke hebt er mit ihrer Naturlyrik hervor, und er erinnert zu Recht an die Heimatlosen, die in den 1930er Jahren Deutschland verlassen hatten, Dichter, die die Deutschen selber vergessen haben: Else Lasker-Schüler, Max Hermann-Neisse und »vor allem« Karl Wolfskehl, ein vorsichtig abwägender, abwartender Zwischenstand über die deutsche Lyrik von 1945 bis 1951. Die Schlussfolgerungen seien, so Lohner, nicht »ganz und gar entmutigend. Man solle nicht schlussfolgern, dass alles lyrische Leben in Deutschland tot sei. Benn, [Rudolf Alexander] Schroeder, Krolow und Eich wenigstens haben etwas beizutragen. Aber es gibt andererseits viele Nachahmungen, Konvention und sehr oft auch eine Leichtigkeit und Abwesenheit von Tiefe, die die Zukunft ungewiss macht.«[117]

Paul Celan erwähnt Edgar Lohner in seinem Aufsatz mit keinem Wort. Und doch eröffnet »Fugue de la Mort« den Abdruck von vier Gedichten im Anschluss an seine Ausführungen (Bertolt Brechts Gedicht ist zu Beginn eingerückt), gefolgt von Karl Krolows »Heimat«, zwei Gedichten von Martin Kessel und einem Gedicht von Erich Kästner. Bezeichnend nur, dass es zu diesem Gedicht keine einzige Erläuterung oder Zuordnung gibt. »Die nicht mehr gut zu machenden Fehler« der Übersetzung, von denen Celan sprach, liegen eher im Detail: »la mort est un maître en Allemagne« gibt eben nicht genau wieder, dass der Tod »ein Meister aus Deutschland« ist; einmal heißt es »il joue les serpents«, dann wieder »il joue avec les serpents«, auch die Zeile »er befiehlt uns spielt auf nun zum Tanz« gibt die französische Fassung (»il nous ordonne de commencer la danse«) nicht angemessen wieder. Es ist nicht recht verständlich, warum Celan mit all seiner Präzision und Sprachkenntnis ein Vierteljahr zuvor nicht auf Korrekturen in der Übersetzung von Alain Bosquet gedrungen hatte.

Gisèle

»Es muss sehr schwierig sein, einen Dichter zu lieben, einen schönen Dichter«, schreibt die 22-jährige Gisèle de Lestrange am 11. Dezember 1951 im Café Kléber am Place Trocadéro in Paris an Paul Celan, den sie vier Wochen zuvor durch Isac Chiva in einem anderen Café im Quartier Latin kennengelernt hatte. Die junge Frau aus alter, katholisch-aristokratischer Familie und der junge staatenlose Mann aus Osteuropa gingen daraufhin in *Le Bal nègre* tanzen. »Ma chérie, ich kann dir gar nicht sagen, wie groß meine Freude heute Morgen war, als ich Deinen Brief vorgefunden habe. Sie muss umso größer sein gewesen sein, diese Freude, als die Angst, die gegenwärtig ist, wenn das Herz überrascht hatte. Ich werde Dich also erst am Freitag sehen … aber am Samstag doch auch, sag, und vielleicht am Sonntag. Ich schaue Dich an, ma chérie, ich schaue Dich an, bereits jenseits dieses Nebelschleiers, den die Hoffnung, nicht wahr, aufzulösen nicht müde wird«, antwortet Paul ihr, und Silvester 1951, am Beginn eines für beide entscheidenden Jahres, widmet er ihr ein Exemplar seines ersten Gedichtbands, *Der Sand aus den Urnen*, »damit der Tag um Mitternacht anbricht«, und fügt hinzu: »Sur le pont des années à Paris«[118], auf diese Wendung, von der Brücke der Jahre, wird Celan später wieder zurückkommen.

Die beiden wurden, gegen die Widerstände von Gisèles Familie, ein Paar und heirateten am 23. Dezember 1952 in Paris. Die Beziehung der beiden Eheleute bis 1970 mit ihren Glücksmomenten und ihren Krisen, der Geburt und dem frühen Tod des ersten Kindes François am 8. Oktober 1953, der Geburt des zweiten Sohnes Eric im Juni 1955, den Reisen, Umzügen, den gemeinsamen Arbeitsprojekten, Celans Deutschunterricht für seine Frau anhand seiner Gedichte, all dies ist in einem großartigen Briefwechsel überliefert.

Von allen Erinnerungen an die Zeit in Paris sticht die von Brigitta Eisenreich in ihrer Prägnanz und Genauigkeit, in der Zurückhaltung, was die eigene Person angeht, zugunsten der Aufmerksamkeit für Paul Celan, den die junge Österreicherin, 1928 in Linz geboren, im Juni 1952, gerade in Paris angekommen, kennenlernte und an den sie sich fast ein Menschenleben später erinnert, heraus:

> *[...] nicht besonders groß, den Kopf leicht nach vorn gebeugt, der Blick seiner dunklen Augen zugleich werbend und aufmerksam, so zog er durch die Straßen und Gassen, neben der Zeit, ihr immer um einen halben Schritt voraus und mit tausend Schritten im Früher festgenagelt. Unruhig und gesammelt in einem. Seine Stimme war angenehm und wohlklingend, ganz ohne Emphase, die Intonation meinem Sprachgefühl wohl vertraut: mir war, als sei in seiner Gegenwart die Fremde weniger fremd. Damals verbrachten wir den Abend und einen guten Teil der Nacht zusammen – er, um uns das geheimnisvolle Paris im Herzen des Quartier latin, wo er wohnte, zu zeigen;*

wir, um ihm, bezaubert, zuzuhören; er war ein Dichter, aber auch, das steht außer Zweifel, zu jeder Zeit ein Verführer, mit einem feststehenden Repertorium an Zauberkünsten. Er wies auf den herbstzeitlosenfarbigen Himmel von Paris, er ließ uns hinuntersteigen zum Seine-Ufer und wollte, dass wir den sehr besonderen Klang der Eisenringe hörten, wenn sie auf den Mauern der Quais aufschlugen, Ringe, an denen früher die Schiffe befestigt wurden.[119]

Für Celan muss die Begegnung auch deshalb nachhaltig und aufwühlend gewesen sein, weil Brigitta Eisenreich aus der gleichen österreichischen Sprachwelt kam, Kindheitslieder und einzelne Wendungen tauchen auf, die beide, nun in Frankreich, rezitieren. Sie sprach buchstäblich seine Muttersprache. Nach Celans Eheschließung im Dezember 1952 verlieren sie einander aus den Augen. Doch eines Abends im Herbst 1953 hört Brigitta Eisenreich das bekannte Motiv der 8. Symphonie von Schubert, der »Unvollendeten«. »Celan kam zu mir, in mein kleines Zimmer hoch oben unter den Dächern, und so begann eine Beziehung, die fast neun Jahre lang gewährt hat.«[120] Mit immensem Takt und großer Einfühlung schildert Eisenreich diese Jahre, die Annäherung, die Krisen, eine Abtreibung, den Schatten der Goll-Affäre, die uns noch beschäftigen wird, auch die Ehe Celans: »Gewiss war Paul Celan nicht für ein gleichmäßig und ruhig dahinfließendes Familienleben gemacht, jedoch hatte ich seit eh und je den Eindruck, dass er seine Frau am beständigsten und aufrichtigsten von allen geliebt hat, dass *sie* die ›Übersternte‹ war, die ›Leise‹, die ›Wahre‹, als die sie in den Gedichten fortlebt, dass nicht seine Treuebrüche, sondern nur die Gewalt der Selbstzerstörung – vom frühen traumatischen Erleben her bestimmt und durch die Plagiatsverleumdung aufs äußerste gesteigert – ihre Bindung zerreißen konnte.«[121]

Brigitta Eisenreich legt den inneren Konflikt und die äußeren Bedingungen zwischen »beständiger, fast ritualisierter, aber darum nicht weniger wahrhaftiger Treue zu seiner Frau«[122] und den Exkursen in die Sinnlichkeit, wie sie es umschreibt, offen und wahrt einen Gran Distanz: »Er war der Vielgeliebte, daran ist nicht zu zweifeln; er aber, mit dem Traum von ›Freiheit‹ und ›Wahrheit‹ im Herzen, war er der jeweils ganz und immer wieder Liebende?«[123]

Mehr als fünfzig Jahre später gibt Brigitta Eisenreich wichtige Einsichten in die Entstehung von Celans Gedichten, vor allem im Band *Die Niemandsrose*, über das Jüdische, das immer mehr im Mittelpunkt seines Denkens wie Dichtens stand, »Verjuden« heißt ein zentrales Kapitel ihres Buches, und über ihn selbst: »Es ging eine Strahlkraft von ihm aus, die schwer zu beschreiben ist: Celan war offen und verschlossen in einem, gleichzeitig hellhörig und erbarmungslos, wissend und dennoch verloren, frei und getrieben wie sonst niemand. Im Spannungsfeld der Gegensätze lag wohl das Geheimnis seines Wesens, das ihn so anziehend machte; von dem auch seine Dichtung lebte. Sogar im Zustand äußerster Bedrängnis war es wie ein Sog, dem man sich kaum zu entziehen vermochte; dem man, wehrte man sich nicht, auf Gedeih und Verderb ausgeliefert war.«[124]

Diese Charakteristik fasst eben nicht allein den Menschen Celan in Worte, sondern auch sein Werk. Denn die Faszination, die von seinen Gedichten ausgeht, ihre suggestive Kraft verdankt sich den Gegensätzen, dem Offenen wie dem Verschlossenen, der nachhallenden Insistenz und aufklingenden Mehrdeutigkeit, seinem Imperativ, mit den Worten in die allereigenste Enge zu gehen, aber eben dadurch eine tiefe Wirkung bei ganz unterschiedlichen Lesern zu erreichen.

Brigitta Eisenreich machte sich später als Anthropologin einen Namen in Frankreich. Jahrzehnte später veröffentlichte sie ihre Erinnerungen auf Französisch wie auf Deutsch. Sie starb 2017 in der Nähe von Paris.

Gruppenbild mit Dame: Ingeborg Bachmann und Paul Celan mit Milo Dor, links, und Reinhard Federmann, rechts, im Niendorfer Hotel Kasch, Mai 1952

Niendorf 1952

Niendorf war Anfang der 1950er Jahre ein kleines verschlafenes Fischerdorf an der Ostsee, zwischen Travemünde und Timmendorfer Strand gelegen. Es gab dort ein wenig Fremdenverkehr und einige kleine Handwerksbetriebe, aus Ostpreußen vertriebene Fischer hatten 1945 in dem Ort eine neue Heimat gefunden. Morgens brachten sie ihren Fang in den kleinen Hafen, den sie direkt vom Boot verkauften, weiter ins nahe Lübeck oder ins nicht allzu weit entfernte Hamburg verfrachteten oder von Zwischenhändlern an andere Orte bringen ließen. So war Niendorf ein vollkommen unspektakulärer Ort in Nachkriegsdeutschland, ist es bis heute geblieben – und wurde doch zum zentralen Ort für die Aufnahme der »Todesfuge« in Deutschland. »Jedesmal«, so wird Celan seiner künftigen Frau am letzten Tag im Mai 1952 schreiben, »wenn ich an dieses Dorf an der Ostsee denke, habe ich den Eindruck, als käme ich vom Ende der Welt zurück«.[125]

Das »Ende der Welt« hatte Hans Werner Richter zum Ort erkoren, an dem die Gruppe 47 sich zur Frühjahrstagung 1952 versammeln sollte. Eine buchstäblich aparte Wahl, die Richter vielleicht auch deshalb getroffen hatte, weil er selber von der Ostsee stammte, aus Heringsdorf auf Usedom, ein Anfang der 1950er Jahre kaum erreichbarer Flecken. Er lag in der 1949 neu gegründeten DDR.

Genau genommen war Celan zu dem Treffen gar nicht eingeladen. Ingeborg Bachmann hatte seine Teilnahme angeregt. Am 8. April 1952 schrieb sie ihm, »in diesen Tagen wirst Du wahrscheinlich schon die Einladung der Deutschen Verlagsanstalt Stuttgart zur Tagung der Gruppe 47 in Hamburg bekommen habe«, ein Bus würde von Süd- nach Norddeutschland fahren und unterwegs die teilnehmenden Schriftsteller aufnehmen. Am 9. Mai erklärte sie: »Leider habe ich mit meinen stillen Befürchtungen Recht behalten. Die Einladung an Dich ist nicht abgegangen – keineswegs aus Gründen, sondern infolge schlechter Organisation. Richter hat nun diese Karte an Dich geschrieben, die ich an mich genommen habe, damit sie auch tatsächlich aufgegeben wird; sie ist herzlicher gemeint, als sie sich liest, und ich bin wirklich der Überzeugung, daß Du fahren solltest.« Sie stellt ihm Honorareinnahmen aus Wien in Aussicht, denn Celan war fast mittellos, und fügt im Blick auf die Zusammenkunft hinzu: »Noch eins: Jeder Teilnehmer kann eine halbe Stunde aus unveröffentlichten Sachen, Lyrik oder Prosa, lesen. Trotzdem rate ich Dir, diese halbe [Stunde] nicht ganz auszunützen, sondern nur ca. 20 Minuten in Anspruch zu nehmen. Und lies unbedingt die ›Todesfuge‹ – trotz allem – denn ich glaube, die Gruppe 47 ein wenig zu kennen.«

Die Karte des Veranstalters, die dem Brief beiliegt, ist in der Tat in einem eher frostigen Ton gehalten: »Sehr geehrter Herr Celan, ich würde mich freuen, wenn Sie an der Tagung der ›Gruppe 47‹ teilnehmen würden. Die Tagung findet in Hamburg vom 23.–25. Mai statt. Der 22. Mai ist der Anreisetag. Falls Sie kommen, melden Sie sich bitte beim Nordwestdeutschen Rundfunk, Büro Ernst Schnabel (Intendant). Sie erfahren dort alles Nähere. Herzlichen Gruss / Hans Werner Richter.« Und Milo Dor, neben Ingeborg Bachmann sein zweiter Fürsprecher für das Treffen, fügte hinzu: »... kratz nur das Geld für die Reise zusammen und komme. Herzlich Dein Milo«.[126]

Gruppe 47 nannten sich die Teilnehmer der von Hans Werner Richter 1947 ins Leben gerufenen Schriftstellertreffen. Richter lud, anfangs halbjährlich, später einmal im Jahr, befreundete Autoren sowie Kritiker zu »Gruppentreffen« ein, die literarischem Austausch und gegenseitiger Kritik einen Rahmen bieten sollten. Es war eine Plattform, eine Art erster Öffentlichkeit für junge, noch unbekannte Schriftsteller, aus im Entstehen begriffenen oder gerade publizierten Werken vorzulesen. Auch wurde ein Preis ausgelobt, über den am Ende der dreitägigen Zusammenkunft von den mitwirkenden Autoren abgestimmt wurde. Eine solche Zusammenkunft von Schreibenden war damals, in einer Zeit ohne Festivals, mit nur wenigen Verlagen und kleinen Buchhandlungen, ganz ungewöhnlich und wohl die erste Form des Literaturbetriebs im modernen Sinn, wie Helmut Böttiger sie in seiner Geschichte dieser Gruppe beschrieben hat.[127]

Neben den Schriftstellern reisten Verleger an, einige Kritiker, vereinzelt Übersetzer. Anfang der 1950er Jahre waren fast alle knapp bei Kasse. Das sprach für Niendorf und das Hotel Kasch, das Gästehaus des NWDR, des damaligen Nordwestdeutschen Rundfunks und heutigen NDR, das, direkt am Strand gelegen, als Erholungsheim für Angestellte des Senders diente. Der NWDR konnte die angereisten Schriftsteller und Schriftstellerinnen um Funkaufnahmen bitten, ohne dass sie eigens nach Hamburg reisen mussten, und ihren Aufenthalt während der Tagung finanzieren.

Drei Tage im Mai

Am 23. Mai 1952 begann die dreitätige Tagung der Gruppe 47 an der Ostsee mit 45 Schriftstellern, darunter Ingeborg Bachmann, Milo Dor, Reinhard Federmann, Günter Eich, Hans Weigel, Ilse Aichinger, die »Wiener Gruppe«, Heinrich Böll,

Wolfgang Hildesheimer, Rolf Schroers, Martin Walser, Günther Weisenborn, Siegfried Lenz und Walter Jens, allesamt Autorinnen und Autoren, die damals am Anfang ihrer Karriere standen, nicht anders als der junge Dichter aus Paris. Celan gehörte zu den Gästen, die schon am Tag zuvor ankamen: »Nachmittags um vier Uhr brachte mich ein Wagen der Rundfunkanstalt zusammen mit drei anderen Teilnehmern nach Niendorf. Wir fuhren mit 120 Stundenkilometern durch eine Landschaft, die fast keine war: Heide ohne Konturen, Ankündigung des Meeres, eines Raums, dessen Raum ich fast nicht mehr zu ermessen wagte – ich war entsetzlich weit von Paris entfernt, und ich hatte Angst, Sie könnten dort das Entsetzen über diese Entfernung spüren«, schreibt Celan an Gisèle de Lestrange eine Woche später und fährt fort:

In Niendorf Empfang mit Missverständnissen. Frau Richter (die Frau des Schriftstellers, der mich eingeladen hatte) hielt mich für einen Franzosen und machte mir zunächst einmal Komplimente über mein so perfektes Deutsch. Die andern, das heißt die Wiener, die diese Missverständnisse hätten ausräumen können, waren immer noch nicht da. Endlich kamen sie an, zu vorgerückter Stunde, nach Mitternacht, sehr müde von der Reise. Aber Milo Dor war dabei, den ich mag und den die andern schon kannten. Es ging besser. Am nächsten Tag die ersten Lesungen. Etwa 50 Personen saßen in der großen Halle des Hotels, in dem wir wohnten, in tiefen Sesseln – das alles erweckte den Eindruck einer Versammlung von Leuten, die sich bürgerlich mit einer Welt ausgesöhnt hatten, deren Erschütterungen sie immerhin zu spüren bekommen hatten. Nun ja … Erster Waffengang. Lesungen, dann Stellungnahme der »Kritik«, Worte mit oder ohne inneren Horizont.[128]

Am nächsten Abend: »Um neun Uhr abends war die Reihe an mir. Ich habe laut gelesen, ich hatte den Eindruck, über diese

Köpfe hinaus – die selten wohlmeinend waren – einen Raum zu erreichen, in dem die ›Stimmen der Stillen‹ noch vernommen wurden …«[129] Und damit zitiert Celan wieder aus dem Französischen, als müsste er seiner Frau die ferne, fremde norddeutsche Welt nahebringen, diesmal den Titel von André Malraux' in Paris gerade erschienenem Buch *Les Voix du Silence*, »Die Stimmen der Stille«.

> *Die Wirkung war eindeutig. Aber Hans Werner Richter, der Chef der Gruppe, Initiator eines Realismus, der nicht einmal erste Wahl ist, lehnte sich auf. Diese Stimme, im vorliegenden Falle die nicht wie die der anderen durch die Wörter hindurchglitt, sondern oft in einer Meditation bei ihnen verweilte, an der ich gar nicht anders konnte, als voll und von ganzem Herzen daran teilzunehmen – diese Stimme musste angefochten werden, damit die Ohren der Zeitungsleser keine Erinnerung an sie behielten …*[130]

Ein Vergleich

Celan las an dem Abend in Niendorf sechs Gedichte vor: »Ein Lied in der Wüste«, »Schlaf und Speise«, »Die Jahre von dir zu mir«, »Zähle die Mandeln«, »In Ägypten« und – die »Todesfuge«. Die Lesung sorgte für Unruhe in der Hotelhalle. Der damals anwesende Walter Jens erinnert sich 1976: »Als Celan zum ersten Mal auftrat, da sagte man: ›Das kann doch kaum jemand hören‹, er las sehr pathetisch. Wir haben darüber gelacht. Der liest ja wie Goebbels, sagte einer. Er wurde ausgelacht, so dass dann später ein Sprecher der Gruppe 47, Walter Hilsbecher aus Frankfurt, die Gedichte noch einmal vorlesen musste. Die ›Todesfuge‹ war ein Reinfall in der Gruppe! Das war eine völlig andere Welt, da kamen die Neorealisten nicht mit, die sozusagen mit diesem Programm groß geworden waren.«[131]

Es war Hans Werner Richter, der die Vortragsweise Celans mit der von Goebbels verglichen haben soll. Milo Dor erinnert sich an Richters Aussage, Celan »habe in einem Singsang vorgetragen wie in der Synagoge«[132]. In seinem Tagebuch notiert Hans Werner Richter 1970, als er von Celans Tod erfährt, über die Zusammenkunft in Niendorf 18 Jahre zuvor: »Es wurde sein erster großer Erfolg. Sein Aufstieg war, wie auch der Aufstieg Ingeborg Bachmanns, kometenhaft. Zwar bekam Ilse Aichinger den Preis auf dieser Tagung, aber die eigentlichen Entdeckungen waren Paul Celan und Ingeborg Bachmann.«[133]

Das ist eine nachträgliche Beschönigung der Ereignisse. Anderen Überlieferungen zufolge soll Richter Celan aufgefordert haben, die Tagung zu verlassen, was Celan schließlich nicht tat.[134] Celans Lesung war alles andere als sein erster großer Erfolg, sondern ließ den 31-jährigen Dichter bitter und voller Zweifel zurück. Er nahm nie wieder an einer Zusammenkunft der Gruppe 47 teil, obgleich Richter ihn einlud, und der Aufstieg Celans als Dichter ereignete sich weit weniger kometenhaft, als es Richter in der Rückschau erscheint oder er die Nachwelt glauben machen will. Am Ende erhielt Celan immerhin sechs Stimmen, die ihm den Preis zuerkennen wollten, die dritthöchste Stimmenzahl. Aber Niendorf – und das heißt: der erste öffentliche Auftritt Celans in Deutschland – besiegelte das Schicksal der Rezeption der »Todesfuge«: das Verlachen, Nichtachten, Verkennen. Klaus Briegleb hat in seiner Geschichte der Gruppe 47 geschrieben, »keine andere kulturelle Agentur in der westdeutschen Nachkriegszeit« habe »die Ausblendung der Shoah so gründlich betrieben« wie die Gruppe 47.[135] Dafür ist der Abend an der Ostsee im Mai 1952 eine Urszene. Andererseits macht Helmut Böttiger zu Recht geltend, die Kontinuität der NS-Ideologie in der ganzen Nachkriegsgesellschaft in den Blick zu nehmen. Es gab keine kulturelle Sphäre, die die jüngste Geschichte nicht ausgeblendet hätte. Artur Brauners Film »Morituri« ist das beste Beispiel dafür. Und eben wegen dieses systematischen Ausblendens gab es keinen noch so vagen Begriff von »Shoah« oder »Holocaust« – Begriffe, die erst Jahrzehnte später buchstäblich als zwei filmische Einblendungen geprägt wurden.

Man kann in der Haltung der meisten Teilnehmer der Gruppe 47 einen Antisemitismus am Werke sehen, einen Antisemitismus ohne Juden. Denn Celans Judentum kam auf der Tagung ebenso wenig zur Sprache wie das von Ilse Aichinger oder anderen Gästen. In einem Bericht über die Tagung schrieb der Journalist Heinz Friedrich im Juni 1952: »An den Vortrag der Gedichte des Rumäniendeutschen [sic!] Paul Celan, der in der Nachfolge Momberts und der Else Lasker-Schüler um einen eigenen Ton sich bemühte, entzündete sich eine heftige Debatte über die alte Streitfrage: poésie pure und poésie engagée, die – wie alle diese Debatten – zu keinem zureichenden Ergebnis führte.«[136]

Die Verletzung saß tief bei Celan. Ebenfalls am 31. Mai schreibt er, jetzt in Frankfurt am Main, an den Freund Klaus Demus in Wien: »Ich war dort oben beleidigt worden: H. W. Richter, der Inge[borg Bachmann] nach Hamburg gebracht hatte, sagte nämlich, meine Gedichte seien ihm auch darum so zuwider gewesen, weil ich sie im ›Tonfall von Goebbels‹ gelesen hätte. Und so etwas muß ich erleben! Und zu so etwas schweigt Inge, die mich zu dieser Reise mitveranlaßt hatte.« Und er fügt am Briefende, durch ein Kreuz markiert, hinzu »Nach der Lesung der Todesfuge!«.[137]

Reinhart Meyer-Kalkus hat darauf hingewiesen, dass Celan aus einer Sprachwelt kam, deren Vortragsweise fremd anmutete: »Sein gesprochenes Deutsch verweist vielmehr über Wien hinaus nach Osten, auf Czernowitz und ein deutschsprachiges Bildungsbürgertum in Osteuropa, andererseits auf jiddische Sprachklänge, wie sie vor 1933 auch im Deutschen

Reich zu hören waren. Das aus dem Herzen der akustischen Überlieferung Verdrängte kehrte mit seiner Sprechweise zurück.«[138] Celan artikulierte die Endungen wie die Vokale in langen gedehnten Satzbögen, eine Vortragsweise, die auf Alexander Moissi zurückverweist und die sich auch in den aufgezeichneten Rezitationen von Edith Silbermann zeigt, die ihrem Buch *Czernowitz – Stadt der Dichter* als CD beigefügt sind. Gewiss war Celans Vortragsweise eigen, fremd; er kam aus einer anderen Sprachwelt. Doch zugleich spricht viel dafür, dass Richter und andere Teilnehmer der Gruppe sich deshalb gegen Celans Vortragsweise wendeten, um über den Inhalt der Gedichte nicht sprechen zu müssen. Was nahe war und nahegelegen hätte, die gemeinsame, doch so unterschiedliche Erfahrung des Nationalsozialismus, vom »Frost an den geschiedenen Fronten« wird Celan später in einem Gedicht schreiben, sollte in die Ferne gerückt werden. Goebbels rezitiert die »Todesfuge«. Brutaler kann man die Geschichte nicht auf den Kopf stellen.

Auf dem Rückweg nach Paris machte Celan am 28. Mai wieder in Hamburg halt, der Intendant Ernst Schnabel hatte in Niendorf einige Autoren eingeladen, zu Tonaufnahmen ins Funkhaus zu kommen. Erhalten sind Tonträger mit Gedichten von Ingeborg Bachmann, mit Erzählungen von Ilse Aichinger und Rolf Schroers und die früheste Aufzeichnung von Paul Celans Stimme, der im Studio dreizehn Gedichte einlas (darunter allerdings nicht die »Todesfuge«). Am gleichen Tag schrieb er Gisèle, alles sei »so überwältigend gewesen, so verworren, widerspruchsvoll. – Dennoch ist das Ergebnis positiv: ich habe in Hamburg eine kleine zwanzigminütige Sendung aufgenommen, die wir uns in Paris gemeinsam anhören können – das hat mir 400 Mark eingebracht – etwa dreißigtausend Francs [...].«[139] Der Rundfunk zahlte gute Honorare; das durchschnittliche Monatseinkommen lag damals in Deutschland bei 325 DM, in Frankreich etwas höher.

Wir wissen nicht, wie Celan die beiden Maitage in Hamburg verbrachte – mit Ingeborg Bachmann? In Gesellschaft der lesenden Autoren? Allein? Oder wen er sonst in Hamburg traf. Eine kurze Begegnung mit Hans Erich Nossack ist verbürgt, wohl bei einem Empfang des Rundfunksenders. Nossack wohnte um die Ecke des Sendehauses. Celan wird in dessen Nähe in einem Hotel in der Rothenbaumchaussee gewohnt haben, wo der NDR heute noch sitzt, nahe der Alster und dem Zentrum der Stadt, das damals noch von den Zerstörungen des Krieges gezeichnet war. Er hätte Ida Ehre treffen können, die Prinzipalin der Hamburger Kammerspiele in der Hartungstraße, zehn Minuten vom Funkhaus entfernt. 1945 hatte Ida Ehre ihr Haus dort eröffnet, wo der Jüdische Kulturbund bis 1941 seine Spielstätte unterhalten hatte. 1900 in Mähren als Tochter eines Oberkantors geboren, absolvierte Ida Ehre ihre Schauspielausbildung in Wien, spielte danach auch in Czernowitz, am Nationaltheater in Mannheim und von 1930 an am Lessingtheater in Berlin. Als Jüdin wurde Ida Ehre im nationalsozialistischen Deutschland mit Berufsverbot belegt. Sie arbeitete als Arzthelferin in der Praxis ihres Ehemannes, eines Frauenarztes, der als Nichtjude seinen Beruf weiter ausüben durfte. Die geplante Auswanderung nach Chile schlug fehl; das Schiff wurde nach Kriegsausbruch im September 1939 nach Hamburg zurückbeordert, Ida Ehre später verhaftet und ins KZ Fuhlsbüttel verbracht. Sie überlebte die Haft und blieb in Hamburg, eher durch Zufall dort gelandet. Ihre Kammerspiele wurden rasch zu einem Anziehungspunkt in der Hansestadt und eine der bedeutenden Bühnen Deutschlands. Am 21. November 1947 erlebte Wolfgang Borcherts »Draußen vor der Tür« hier die Uraufführung, ein Stück über die Generation der heimkehrenden jungen Soldaten des Zweiten Weltkriegs, die Generation »Abgrund«. Der 26-jährige Borchert, aus Hamburg gebürtig, starb einen Tag vor der Uraufführung seines Dramas, das 1947 und in den

Jahren hernach großes Aufsehen erregte, allerdings mit zeitlichem Abstand auch kontrovers gesehen wurde. 1988 wird Ida Ehre, die Paul Celan nie begegnete, seine »Todesfuge« öffentlich rezitieren.

Celan hätte auch Erich Lüth treffen können, eine Begegnung, die für ihn, nach der Niendorfer Erfahrung, manches in ein anderes Licht gerückt hätte. Erich Lüth, 1902 in Hamburg geboren, leitete nach seiner Kriegsgefangenschaft in Italien ab Mai 1946 die Staatliche Pressestelle Hamburg und hatte im August 1951 die Initiative »Friede mit Israel« gegründet, die ein Jahr später in der Gesellschaft für christlich-jüdische Zusammenarbeit aufging. Früh und entschieden hatte Erich Lüth in seiner täglichen Arbeit Partei ergriffen, wie eine Episode der Nachkriegsgeschichte erhellt. Im Frühjahr 1950 sprach das Hamburger Schwurgericht den Regisseur Veit Harlan, der den Film »Jud Süß« gedreht hatte, von der Anklage des Verbrechens gegen die Menschlichkeit frei und begründete den Freispruch unter anderem damit, dass der Gesamteindruck des Films »fraglos antisemitisch« sei. Antisemitismus an sich aber sei noch nicht strafbar, wenn die Gesetze der Humanität nicht missachtet würden. Einzelne Organisationen und die jüdischen Gemeinden in Hamburg, Berlin und anderen Städten protestierten gegen die »juristische Berechtigung des Antisemitismus«,[140] gegen diesen Freispruch. Fünf Monate später sollte ein neuer Film von Veit Harlan, »Unsterbliche Geliebte«, mit Harlans Ehefrau Kristina Söderbaum, in die Hamburger Kinos kommen. Erich Lüth, leitender Beamter der Stadt, rief zum Boykott auf; ein Mann, der Filme wie »Jud Süß«, »Die goldene Stadt« oder den »Kaufmann von Venedig« gedreht hatte, »dessen ganzes Wirken also die Mordhetze der Nazis und die Massenvernichtung an Andersdenkenden und Andersrassigen förderte, machte sich selber damit für die Demokratie untragbar. Er erscheint ungeeignet, die Kunst eines freien Volkes zu vertreten.«[141] Das Landgericht Hamburg verbot Lüth die, laut ihrem Urteil, »sittenwidrige Boykottaufforderung«. Erich Lüth legte dagegen Verfassungsbeschwerde ein und bekam schließlich – über sechs Jahre später, im Januar 1958 – recht. Das Bundesverfassungsgericht sah darin das Grundrecht auf freie Meinungsäußerung verletzt. Im Jahr zuvor war schon der nächste Film von Veit Harlan in deutschen Kinos zu sehen: »Anders als du und ich (§ 175)«.

Aber auch Erich Lüth begegnete Celan nicht. Man darf aber sicher sein, dass Lüth das Werk des Dichters kannte, vielleicht auch eine der späteren Lesungen Celans in Hamburg besuchte. Beide Konstellationen – Ida Ehre oder Erich Lüth – sind unserem Thema nicht äußerlich. Die Rezeption der »Todesfuge« ist Teil der Geschichte des Antisemitismus in Nachkriegsdeutschland.

Nach Hamburg wird Celan in den folgenden Jahren immer wieder kommen. Am 28. Mai 1952 fuhr er von dort aus weiter nach Frankfurt am Main. Für Donnerstag, den 5. Juni, hatte die Zimmergalerie Franck in der Böhmerstraße im Frankfurter Westend eingeladen: »um 20 uhr liest der in paris lebende österreichische dichter paul celan eigene gedichte«.[142] Einleitende Worte sprach der Literaturkritiker und das Gründungsmitglied der Gruppe 47 Friedrich Minssen. An diesem Abend in Frankfurt las Celan die »Todesfuge« »dramatisch, ›funkisch‹, wie man es von ihm verlangt hatte. Er litt sichtlich selber, in den Kreis der ›Literaten‹ gezogen. Der Gegensatz zu seinem völlig monotonen, verhaltenen Lesen vor 3 1/2 Jahren im herbstlichen Park von Royaumont, war erschütternd, obwohl er gemessen an den sich selbst managenden jungen deutschen Schriftstellern trotz aller Gescheitheit eine anima candida bleibt«, wie die ebenfalls anwesende Marie Luise Kaschnitz in ihrem Tagebuch notiert.[143]

Erstausgabe von Mohn und Gedächtnis, *1952*

Stuttgart 1952

*G*ewinn und Verlust wohnen im gleichen Haus, lautet ein russisches Sprichwort. Im Niendorfer Hotel Kasch, wo Celan das Debakel seiner Lesung erlebte, war auch Willi Koch zugegen gewesen, literarischer Leiter der Deutschen Verlags-Anstalt. Sie hatte die Niendorfer Veranstaltung unterstützt. Die DVA war damals einer der führenden Verlage Deutschlands, die sich auf Lyrik, Romane und literarische Zeitschriften und historische Sachbücher spezialisiert hatte.[144] Koch hatte den unbekannten Dichter noch im Niendorfer Hotel eingeladen, am 7. Juni nach Stuttgart in den Verlag zu kommen. Doch Celan schlug die Einladung aus und fuhr bereits am Tag zuvor von Frankfurt aus nach Paris zurück.

Immer wieder würde es ihm schwer fallen, sollte er seiner Frau später erzählen, die deutsche Grenze zu überqueren, die uniformierten Zöllner, die Kontrolle von Pass und Gepäck,[145] eine Erinnerung gewiss auch an den November 1938, als der junge Student auf dem Weg von Czernowitz nach Frankreich das erste Mal die deutsche Grenze überquert hatte.

Hatte ihn die Erinnerung daran nun, knapp 14 Jahre später, bewogen, Deutschland eher zu verlassen als geplant? Und ist diese verfrühte Abreise vielleicht symptomatisch für sein Verhältnis zu Deutschland, in das er in den kommenden 18 Jahren immer wieder reisen wird? Oder wollte er einfach nur schnell wieder zurück nach Paris zu Gisèle, die er erst ein halbes Jahr kannte. Oder spielten alle diese Gründe zusammen?

Einige Wochen später schrieb ihm jedenfalls Ingeborg Bachmann: »Von München aus bin ich auch noch nach Stuttgart gefahren und habe dort Dr. Koch gesprochen, der sehr unglücklich über Deine Absage war. Er hatte schon eine Lesung für Dich arrangiert, die wahrscheinlich sehr wichtig gewesen wäre. Dingeldey, der Direktor der Verlagsanstalt wollte Dich kennenlernen.«[146]

Wenn die Kollegen der Gruppe 47, jedenfalls eine größere Anzahl von ihnen, seiner Dichtung Unverständnis entgegengebracht hatten, so hatte zumindest einer aus der Verlagswelt bei Celans Lesung seiner Gedichte aufgehorcht – er würde nicht der einzige bleiben – und sein positives Votum von der Lesung an der Ostsee nach Stuttgart mitgenommen. Schließlich las Paul Celan wenige Wochen nach dem ursprünglich avisierten Junitermin, am 21. Juli 1952, »im Vestibül einer Stuttgarter Villa aus seinem Gedichtband ›Mohn und Gedächtnis‹ vor«, wie Hermann Lenz sich später erinnern wird.[147] Verlag und Autor hatten sich da schon auf einen Band unter diesem Titel verständigt.

Ein Faible

Barbara Wiedemann hat in ihrem Buch *Ein Faible für Tübingen* gezeigt, wie sehr diese Universitätsstadt mit Stuttgart und anderen württembergischen Orten, darunter später auch das badische Freiburg, zu der Region wurde, die Celan am meisten bereiste – zu Lesungen, Besuchen, Besichtigungen.

So wurde Stuttgart die Stadt seines ersten Verlages. Die Lesung im Verlag sollte Mitarbeitern und einem kleinen Kreis von Gästen des Verlags, etwa zwanzig, Buchhändlern, Stuttgarter Autoren und Journalisten, einen neuen Autor vorstellen, darunter war auch Hermann Kasack, damals ein einflussreicher Autor und Präsident des Süddeutschen Schriftstellerverbandes, der »unbedingt zur Veröffentlichung« riet.[148] Hatte der Verlag ursprünglich nur an eine Weihnachtsgabe in Form einer Auswahl von 16 Gedichten, auf einem Druckbogen untergebracht, gedacht, was Celan bei seinem Besuch im Verlag enttäuscht zur Kenntnis nahm, entschloss der sich nun, das vollständige Manuskript zu veröffentlichen, wie Willi Koch ihm am 7. August mitteilte. »Für mich bedeutete dieser Brief *die* Nachricht – ich weiß ihr kaum eine andere aus den anderen Jahren zur Seite zu stellen –, brachten diese Zeilen die Befreiung von tausend Ungewißheiten und Undeutlichkeiten und damit die Zuversicht, von der beinah alles Weitere abhängt – ich bin Ihnen, sehr verehrter Herr Doktor, sehr dankbar für all das«, schreibt Celan am 21. August an Helmut Dingeldey, den Verlagsleiter, und schickt am gleichen Tag einen Brief an Willi Koch. »Hoffentlich stehen nun dem Erscheinen des Buches keine Schwierigkeiten mehr im Wege – ich wäre sehr froh, Näheres darüber zu erfahren und möchte nun, wenn Ihnen dies im Augenblick keine Mühe macht, um einen Vertragsvorschlag bitten. / Mit den besten Grüßen und Wünschen / Ihr sehr ergebener / Paul Celan.« (Briefe, S. 131) Bald darauf wurde der Vertrag abgeschlossen, der ein Honorar von 300 DM für die erste Auflage von 1500 Exemplaren vorsah.

Die DVA war nicht der einzige Verlag, der in Niendorf auf Celans Gedichte aufmerksam geworden war. Auch der Rowohlt Verlag in Hamburg hatte sein Interesse bekundet, doch im August 1952 sagte Wolfgang Weyrauch – Autor und Lektor des Rowohlt Verlags, er hatte drei Jahre zuvor den Begriff »Kahlschlag« geprägt – ab: »Bevor Ihre Gedichte hier endgültig abgelehnt wurden, fand darüber ein heftiger Streit statt. Da wir uns im Verlag nicht einigen konnten, holten wir zusätzlich mehrere Meinungen von außen ein. Auch sie waren nicht einhellig. Das war gewiss nicht zu erwarten. Aber zu erwarten wäre gewesen, dass die eine der beiden Parteien gesiegt hätte. Keine der beiden Parteien siegte, die Meinungen waren exakt pro und contra verteilt, und eben deshalb entschloss man sich zu keiner Annahme.« Und Weyrauch zitiert aus seinem eigenen Gutachten: »Ich habe nicht eine einzige Zeile gefunden, die verfehlt wäre. Hingegen habe ich zahllose Zeilen gefunden, die von prononcierter Kraft sind. Es ist eine zarte Kraft. Aber das macht nichts. Sie ist ein Teil der Celanschen Magie. Die Celansche Magie ist gross. Ich habe darüber nachzudenken versucht, worin sie eigentlich besteht. Ich glaube, sie besteht z.B. in dem Konnex Celans mit dem Tod.« Und Weyrauch schließt mit der Aussage, Celans Poesie stehe für sich allein: »Das heisst, sie steht natürlich nicht, sondern fliegt, wie es einer echten Poesie zukommt. Seine Gedichte sind elementar. Trotzdem schildern sie die Wirklichkeit. Wie er das macht, diese Kombination von Vogelhaftigkeit und Wirklichkeitsdurchdringung, weiss ich nicht. Wir haben es zu respektieren.« Und er schließt sein eindrucksvolles Votum: »Mit den ergebensten Grüssen / Ihr / Weyrauch.«[149]

Da Celan die Zusage der DVA hatte, konnte er die Absage von Rowohlt, die so viel Positives enthielt, gleichmütig hinnehmen. »Beides, Absage und Zustimmung, haben mich, so wie sie darin ausgewogen sind, im Grunde gefreut«,[150] schreibt er dem Freund Rolf Schroers nach Frankfurt.

Das Buch

Im Dezember 1952 erschien schließlich der Band *Mohn und Gedächtnis.* Neben »Der Sand aus den Urnen«, »Gegenlicht«, »Halme der Nacht« ist darin »Todesfuge« als eigenständiger Zyklus besonders hervorgehoben. Die Verlagsanzeige zierte ein Zitat von Hermann Hesse, heute würde man es einen

»Blurb« nennen: »Die Gedichte von Paul Celan haben mir in der Tat sofort starken Eindruck gemacht, das ist ein schönes Talent. Die Art, wie dieser Dichter Neues wagt, ohne den Zusammenhang mit der guten Überlieferung zu verlieren oder gar bewußt abzubrechen, ist mir sehr sympathisch.«

Der Verlag versicherte außerdem, er habe Presse und Funk mit besonderem Nachdruck auf Paul Celan aufmerksam gemacht.

Wenn man die Kritik an Celans erstem Gedichtband auf einen Nenner bringen will, so kann man sagen, sie zollte der Suggestion oder auch der »Magie« Tribut, die vor allem von den frühen Gedichten Celans ausgeht. Helmuth de Haas zitiert in seiner Besprechung Verse: »ein Kahn im Getreide dein Herz, wir rudern ihn nachtwärts« und: »Wir waren tot und konnten atmen« wie auch: »Der Tauben weißeste flog auf: ich darf dich lieben«. Der damals junge Kritiker, selber Lyriker, schreibt: »Wahllos sind diese Zeilen heraufgeholt. Ich verbrachte einen Abend damit, sie vorzulesen. Ich las lange nicht mehr Gedichte vor. Von diesen aber geht Bezauberung aus. Celan hat surrealistische Züge, das ist gewiß, da ist der Kahn im Getriebe, der atmende Tote, da ist in der ›Todesfuge‹ der Abhub alles Gegenständlichen, der saugende Rhythmus, die romantisierende Metapher, die lyrische Alchimie: ›Dein aschenes Haar Sulamith‹.« Und noch ein anderes integrales Element kommt für de Haas hinzu: »das zen-buddhistische Saturi-Erlebnis, das man nach dem Kriege in E.W. Eschmanns ›Tessiner Episteln‹ finden konnte, das innerste Gewahrwerden der Dinge in den drei Stufen: Stein ist Stein, Stein ist Buddha, Stein ist Stein«.[151]

Diese Besprechung ist ganz im Stil der frühen 1950er Jahre abgefasst, auf der Suche nach dem Erlesenen, aus dem Bildungsschatz schöpfend, im Bannkreis der Gedichte selber, immanent. »Wie alle Lyrik, deren Zentralmotive Liebe, Zeit und Tod sind, hat auch Celans Gedicht zwei auseinanderstrebende Antinomien: Bitternis und Süße, atrocitas und suavitas.« De Haas nennt Celan in der *Neuen Literarischen Welt*, die zwei Jahre zuvor Gedichte von ihm veröffentlicht hatte, einen »Subtilisten«, sieht ihn auf einem Weg der Verfeinerung: »Celans Chiffren sind feine Gewürze in feinen Speisen.« Die Besprechung ist deshalb so aufschlussreich, weil de Haas sich wirklich ernsthaft um eine Einordnung des jungen Dichters und seines neuen Bandes bemüht: »Man könnte Linien werfen und Herkünfte zeigen. Dann wäre Celan ein Trakl ohne Schwermut (Schwester-Motiv), ein Lorca ohne Matrichalien [sic!], ein Krolow ohne natura naturans, ein Benn ohne Fremdwort, ein Surrealist, der seine Spontaneität kontrolliert und auf die automatische Textur verzichtet. Und wollte man sehr hoch datieren, dürfte man Celan einen lyrischen Proust nennen, einstweilen noch potentialiter.« Und dann wendet sich de Haas dem Zeitmotiv zu, »es ist ganz 20. Jahrhundert (und ganz 17. Jahrhundert)«, und wieder folgen Verweise auf den Bildungskanon der Zeit, auf Thomas Manns *Zauberberg*, Heideggers *Sein und Zeit*, Eliot, Auden und, ausgerechnet, Hans Egon Holthusen, der gleich zu Wort kommen wird. De Haas schreibt: »Celan entmaterialisiert das Außen, will sagen: er transsubstantiiert die Dinge. So ist Zeitgeschichte, nicht konkrete, hart schleudernde zeitgenössische Wirklichkeit, sondern: Sanduhrsand, Flugsand, wehendes Haar auf der ewigen Stirn, Brandung, die verzischt.«[152]

Gewiss geben Celans Gedichte auch den erhabenen Ton vor, die romantischen Motive und die starke Symbolik. Mit Ausnahme des einen Gedichts in diesem Band, der »Todesfuge«. De Haas erwähnt es nur beiläufig. Der historische Gehalt dieses Gedichts, dessen Härte verzischt buchstäblich in dieser Besprechung. In gewisser Weise wird das Verzischen zum Grundmotiv der nachfolgenden Kritiken. Rolf Schroers, den Celan im Jahr zuvor in Bergen, nahe Frankfurt, besucht hatte, beschwört in der *Zeit* vom 18. Juni 1953 »das Pathos ursprünglichen Schaffens«, das »der unerbittlichen Schwermut« gegenüberstehe: »Nur unter dem magischen Schutz des rätselhaften Wortes kann sich die Liebeskraft (ohne die auch die Kunst nicht besteht), unversehrt entfalten, nur durch den Beistand des Wortes kann sich die Welt zum Liebewürdigen läutern. Sinn und Ordnung einer so gesteigerten Welt liegen nicht in logischen, ja nicht einmal in vernünftigen Zusammenhängen. Sie sind nah, wenn der Traum Dinge und Herzen sinnlicher und bedeutsamer verbindet, als dem bewussten Gedanken erlaubt ist.«[153] Paul Schallück, dem Celan im vorangegangenen Jahr in Niendorf begegnet war, schreibt über »die dunklen Spiegel, in denen sich dem eingestimmten Leser das Unsagbare plötzlich erhellen kann; in den höchsten Augenblicken einiger Gedichte sind sie gar das Unsagbare selbst, das Unsagbare der menschlichen Liebe, der Trauer, der Verlassenheit, des Geistes, Leibes und Todes«. Und er fügt hellsichtig hinzu, eines Tages würden »vielleicht gelehrte Literaturwissenschaftler kommen und feststellen, welchen synthetischen Anteil an den Gedichten Paul Celans die Stadt Wien und die Stadt Paris mit dem jeweiligen sublimierten Erbe hatten; und sie werden feststellen, welcher Anteil vielleicht dem voraufgegangenen Surrealismus zugesprochen werden kann. Wir aber werden uns, wenn uns solche Untersuchungen wo auch immer zu Gesicht kommen sollten, daran erinnern, daß wir nie zuvor solche Verse gelesen haben: ›Schwarze Milch der Frühe wir trinken sie abends, / wir trinken sie mittags und morgens wir trinken sie nachts, / wir trinken und trinken, / wir schaufeln ein Grab in den Lüften, / da liegt man nicht eng.‹« So zitiert der Kritiker den Anfang der »Todesfuge«, mit eingefügten Kommata. Er zitiert sie, ohne sie zu erklären. *Mohn und Gedächtnis* sei »ein Stück Bekenntnislyrik geworden, voller Verse von zarter Schönheit und Tiefe«, schreibt Karl Krolow, selbst schon zu jener Zeit ein namhafter Lyriker, und bezieht die Gedichte ganz auf die dichterische Umgebung, in der Celan lebe, auf Paris und den Surrealismus.[154] Die »Todesfuge« klammert Krolow ganz aus.

Gegenlektüre

Anders Hans Egon Holthusen, der im *Merkur* 1954 eine Reihe junger Lyriker vorstellt, darunter Paul Celan. Er setzt sich ernsthaft mit *Mohn und Gedächtnis* auseinander und versucht, Celans Dichtung auf einen Begriff zu bringen: »Bei Celan wird das symbolistische Prinzip auf surrealistische Weise entwickelt und abgewandelt: es herrscht unbedingte Freiheit der Assoziation und eine Metaphorik, die alles mit allem verbindet und die Denkformen des naiven Bewußtseins grundsätzlich ignoriert.«[155] Und ganz am Ende hebt er hervor, Celan sei es »in seiner (schon berühmt gewordenen) ›Todesfuge‹ [...] gelungen, eines der schrecklichsten und bedeutsamsten Ereignisse der jüngsten Geschichte, den massenhaften Verbrennungstod der Juden in deutschen Konzentrationslagern, in einer Sprache zu besingen, die von der ersten bis zur letzten Zeile wahre und reine Dichtung ist, ohne eine Spur von Reportage, Propaganda und Räsonnement«. Den Auftakt des Gedichts, »Schwarze Milch der Frühe wir trinken sie abends ...«, deutet Holthusen so: »Trinken ist Sterben als äußerste Selbstverwirklichung, Opfertod, Aufsteigen zu einem ›Grab in der Luft‹. Mit ganz wenigen einfachen Paradoxien hat Celan ein alle menschliche Fassung sprengendes, alle Grenzen der künstlerischen Einbildungskraft überschreitendes Thema bewältigen können: indem er es ganz ›leicht‹ gemacht, es in einer träumerischen, überwirklichen, gewissermaßen schon jenseitigen Sprache zum Transzendieren gebracht hat, so daß es der blutigen Schreckenskammer der Geschichte entfliegen kann, um aufzusteigen in den Äther der reinen Poesie. Nicht um das Gewissen der Schuldigen zu beruhigen, sondern um den Toten Gerechtigkeit widerfahren zu lassen und ein Denkbild in die Sterne zu setzen. Ein einsamer, dem aktuellen Kräftespiel der heutigen scheinbar ganz abgekehrter Dichter –, und hat doch eines der großartigsten Zeitgedichte geschrieben, die wir besitzen.«[156]

Wohl benennt Holthusen als »Thema« – ebendiesen Begriff von ihm muss man hervorheben; er wird wiederkehren – »den massenhaften Verbrennungstod der Juden in deutschen Konzentrationslagern«. Das unterscheidet ihn von den anderen Kritikern. Aber in seinem Text kommt eine ganz eigene Dialektik zum Tragen: das Entfliehen vor dem Erkannten. Was er benennt, entrückt er sogleich »in den Äther der reinen Poesie«, ein Entfliegen und Aufsteigen.

Hans Egon Holthusen, 1913 in Rendsburg geboren, in einem Hildesheimer Pfarrhaushalt aufgewachsen, war in den 1950er Jahren ein wichtiger Autor und Kritiker, aber auch Herausgeber, der durch seine Stellungen und Tätigkeiten an Einfluss in Verlagen, Zeitungsredaktionen, Universitäten und Akademien gewann und diesen Einfluss auch nutzte. Sein Wort hatte Gewicht, seine Kritik konnte eine literarische Karriere fördern oder behindern. 1956 wurde Holthusen Direktor der Abteilung für Dichtung der Akademie der Künste in Westberlin, 1961 Programmleiter des Goethe-Hauses in New York, 1968 Präsident der Bayerischen Akademie der Schönen Künste in München. Wie ein Schatten sollte Holthusen Celan nach seiner frühen Besprechung von *Mohn und Gedächtnis* begleiten. Holthusens Votum für Celan hatte Gewicht; er hatte den Rang und die Bedeutung der »Todesfuge« erkannt und hervorgehoben, ihr aber zugleich einen Platz am Sternenhimmel zugewiesen, nicht auf der Erde, von der sie stammte. Sein Lob war zweideutig. Wann immer die Rede auf Celan komme, so wird Holthusen später sagen, würden die Kritiker das Gesicht verziehen wie die Messdiener vor dem Altar. Was als Volte gegen den hohen Ton der Auslegung gemeint und als solche noch nachvollziehbar gewesen wäre, darf nicht darüber hinwegtäuschen, dass er diesen Ton selber pflegte, einen Ton existentialistischer Überhöhung, etwa in seinen Essays »Der unbehauste Mensch« von 1951. In den späten 1950er Jahren wurde bekannt, dass Holthusen 1933 in die SS-Standarte »Julius Schreck« (benannt nach Hitlers Fahrer) eingetreten war, 1937 auch in die NSDAP. Als dieses verschwiegene Faktum seiner Biographie ruchbar wurde, drehte Holthusen den Spieß um und schrieb 1966 in einem längeren Aufsatz im *Merkur* über seine Vergangenheit, »Freiwillig zur SS«, genauer: er deutete seine Vergangenheit im Sinne einer Selbstverteidigung. Er betrieb, wie Nicolas Berg es treffend beschrieben hat, »Selbstentnazifizierung«. Holthusen unterschied zwischen dem Irrtum, den er begangen habe, als er die SS-Uniform anzog, und einer Schuld, »eine in vielen Fällen tragische, jedenfalls aber sehr ungewisse Schuld, über deren Ort in der Hierarchie des Geistes sich die streitenden Parteien nicht einigen wollen«.[157] Welche Instanz hatte die Schuld als tragische, sehr ungewisse Schuld qualifiziert? Die Akademie der Künste in Westberlin hatte jedenfalls mit »Bestürzung« registriert, dass Mascha Kaléko, die, als Dichterin aus ihrem New Yorker Exil kommend, schon auf dem Weg ins zweite Exil in Jerusalem, Anfang 1959 ihre Kandidatur für den Fontane-Preis zurückgezogen hatte, deren Jury auch Holthusen angehörte. Die Akademie tat alles, um die »peinliche Angelegenheit« unter der Decke zu halten oder zu vertuschen. Es kam in Berlin zu einer Aussprache mit Mascha Kaléko, die sie ausführlich dokumentierte: »Aber Herrn Holthusen als Schriftsteller soll ja kein Härchen gekrümmt werden. Ich bedauere, daß ich gerade die sein muß, die in dieses Wespennest gestochen hat. Lassen Sie ihn ungeschoren in seiner professionellen Laufbahn. Nur widerstrebt es mir, aus den Händen eines einstigen SS-Mannes einen Preis entgegenzunehmen. So willkommen jedem Autor die damit verbundenen Lorbeeren und die klingende Münze sein mögen, – aus dieser Hand möchte ich sowohl als Autorin als auch als Jüdin nichts entgegennehmen.« Darauf sprang der damalige Generalsekretär der Akademie auf und rief: »Ich bin kein Jude und habe mindestens so viel durchgemacht wie die Juden – Und eine Jugendtorheit wie die SS-Zugehörigkeit kann man doch nicht in alle Ewigkeit ankreiden …«, worauf Mascha Kaléko am Ende festhielt: »Einer Akademie, die nicht einmal auf solche Vorwürfe ihre Haltung bekennt, würde ich nicht einmal als korrespondierendes Mitglied angehören.«[158]

Den Fontane-Preis erhielt schließlich Gregor von Rezzori. Mascha Kalékos Haltung blieb der Öffentlichkeit verborgen und wohl auch Paul Celan, der es aber dennoch 1962 aus ähnlichen Gründen wie sie ablehnte, korrespondierendes Mitglied der Westberliner Akademie der Künste zu werden.

Ergriffenes Dasein

Aber das ist schon ein Ausblick in die Zukunft. In die Anthologie *Ergriffenes Dasein*, die einen Nachdruck nach dem anderen erlebte, nahmen Hans Egon Holthusen und sein Mitherausgeber Friedhelm Kemp in die fünfte Auflage von 1957 Celans »Todesfuge« auf. Schon der Titel *Ergriffenes Dasein* verheißt eine existentialistische Deutung der Lyrik des 20. Jahrhunderts, ganz im Stil der Zeit; neue Themen und Motive seien in der Gegenwart hinzugekommen, notieren die Herausgeber: »die inkommensurablen Erfahrungen der modernen Katastrophenlandschaft, der zweite Krieg, Gefangenschaft, die Unterwelt des politischen Terrors, das soziale und seelische Chaos der Nachkriegszeit, apokalyptische Bewußtseinskrisen, Genrebilder aus dem Leben der heutigen Gesellschaft. Nicht wenige Dichter haben sich um die Erweiterung des lyrischen Vokabulars und um eine Differenzierung und

Potenzierung der metaphorischen Möglichkeiten beträchtliche Verdienste erworben. Aber ein ganz neues, auf die Situation von 1920 nicht mehr bezogenes Muster ist nirgends zu finden; auch wo die surrealistische Manier mit Glück gemeistert wird, wie bei dem jungen Paul Celan, da werden poetische Möglichkeiten genutzt, die schon vor dreißig Jahren gestiftet worden sind.«[159] Celan also würde aus dem Fundus der 1920er Jahre schöpfen. Aber ist die »Todesfuge« als surrealistische »Manier« überhaupt zu verstehen? Und wie verhalten sich »poetische Möglichkeiten« zu historischen Erfahrungen?

Celans frühe Kritiker waren selber Lyriker, de Haas, Krolow, Holthusen oder Autoren wie Schroers und Schallück. Sie wollten und mussten sich immer auch selbst als Schreibende behaupten. Diese Haltung bestimmt das Verständnis des Gedichts, die Suche nach literarischen Einflüssen, eine immanente Deutung, die auf Formen, Motive, Metaphern und Bilder achtet, aber kaum je – und das sticht ins Auge – nach den Entstehungsbedingungen des Gedichts fragt. Die Kritik der frühen 1950er Jahre war weitgehend, wenn nicht ausschließlich von der Werkimmanenz bestimmt, einer Deutung des sprachlichen Kunstwerks als solchen. Die zeitgenössische Dichtung sah darin wie die Germanistik jener Zeit ihr Credo, und es wäre eine eigene Frage, ob die deutschsprachige Lyrik zu jener Zeit nicht gerade nach diesen Erkenntnisgrundsätzen geschrieben wurde. Und noch etwas lässt sich daraus folgern: Dichter lasen und bewerteten die »Todesfuge«, kein einziger Historiker, keine Historikerin. Bis heute nicht.

Gemessen daran setzte Holthusen einen anderen, eigenen Akzent. Mit ihm begann eine Kanonisierung der »Todesfuge«, Celan sollte später sagen, sie sei »lesebuchreif gedroschen« worden. Die 1950er wie 1960er Jahre waren voll von Anthologien, die Einordnung, Übersicht, Rang und Erklärung versprachen, das, was man landläufig Kanon nennt. So erschien die »Todesfuge« einige Jahre später in Erwin de Haars Anthologie *Im Zeichen der Hoffnung* (1961), in einer Anthologie von Horst Bingel, in Hermann Kestens *Europa heute – Prosa und Poesie seit 1945* – »Bitte geben Sie Herrn Kesten die ›Todesfuge‹«, schreibt Celan am 5. April 1962 an seinen Verlag – und schließlich in einer »Auswahl für die höheren Schulen« unter dem Titel *Kadenz der Zeit*. In diesem Schulbuch gehört Celans Gedicht in den ersten Teil »Der Bogen des Unheils«, abgedruckt zwischen August Stramms »Patrouille« aus dem Jahr 1914 und Marie Luise Kaschnitz' Gedicht »Hiroshima«. Weitere Gedichte von ihm sind abgedruckt, »Sprachgitter«, »Stilleben«, »Die Krüge«, »Heimkehr«. Und zwei Gedichte von Hans Egon Holthusen, »Klage um den Bruder« und »Acht Variationen über Zeit und Tod«.

Mohn und Gedächtnis erlebte nach einigen Monaten eine zweite Auflage, und zwei Jahre darauf erschien der zweite Gedichtband von Celan bei der DVA *Von Schwelle zu Schwelle*. Im Weihnachtskatalog 1955 des Verlags erscheint der Band angekündigt neben Ina Seidels *Das unverwesliche Erbe* und *Die Fahrt in den Abend*, einem Band von José Ortega y Gasset und einem von André Gide und Gerhard Ritters Biographie über Carl Goerdeler (im Jahr zuvor hatte sich das Attentat auf Hitler zum zehnten Mal gejährt). Seine beiden Ansprechpartner im Verlag verlor Celan indes rasch; Helmut Dingeldey und Willi Koch war im Mai 1953 gekündigt worden.

Nach der Rückkehr aus Stuttgart schreibt Celan im April 1954 an Hanne und Hermann Lenz, er sei wieder wohlbehalten zurück, »nichts Böses hat sich zugetragen«, der immer noch Staatenlose habe, vermutlich spielt er darauf an, die Grenze unversehrt überschritten, er sei »also wieder daheim«. Celan fällt sich selber ins Wort: »– nein, nicht daheim, vielmehr hier in Paris, hier schlechthin, hier, wo ich nun zu leben gewohnt bin.«[160]

New York um 1955

New York 1955

Die »Todesfuge« erreichte früh den Kontinent, den ihr Autor nie betrat: Amerika. »Black milk of the dawn we drink it evenings / we drink it noon and morning we drink it nights / we drink and drink …«, beginnt das Gedicht, das der *Commentary* am 1. Januar 1955 in englischer Übersetzung herausbrachte, dicht gefolgt von einer Übertragung durch Michael Bullock in *The Jewish Quarterly* im Frühjahr des gleichen Jahres, mit einem geänderten Titel: »Fugue of Death«.[161]

Das American Jewish Committee hatte das Magazin 1945 in New York ins Leben gerufen. Während es in den letzten Jahrzehnten in seiner Grundausrichtung dezidiert konservativ bzw. neokonservativ geworden ist, war es 1955, noch unter der Leitung seines Gründers Eliot Cohen, in seinen Deutungen wie politischen Kommentaren eher liberal. Damals schrieben erlauchte Geister wie Hannah Arendt, Thomas Mann, James Baldwin, Norman Mailer, Philip Roth für die Zeitschrift – und Paul Celan. »Dieses Gedicht über Leben im Tod und Tod im Leben in einem Konzentrationslager kam einer Sensation in deutschen literarischen Kreisen gleich, als es zuerst gedruckt erschien. Sein jüdischer Autor, Paul Celan, wurde 1912 [sic!] in Czernowitz geboren, heute Rumänien, als es noch zum österreichisch-habsburgischen Kaiserreich gehörte. Deutsch ist seine Muttersprache. Er selbst ist Überlebender der Konzentrationslager und lebt seit 1945 in Paris«, erläutert der *Com-*

mentary einigermaßen fehlerhaft. Weder das Geburtsjahr stimmt noch das Jahr, in dem Celan nach Paris kam, und er hatte – wie wir wissen – nicht Konzentrationslager überlebt, sondern Arbeitslager. So hatte man Celans Geburtsjahr noch mehr in die Habsburgermonarchie verlegt, als deren Spross er sich tatsächlich verstand. Und es folgt ein Zitat aus Holthusens Beitrag im *Merkur* vom vorangegangenen Jahr, um amerikanischen Lesern den neuen Autor nahezubringen: »A lonely poet – entirely aloof it would seem from the latest forces at work in contemporary German lyric verse – has written one of the most magnificient for our time that we possess.«[162] Wir wissen nicht, wie der Abdruck der »Todesfuge« auf Englisch zustande kam, dürfen aber vermuten, dass Holthusen sich dafür einsetzte. Er hatte sehr gute Beziehungen in die USA.

In den USA wird die erste Veröffentlichung des bis dahin ganz unbekannten Dichters politisch verstanden: Der Abdruck der »Death Fugue« im *Commentary* folgt auf eine Analyse der strategischen Sicherheit der Vereinigten Staaten nach dem Korea-Krieg, eines der bestimmenden außenpolitischen Themen jener Zeit in den USA wie in Europa. Clement Greenberg, damals der federführende Kunstkritiker der USA, hatte das Gedicht übersetzt. 1909 in New York geboren, entwickelte er einen Begriff der modernen Kunst und ihrer Autonomie, des abstrakten Expressionismus, setzte Jackson Pollock durch und war ein viel gefragter Essayist. In den USA war es eben kein Schriftsteller oder renommierter Übersetzer, sondern ein Mann der bildenden Kunst, der Celans »Todesfuge« ins Englische übertragen hatte, und der Ort ihrer Veröffentlichung dort war ein politisches Periodikum. So wurde für die Rezeption des Gedichts in Amerika ein ganz anderer Akzent gesetzt als in Europa und erst recht in Deutschland.

Die literarische Übersetzung ließ nicht lange auf sich warten. Drei Jahre später übertrug Jerome Rothenberg die »Todesfuge« ins Englische, er wusste nichts von Greenbergs

Übersetzung, wie er sich 1983 erinnert, und hatte das Gefühl, er sei der Erste, der dies täte. Er stellte eine Anthologie von *New Young German Poets* zusammen, die im Jahr darauf mit Gedichten von Karl Krolow, Ingeborg Bachmann, Walter Höllerer, Hans Magnus Enzensberger, Helmut Heißenbüttel und anderen in San Francisco erschien. Rothenberg begann seine Autorenkarriere nicht mit einem eigenen Werk, sondern als Übersetzer zeitgenössischer deutschsprachiger Lyrik. 1931 in New York als Kind polnisch-jüdischer Eltern geboren, wuchs er in Brooklyn in einer jiddischen Sprachwelt auf. Er begann ein Literaturstudium am City College. 1953 ging er als US-Soldat nach Mainz, damals eines der Hauptquartiere der amerikanischen Armee. Dort lernte der junge Besatzungssoldat Deutsch und entdeckte die moderne Lyrik des Landes und Celans ersten Gedichtband. Einige Jahre später übersetzte er die »Todesfuge« und gab ihr den Titel »A Death Fugue«, während die erste Übersetzung drei Jahre zuvor korrekterweise auf den unbestimmten Artikel verzichtete. »Black milk of morning we drink you at dusktime / we drink you at noontime and dawntime we drink you at night / we drink and drink …«, so beginnt Rothenberg seine Übertragung und setzt im Fortgang ganz eigene Akzente: »der schreibt wenn es dunkelt nach Deutschland dein goldenes Haar Margarete« übersetzt er: »who writes when it's nightfall *nach Deutschland* your golden hair Margareta«, während es bei Greenberg heißt: »who writes at dusk to Germany your golden hair Margarete«. »Er ruft spielt süßer den Tod der Tod ist ein Meister aus Deutschland« war bei Greenberg zu »He cries plays death sweeter death is a master from Germany« geworden, was sich fast schulbuchmäßig gegen die Fassung Rothenbergs drei Jahre später ausnimmt: »He calls play that death thing more sweetly Death is a gang-boss *aus Deutschland*«, eine Variante, die zupackender, unmittelbarer ist. Und während Greenberg die Nähe des Originals sucht und »er spielt mit den Schlangen« mit »he plays with the snakes« übersetzt, aber in derselben Zeile Celans »träumet« weglässt, heißt es bei Rothenberg »he cultivates snakes«, er spielt nicht mehr mit ihnen; er züchtet sie, und es heißt weiter: »he dreams Death is a gang-boss *aus Deutschland*«. Beide Übersetzungen akzentuieren anders, der »master« ist dem »Meister« des Originals näher, während der spätere »gang-boss« den Akzent auf das Verbrechen legt und das Herkunftsland auf Deutsch benennt, für amerikanische Leser im Jahr 1958 keine Selbstverständlichkeit. Zwischen beiden Übertragungen liegen nur wenige Jahre, und doch zeigt der Vergleich, wie sehr der junge Rothenberg seine Erfahrung aus dem Nachkriegsdeutschland in seiner Übersetzung zur Geltung bringt.

Im Café

Die Beschäftigung mit Celan ließ Jerome Rothenberg nicht mehr los. Er wechselt mit ihm ein, zwei Briefe[163] und begegnet ihm Jahre später in Paris persönlich. In einem Café nahe der École normale supérieure unterhalten die beiden sich einige Stunden lang, Rothenberg in seinem zwar erlernten, aber eher holprigen Deutsch, Celan auf Deutsch und in gebrochenem Englisch, leise, nervös. Der neun Jahre Ältere erscheint dem New Yorker in Paris ganz anders als die amerikanischen Dichter jener Zeit, »sogar (darf ich es sagen?) eintönig«.[164] Sie sprechen über Amerika und Celans Wunsch, es kennenzulernen und Verwandte in Chicago zu besuchen. Celan ist nicht bewusst, welche Aufmerksamkeit und Anerkennung ihm in den USA zuteil wird. Am meisten diskutieren sie über das »Jewish thing«, auf beiden Seiten ambivalenter, als es Rothenberg im Nachhinein zu rekonstruieren vermag. Celan ist in Sorge und fragt sich und auch seinen Gast aus New York, ob seine Übersetzer unter den englischsprachigen Dichtern jener Zeit diese »Jewishness« verstehen würden, ein Judentum, das eng mit der Sprache verbunden ist. Beim Verlassen des Cafés erkundigt sich Rothenberg bei Celan, ob er Jiddisch spreche. Dieser hatte es als Kind nicht gelernt, wohl aber später in den 1940er Jahren, in den Lagern außerhalb von Czernowitz. Rothenberg hingegen war bis zu seinem dritten, vierten Lebensjahr ausschließlich auf Jiddisch aufgewachsen.[165] In einem posthumen Brief an Celan, verfasst im Dezember 1975 und »in memory«, kommt Rothenberg darauf zurück: »Paris / nineteen sixty seven / in cold light of / our meeting / shivered to dumbness / you said ›jew‹ / & I said ›jew‹ / though neither / spoke / the jew words / jew tongue / neither the mother language / *loshen* …«, das jiddische Wort für Sprache. Ein langes Gedicht zu einer kurzen Begegnung. Beide hatten einander nicht wiedergesehen.

Rothenberg wird Celan die frühen Gedichte seines Bandes *Poland/1931* widmen, die er 1967/68, bald nach dem Zusammentreffen beider, schrieb. Eine poetische Selbsterkundung des Landes seiner Vorfahren in seinem Geburtsjahr. Er schrieb diese Gedichte, ohne den Ort zu kennen, ja es scheint, als sei das eine Voraussetzung für das Niederschreiben selber gewesen zu sein. Erst 1987 fuhr er mit dem Auto von Deutschland aus in das Städtchen Ostrów Mazowiecka, 90 Kilometer nordöstlich von Warschau, von wo aus seine Eltern in den 1920er Jahren in die Neue Welt aufbrachen und nach Brooklyn gelangten. Von dort aus reiste er ins nicht weit entfernte Treblinka und nach Auschwitz auf den Spuren seiner Angehörigen. Zwei Jahre später veröffentlicht er Gedichte unter dem Titel *Khurbn* und erklärt das Projekt im Vorwort:

> *Es war nicht zum ersten Mal, dass ich in der Poesie die Sprache der Toten erkannte, doch noch nie mit einer derartigen Wucht. Angehörige meiner Familie waren gestorben, ohne eine Spur zu hinterlassen – mit einer Ausnahme: Ein Onkel, der*

mit einer Gruppe jüdischer Partisanen in die Wälder gegangen war, & der, als er hörte, dass Frau & Kinder in Treblinka ermordet worden waren, sich in einem verlassenen Keller bis zur Besinnungslosigkeit betrank & eine Kugel in den Kopf jagte. So zumindest erreichte die Geschichte uns, lange bevor ich überhaupt ein Wort wie Holocaust zu hören bekam. Es war ein Wort, mit dem ich mich nie wohl gefühlt habe: zu christlich & zu schön, schmeckte es zu sehr nach ›einem Brandopfer‹, was für mich immer schleierhaft geblieben ist. Das Wort, mit dem wir darüber sprachen, war das jiddisch-hebräische Khurbn (Khurban) & es war dieses Wort, das mich die ganze Zeit bei unserem Polenaufenthalt begleiten sollte.[166]

Tatsächlich fand der Begriff »Holocaust« erst durch die gleichnamige amerikanische Fernsehserie 1978 Verbreitung und »Shoah« einige Jahre später durch Claude Lanzmanns großen Film. Das Wort »Khurbn« dagegen ist ungleich älter. Es geht auf das Zerstören des Jerusalemer Tempels (586 v. u. Z., 70 d. Z.) zurück und taucht im Kontext mit den heraufziehenden Gräuel der nationalsozialistischen Verfolgung und schließlich der Vernichtung schon im März 1941 in jiddischen Zeitschriften in Amerika auf. Während die englischsprachigen Medien vor allem in den USA erst nach 1945 ausführlicher Notiz von der Vernichtung des europäischen Judentums nahmen, war die jiddische Presse – und ihr nachfolgend auch die jiddische Literatur – viel aufmerksamer[167] und vermochte einen Begriff zu schaffen. Und ebendiesen hat der heranwachsende Jerome in New York gehört, als die Großmutter ihre Toten beweinte; »das Kinderwort (bei dem sich mir noch heute etwas in Kehle und Bauch zusammenschnürt) [ist] das Wort *Khurbn* (*Khirbn* im Dialekt meiner Herkunft).«[168] Rothenberg – der zweite, aber immer noch frühe Übersetzer der »Todesfuge« – schuf sein Werk aus der frühen Begegnung mit diesem Wort wie mit diesem Gedicht und mit Celans Lyrik überhaupt. Es ist eine poetische Erkundung des »Khurbn«, der Wörter, die die Ermordung der Juden benennen: »*Khurbn* war das Wort, das ich dafür kannte: ein Wort mit einer Geschichte, doch ohne falsche Nobilitierung. Schlicht und einfach Katastrophe. Nichts, das man neben dem Wort noch erklären müsste. Kein Opfertod, über den man grübeln musste. Und keine Bedeutung.«[169]

Die Frage nach der Bezeichnung, der unendlich erschwerten, unzureichenden, erst noch zu suchenden und letztlich nicht zu findenden Zeichengebung für das, was in der Zeit des Nationalsozialismus geschehen ist, setzt Rothenbergs Schreiben erst frei. So entsteht eine Lyrik, die historische Reflexion in sich aufnimmt, das heißt Bücher, Zeugnisse wie Salmen Gradowskis *Die Zertrennung. Aufzeichnungen eines Mitglieds des Sonderkommandos in Auschwitz*.[170] Darum sind in Rothenbergs Büchern die Vor- wie Nachworte wichtiger als sonst, sie öffnen Reflexionsräume und schaffen in eins damit neue Formen, Bilder, Motive der Darstellung. So tauchen in *Khurbn* die »Dibbukim« auf, eine vor allem chassidische Vorstellung von Seelen der Verstorbenen, die in einen anderen Körper oder Gegenstand einfahren, ihn besetzen, in Unruhe halten: »die Geister der Toten Lichter / es flackert (sagte er) ihr Ruach / wird die Erde nie loslassen / dafür bevölkern sie die Wälder die Felder / um die Latrinen die glücklosen Geister / warten Millionen Seelen / Spuk geworden auf einen Schlag / ist die Luft erfüllt mit ihnen …«[171] *Ruach* ist das alte hebräische Wort für »Wind«, »Atem«, »Geist«, dem Rothenberg eine neue Wendung gibt. Der »Ruach« der Millionen Ermordeter werde die Welt der Nachlebenden in Unruhe versetzen, sie nicht zur Ruhe kommen lassen und immer wieder aufstören. Unruhe ist das Schlüsselwort von Rothenbergs Poetik. Es habe bei vielen der amerikanischen, genauer: der amerikanisch-jüdischen, Autoren einen Widerwillen gegeben, »mit der Stimme derjenigen zu sprechen, die gelitten hatten, unsere eigenen Gefühle auf eine Weise zur Schau zu stellen, die den Schrecken dieser Zeit und dieser Orte überschatten könnte. Das machte es notwendig, außerhalb des Ganzen zu sprechen, wenn wir überhaupt sprechen wollten.«[172]

Und der deutschen Diskussion gibt der New Yorker Dichter eine neue Wendung: Adorno habe in seinem Satz, es sei barbarisch, nach Auschwitz ein Gedicht zu schreiben, ganz auf das konventionelle Gedicht gesetzt. »Eine andere Poesie wurde für unsere Art zu sprechen entscheidend: unsere menschlichste / menschenwürdigste Handlung.« Dafür gebe es zwei Wege: »sich auf einen neuen jüdischen Nationalismus einzulassen, als Antwort auf die Bedrohung einer speziellen Seinsordnung, oder das Erbe von Auschwitz aufzugreifen und wie einen Ruf zur Wachsamkeit zu verstehen, gegen jede Art von Chauvinismus und Rassismus (selbst wenn sie von Juden ausgingen). (Ich schließe die dritte Möglichkeit der Lossagung aus, die Indifferenz.) Fast jeder, den ich kenne, wählte den zweiten Weg, sich mit anderen zu treffen, die ebenso sehr von der Zeit umgetrieben wurden, und den Zeiten, die noch kommen sollten. Das Jüdische wirkte unterschwellig fort – oder es regte sich im *Inneren* der Worte. Eine Zeugenschaft in Stille.« Rothenberg machte sich auf, die Spuren seiner eigenen Vorfahren zu erforschen, und geriet dabei in eine mythische, phantastische Welt, in der er sich, überraschend genug, zuhause fühlte.[173]

»Todesfuge« im Film

Wir sind weit abgekommen von der Übersetzung der »Todesfuge« im New York der 1950er Jahre. Doch das eine schreibt das andere fort. Als die »Death Fugue« im *Commentary* erscheint und Jerome Rothenberg gerade als Soldat in Mainz stationiert ist, überträgt Celan Alain Resnais' »Nuit et brouillard«, »Nacht und Nebel«, mit dem Text von Jean Cayrol ins Deutsche. Es ist einer der ersten Dokumentarfilme über den Völkermord in den deutschen Konzentrationslagern. Als Vorlage diente das 1954 in Paris erschienene Buch über die *Tragödie der Deportation 1940–1945 mit Zeugnissen von Überlebenden der deutschen Konzentrationslagern*. Sicher hat aber auch das schon erwähnte Buch *L'Univers concentrationnaire* von David Rousset aus dem Jahr 1946 den Film beeinflusst. Es ist einer der ersten Versuche, das »KZ-Universum« in seiner Totalität, in seinem Funktionskreislauf als ein geschlossenes Universum zu beschreiben. Und es hatte nach den Konsequenzen für die Überlebenden gefragt, einer Perspektive, der auch der Film Platz einräumt: »Sind Sie befreit? / Wird das Leben, wird der Alltag sie wiedererkennen?« (GW IV, S. 97), heißt es dort.

Dass Alain Resnais Jean Cayrol ausgewählt hatte, an dem Film mitzuarbeiten, war kein Zufall. Der Schriftsteller war als Häftling in Mauthausen gewesen und kannte Konzentrationslager von innen. Celan wiederum arbeitete seit dem Frühjahr 1955 an der Übersetzung von Cayrols Buch *L'Espace d'une nuit*, das sechs Jahre später auf Deutsch erschien.

Der Text zum Film zeichnet sich durch lakonische Verknappung aus. »Nacht und Nebel« ist ein Rundgang durch das KZ-Universum, die Bilder werden von einer mitlaufenden Stimme begleitet: »Auch ruhiges Land, / auch ein Feld darüber mit ein paar Raben drüber, mit Getreidehaufen und Erntefeuern, / auch eine Straße für Fuhrwerke, Bauern und Liebespaare, / auch ein kleiner Ferienort mit Jahrmarkt und Kirchturm / kann zu einem Konzentrationslager hinführen.« (GW IV, S. 77) Ein Konzentrationslager werde gebaut wie ein Stadion oder ein großes Hotel. Man brauche dazu Unternehmer, Kostenvoranschläge, auch Bestechungsgelder.

Der Titel des Films »Nacht und Nebel« geht auf die Urszene aller Deportationen zurück. Sie erfolgen bei Nacht und Nebel:

Die Züge sind vollgepfercht, verriegelt, / hundert Verschleppte pro Waggon, / kein Tag, keine Nacht, Hunger, Durst, Wahnsinn, Ersticken / Eine Botschaft – manchmal wird sie aufgelesen. Der Tod hält seine erste Auslese. / Eine zweite folgt am Bestimmungsort, bei Nacht und Nebel.
(GW IV, S. 79)

Und auch Bernanos' trauriges Fazit von 1948 kommt zum Tragen:

»Ich bin nicht schuld«, sagt der Kapo.
»Ich bin nicht schuld«, sagt der Offizier.
»Ich bin nicht schuld.«
Wer also ist schuld?
(GW IV, S. 97)

Der Film sorgt für Aufsehen, findet Zuspruch und weckt Neugier und wird doch im April 1956 von den Filmfestspielen in Cannes ausgeschlossen. Der deutsche Botschafter hatte Bedenken gegen die Aufführung angemeldet. In Cannes treten die Mitglieder des Auswahlkomitees zurück, Jean Cayrol protestiert scharf dagegen, dass der Film nicht im Wettbewerb gezeigt werde. Schließlich kann man den Film außer Konkurrenz bis Ende April 1956 in der französischen Filmmetropole sehen. Er findet mehr und mehr Zuschauende.

Am 18. April 1956 stellt die Abgeordnete Annemarie Renger im Deutschen Bundestag (SPD) der Bundesregierung folgende Frage:

Trifft es zu, dass die Bundesregierung über den Botschafter in Paris bei dem Organisationskomitee der Canner Festspiele wegen der Absetzung des französischen Dokumentarfilms »Nacht und Nebel«, der die nationalsozialistischen Verbrechen in den Konzentrationslagern anklagt, Schritte unternommen hat? Welche Gründe haben die Bundesregierung zu dieser Intervention bewogen?[174]

Für Kultur war damals das Bundesinnenministerium zuständig. Der Staatssekretär des Hauses Hans Ritter von Lex räumt die Demarche des deutschen Botschafters in Paris ein. Cannes sei nicht der »rechte Ort« für die Aufführung des Films, weil er »nur allzu leicht dazu beitragen kann, den durch die nationalsozialistischen Verbrechen erzeugten Haß gegen das Deutsche [!] Volk in seiner Gesamtheit wieder zu beleben«.[175]

Die außenpolitische Entgleisung der Bundesregierung sollte wohl innenpolitisch wiedergutgemacht werden. Im Juli 1956 erklärte die Bundesregierung nämlich, sie werde die Übersetzung des Filmtextes von »Nuit et brouillard« ins Deutsche finanzieren. Die Bundeszentrale für Heimatdienst – die heutige Bundeszentrale für politische Bildung – würde den synchronisierten Film in hundert Kopien kostenlos zur Verfügung stellen. So gelangten Celans »Todesfuge« und seine Übersetzung des Filmtextes fast zeitgleich in deutsche Schulen, wenn sie ihn denn in ihren Unterricht aufnahmen und nicht dem Beispiel des deutschen Botschafters in Paris folgten.

In New York überträgt später Joachim Neugroschel die »Todesfuge« erneut ins Englische, »ein wirklich guter Übersetzer«, wie Celan 1969 Helene Ritzerfeld vom Suhrkamp Verlag schreiben wird (Briefe, S. 846). Neugroschel, 1938 in Wien geboren, entstammte einer galizischen Familie, der Vater war der jiddische Dichter Mendel Naygreshl, nach der Emigration – die Familie emigrierte 1939 aus dem nationalsozialistischen Österreich nach Brasilien und gelangte von dort nach New York – nannte er sich Max Neugröschel. Nach dem Studium an der Columbia University lebte Joachim Neugroschel in Paris und in Berlin, kehrte nach New York zurück, übersetzte Kafka, Hesse, Thomas Mann aus dem Deutschen, Tschechow aus dem Russischen, Marcel Proust aus dem Französischen, übertrug Werke von Salomon An-Ski, Schalom Asch und Isaac Bashevis Singer ins Englische. Über Jahre hatte er die Sprache seiner Vorfahren erlernt.

Creative Berlin

Anfang der 1960er Jahre stellte er im Literarischen Colloquium Berlin eigene Texte vor, in einer Konstellation, die an die Zusammenkunft der Gruppe 47 rund zehn Jahre zuvor in Niendorf erinnert. Es war eine Art Creative-Writing-Kurs. Dessen Leiter Günter Grass sagt über den Text, den Neugroschel vorgetragen hatte: »Neugroschel hat noch nicht das Niveau erreicht, um hier kritisiert zu werden.« Er übergab den weiteren Verriss an den anwesenden Hubert Fichte, der sich seiner Erinnerung nach darauf stürzte, aber eben dafür später so schämte, dass er Jahre danach um die ganze Szene herum ein Buch schreibt: *Die zweite Schuld oder Abbitte an Joachim Neugröschel*. Als Grass den Saal verlassen und an Fichte übergeben hatte, sagte Hans Christoph Buch: »Das war ein Judenmord.«[176] »Das war ein Schwulenmord«, ergänzt Hubert Fichte. Joachim Neugroschel war homosexuell.

1978 führt Fichte ein Gespräch mit dem damals gerade 40-jährigen Joachim Neugroschel in New York, eine Reportage über sein Leben und seine Arbeit in New York, wo er 2011 starb, vor allem aber auch eine Rückschau auf dessen Jahre in Europa.

Celan hatte Neugroschel gebeten, eine Auswahl seiner Gedichte ins Englische zu übersetzen. »Als wir an dem Buch gearbeitet haben, ist Celan gestorben. Ich wurde dann vor ein großes Problem gestellt. Sollte ich einfach eine eigene Auswahl machen oder sollte ich mich an Celans Wünsche halten. Ich fühlte mich unter einem moralischen Druck und habe mich dann an Celans Auswahl gehalten. Obwohl mir schon damals seine frühen Gedichte als etwas kitschig und nicht reif genug vorkamen. Heute würde ich eine völlig andere Auswahl vornehmen.« Von Berlin aus fuhr Neugroschel einige Male nach Paris, um Celan zu treffen. »Ich kam sehr gut mit ihm aus, obwohl ich vorher über ihn allerlei Schauergeschichten gehört hatte. Daß er sehr kalt und unfreundlich ist. Er hat mich sehr freundlich empfangen und war auch sehr ermutigend und ... Ich glaube, daß alle unsere Fremdsprachen dieselben waren. Vielleicht deswegen. Mit Celan ging eine Epoche der deutschen romantischen Lyrik zuende. Es hat fast keine Epigonen von Celan gegeben.«[177]

Celan in New York. Einen Moment dürfen wir uns vorstellen, er hätte den Kontinent betreten, sagen wir in den späten 1950er oder den frühen 1960er Jahren, ihm wären Aufmerksamkeit und Achtung zuteil geworden, vor allem aber hätte er eine ganz eigene originelle Rezeption seines Werks erlebt: Greenbergs Verbindung zur modernen Kunst, die schon einen Weg weist in die vielfältigen künstlerischen Adaptionen der »Todesfuge«, oder Rothenbergs unruhige Suche nach seinen Wurzeln im Osten Europas 1931, Neugroschels Sprachkosmos, den er teilte, oder, in London, Michael Hamburgers Übersetzung seiner Gedichte, die historische Referenzen durchs Englische neu erschließen.

Die lebhafte angelsächsische Rezeption dauert bis heute an. 2014 erschien in New York eine große Auswahl von Celans später Dichtung, von Pierre Joris übersetzt und kommentiert. Ohne die »Todesfuge«, die zum Frühwerk gehört. Sie kam, noch einmal variiert, 1974 in Joachim Neugroschels Auswahl *Speech-Grille*, Sprachgitter, heraus. Die Zeile »wir schaufeln ein Grab in den Lüften da liegt man nicht eng« übersetzt er: »we are digging a grave in the air there's room for all of us«.[178]

Aus dem »man« wurde »all of us«.

Deutsche Schulklasse in den 1950er Jahren

Scheveningen 1957

Im Frühsommer 1957 schreibt ein junger Musiker aus dem holländischen Badeort Scheveningen nach Paris: »Ich bin Ihnen unbekannt und möchte mich zuerst vorstellen: ich bin Musiker (Komponist), 33 Jahre alt und tätig als Musikkritiker und Lehrer. Sie kenne ich aus Ihren Gedichten ›Mohn und Gedächtnis‹, die zugleich Anlass zu diesem Brief bilden.«[179]

Seinem Schreiben legt er ein mehrseitiges Konzept mit dem Titel »Psalm 1943« bei, das ein Oratorium für Solisten, Chöre und Orchester entwirft. Es ist eine musikalische Umsetzung von Celans Gedicht: »Nachdem ich Ihr Gedicht ›Todesfuge‹ – das mich zutiefst beeindruckt hat und fast genau der gedanklichen Atmosphäre, die ich mir vorstelle entspricht – gelesen hatte, fasste ich den Entschluss Ihnen zu schreiben und Sie zur Zusammenarbeit einzuladen. Wenn Sie sich im kreativen Sinne von meinem Plan angezogen fühlten würde ich mich außerordentlich freuen.« Und er fügt in seinem Brief hinzu: »Es möchte Ihnen vielleicht wunderlich erscheinen, dass ich als Holländer in dieser Angelegenheit gerade die Zusammenarbeit mit einem deutschen Dichter suche.«[180]

Im Februar 1957 hatte Jaap Geraedts das Buch *Het Derde Rijk en de Joden* gelesen, die niederländische Fassung von *Das Dritte Reich und die Juden*, das Joseph Wulf gemeinsam mit Léon Poliakov 1955 in Berlin herausgebracht hatte, das erste und umfassende Werk über die Verfolgung und Ermordung der Juden durch die Nationalsozialisten, eine Dokumentation und Sammlung verstreuter Quellen. Die niederländische Ausgabe enthielt, anders als das deutschsprachige Original, die »Fuga van de dood« in der Übersetzung von A. Marja. Es war die erste Übersetzung eines Gedichts von Celan ins Niederländische und nur für diesen Anlass angefertigt. Erst fünf Jahre später wird Marja in Den Haag eine Anthologie der zeitgenössischen deutschen Dichtung auch mit der »Todesfuge« herausbringen.

Geraedts entwickelt seinen »Psalm 1943« als »Grund-Idee eines geistlichen Liedes und feierlichen Gesanges, jedoch die Andeutungen und Reflexionen bezüglich des beispiellosen Versuches zur Verhöhnung, Verfolgung und Vernichtung des jüdischen Volkes in den Jahren 1933-45 aufnehmend«. Es ist eine Synthese geistlicher Texte, zumal der Psalmen, und der Berichte über die Verfolgung und Ermordung von Juden in der Zeit des Dritten Reichs, wie in Joseph Wulfs und Léon Poliakovs Buch in drei vokalen Dimensionen: Solostimmen, Madrigalchor und großer Chor.[181] Ein nicht nur stimmlich groß angelegtes, ambitioniertes Projekt.

Späte Antwort

Celan reagiert erst Wochen später, aber mit der Liebenswürdigkeit und der Genauigkeit, die ihn als Briefschreiber auszeichneten. Das Anliegen seines neuen Korrespondenzpartners verdiene es, »mit allem Lebensernst aufgenommen zu werden«. Es stelle indes Ansprüche an seine Konzentrationsfähigkeit, denen er, zumindest im Augenblick, nicht gewachsen sei:

Verstehen Sie mich bitte recht: nicht daß ich dieses Anliegen, vom Thematischen her, nicht ernst zu nehmen gesonnen wäre – im Gegenteil: auch mich beschäftigt dasselbe wie Sie, und die Erlebnisse und Erfahrungen der letzten Zeit haben gewiß nicht dazu beigetragen, mir all das zu entrücken. Wenn ich meine Einstellung kurz charakterisieren darf: für mich bleiben diese Dinge, auch heute noch, in ein Dunkel getaucht, tiefer als man es gemeinhin wahrhaben will, ich sehe, wenn ich ehrlich sein soll, keinerlei ›Silberstreifen‹ am Horizont, Besinnung und Umkehr bleiben, wo sie überhaupt noch angesprochen werden, papierene Wirklichkeit, Vokabel, und dies selbst im Lager derjenigen, die gewillt scheinen, das vor kurzen historischen Augenblicken Geschehene im Gedächtnis zu bewahren.
Gewiß, einer solchen Auffassung, ich will es gerne zugeben, wird man ohne weiteres ihre Subjektivität ankreiden können. Daß es jedoch diese Subjektivität gibt, in dieser so kraß zutage tretenden Form, ist nicht ohne Zusammenhang mit den objektiven Tatsachen.
Ich will versuchen, es auch anders zu formulieren: ein Oratorium wie das von Ihnen geplante müßte, für mein Gefühl, zeitlich umfassender (mithin unbegrenzter) gestaltet sein, als man es, auf den ersten Blick, konzipieren mag.
Das Jüdische: es hat – erlauben Sie mir, dem Juden (und Nicht-nur-Juden), es so zu formulieren – eine Ewigkeitsdimension (Und wäre es nur die schier ununterbrochene Untergangsnähe: sie allein würde ausreichen, dies zu bestätigen.)
(Briefe, S. 249 f.)

Celan ist um sein unbekanntes Gegenüber bemüht, doch angesichts dessen Ansinnen skeptisch zugleich. Diese Skepsis hat weniger mit dem Komponisten zu tun als mit dem Dunkel der durchlebten Erfahrung Celans, das noch andauert und das genau genommen nie aufhören wird. Für ihn wird sich auch später nicht ein Silberstreifen am Horizont abzeichnen, der Umkehr und Einsicht, auch Verantwortung verheißen würde. Celan sieht das Jahr 1943, als die Ermordung der europäischen Juden ihren Kulminationspunkt erreicht hatte, und damit auch die »Todesfuge« in einem weiteren historischen Zusammenhang von Entrechtung und Verfolgung.

Am 18. August 1957 antwortet Geraedts in einem ausführlichen Brief, in glänzendem Deutsch verfasst, in dem er »so etwas wie ein religiöses Erlebnis« anmahnt, auch wenn es bei ihm »nur eine schwache Insel im Zweifelsmeer« sei.[182] Das religiöse Erlebnis war sicher die entscheidende Quelle seiner musikalischen Inspiration, für Celan jedoch ist gerade das ein Grund für seine Bedenken. Sein Briefwerk wie seine Reden sind gänzlich frei von religiösen Bekenntnissen. Anders in seinen Gedichten. Dort findet so etwas wie eine Auseinandersetzung mit der Religion statt, immer im Modus des Fragens, Andeutens, Zweifelns. Vielleicht darf man darin die Quintessenz von Celans Werk sehen.

Im März 1958 treffen Celan und Geraedts einander auf einem Restaurantschiff am Ufer der Seine. Das geplante Oratorium allerdings wird niemals seine Aufführung erleben. Jaap Geraedts realisiert später in Amsterdam andere große nationale Projekte mit internationaler Ausstrahlung, 1960 »Memento 1945«, ein Orchesterwerk »zur Erinnerung an die im Widerstand Gefallenen«, 2002 ein Chorwerk zur Hochzeit des damaligen niederländischen Kronprinzenpaars.

Und doch ist sein Plan der in Briefen überlieferte Auftakt dafür, wie die »Todesfuge« Musiker zu Kompositionen anregte. »Wir haben erfahren, daß ein Professor der Musikakademie in Detmold – er heißt Keller, seine Mutter ist Jüdin – die ›Todesfuge‹ vertont hat. Leider konnten wir das Opus nicht hören …«, schrieb Hermann Lenz bereits im Juli 1955 an Celan. Wilhelm Keller (1920–2008), dessen Vater Jude, die Mutter Nichtjüdin war und der von 1950 bis 1960 an der Musikhochschule Detmold lehrte und später nach Salzburg ging, hatte die »Todesfuge« für fünf Männerstimmen eingerichtet. Allerdings ging diese Komposition erst Jahre später zusammen mit anderen Gedichten Celans in sein Werk »Carmina Humana« ein.

Und weitere sollten folgen: Tilo Medek vertonte das Gedicht in den 1960er Jahren als Werk für Sopran und 16-stimmigen Chor, Peter Ruzicka schuf 1969/70 die »Todesfuge für Singstimme, Sprecher, Kammerensemble und Tonband«, Harrison Birtwistle schuf nach der englischen Übersetzung der »Todesfuge« von Michael Hamburger und anderen Gedichten »Pulse Shadows. Meditations on Paul Celan for soprano, string quartet and ensemble«, um nur diese Kompositionen zu nennen. Jede dieser musikalischen Adaptionen setzt einen eigenen Akzent, etwa wenn Tzi Avni, 1927 in Saarbrücken geboren, heute einer der führenden Komponisten Israels, die »Todesfuge« für nicht singbar hält und eine instrumentale Version mit der von Celan selbst gelesenen »Todesfuge« mit Musik unterlegt. In seinem Verdikt über das Nicht-Singbare kommt auch etwas über das letzthin Nicht-Darstellbare oder doch zumindest Nicht-ganz-Darstellbare zum Tragen.

Dabei sollte man der Versuchung widerstehen, die »Todesfuge« in ihrem Aufbau, der Wiederaufnahme und Modulation von Motiven, also deren sprachlicher Verfugung, auf einen musikalischen Grundtext zurückzuführen, dessen Deutung sich darin erschöpft. »Mein Gedicht ist nicht nach musikalischen Prinzipien konzipiert; vielmehr habe ich, als dieses Gedicht da war, nicht als unberechtigt empfunden, es ›Todesfuge‹ zu nennen, von dem Tod her, den es – mit den Seinen – zur Sprache zu bringen versucht.«[183]

Eine merkwürdige Koinzidenz von Musik und Didaktik: Im gleichen Jahr 1957, da die musikalische Umsetzung von Celans Gedicht zum ersten Mal versucht wurde, erschien in *Gesellschaft – Staat – Erziehung*, der *Zeitschrift für politische Bildung und Erziehung*, das erste »Unterrichtsbeispiel« über Celans »Todesfuge« von Charlotte Rumpf, einer Gymnasiallehrerin irgendwo in Westdeutschland. Wir dürfen vermuten, dass das Gedicht um diese Zeit, als es in der Anthologie *Ergriffenes Dasein* Aufnahme fand, auch in den Schulunterricht einging. Die Behandlung von Kunstwerken, so schreibt die Lehrerin, die »Vorgänge aus der jüngsten deutschen Geschichte zum Gegenstand haben, die den deutschen Namen verdunkeln und das Gewissen der Mitlebenden noch heute belasten,« sei besonders heikel. » Aber dürfen wir den düsteren, ungeheuerlichen Schatten unserer Vergangenheit ausweichen?« Die Pädagogin wendet sich gegen die Entscheidung der Göttinger Stadtväter, den Film »Nacht und Nebel« Jugendlichen nicht zu zeigen. »Diese zarte Vorsicht« sei erzieherisch nicht zu rechtfertigen, weil man Menschen nicht den Blick in »jene dämonischen Möglichkeiten der Menschennatur« vorenthalten solle zugunsten »der sorgfältig gehüteten Überzeugung von der ursprünglichen Vortrefflichkeit der menschlichen Natur«.[184] Und nach diesen Prämissen berichtet Charlotte Rumpf vom Unterricht in der Abiturklasse eines Realgymnasiums. »Ich ließ lange Zeit zum stillen Einlesen, besonders, da ich beobachtete, daß keiner aufsah, als die einmalige Lektüre beendet sein mußte, sondern alle das Bedürfnis zu haben schienen, sich noch eine Weile in den Text zu vertiefen.«[185] Strophe für Strophe analysieren die Schüler die »Todesfuge« mit ihrer Lehrerin:

> *Dieser von Todesgrauen erfüllten Gruppe der zum Sterben bestimmten Juden tritt »Ein Mann« gegenüber, der »im Haus wohnt« – (in einer gewissen Sicherheit?) –, mit Schlangen spielt, d. h. mit dem Tödlichen, Giftigen auf spielerische Weise umgeht. Die Schlange ist von der Bibel her Inbegriff des Bösen! Derselbe Mann schreibt in der Dämmerung, der traulichen Stunde, in die Heimat »nach Deutschland«, an seine Margarete, schwärmt von »ihrem goldenen Haar«. Zugleich aber geht er mit den Juden wie mit Hunden um: Er pfeift sie herbei. Er zwingt sie, ihr eigenes Grab zu schaufeln und dazu, Gipfel des Sadismus, zum Tanz aufzuspielen. In dem Mann liegen ungeheure Gegensätze beieinander. Er ist weich und zugleich grausam. Ein widersprüchlicher Charakter.*[186]

Die Lehrerin fragt die Schüler: »Empfinden Sie das Gedicht als Anklage?« und trifft auf einmütigen Protest: »Keineswegs. Es liegt im Gegenteil Verzeihen und Versöhnung darüber.« – »Woher mag das rühren, trotz dieses Motivs?«, fragt die Lehrerin. Die Schüler antworten nach einer Weile vorsichtig, das Ganze sei auf eine höhere Ebene gehoben. »Wir dürfen das Gedicht vielleicht als ein sprachliches Denkmal ansehen, das ein Dichter unserer Tage diesen Menschen gesetzt hat. (Einer der Jungen spricht nun das Gedicht noch einmal. Man hört seinem Vortrag an, daß das Gedicht ihn beeindruckt hat. – Die Jungen erbitten sich die Texte. Sie dürfen sie behalten.«[187]

So zeugt dieses frühe Unterrichtsbeispiel von der Einsicht in die historische Realität, was die Literaturkritik jener Zeit so gut wie nicht leistete, und nennt die zum Sterben bestimmten Juden. Darüber zieht sie zugleich wie einen Schutzfilm Verzeihen und Versöhnen, die Losungsworte ebendieser Zeit. Aller Wahrscheinlichkeit nach kannte Celan diesen didaktischen Beitrag aber nicht, wohingegen er alle Kritiken aufmerksam zur Kenntnis nahm.

Bsp. Schüler besser verstanden als Kritiker ?

Engführung

Im März 1959 erschien Celans dritter Gedichtband, *Sprachgitter*, nun im S. Fischer Verlag. Der Dichter hatte die DVA nach Querelen, aber wohl auch nach dem Weggang seiner beiden Gewährsleute verlassen. Dennoch blieb er mit dem Verlag in Verbindung; denn die Rechte an der »Todesfuge« und an seinen ersten beiden Gedichtbänden verblieben in Stuttgart.

Sprachgitter festigte Celans Ruf als herausragender Lyriker der Nachkriegszeit. Die Gedichte dieses schmalsten Bandes von Celan sind formbewusst und motivisch besonders dicht geschrieben, etwa das Auftaktgedicht, »Stimmen«, das dieses Titelwort fünf Mal in ein anderes Bild setzt, »Was zu dir stand / an jedem der Ufer, / es tritt / gemäht in ein anderes Bild« (NKG, S. 91), heißt es in der ersten Strophe, es gibt die »*Jakobsstimme*«, »*Stimmen* im Innern der Arche« und am Schluss:

Keine
Stimme – ein
Spätgeräusch, stundenfremd, deinen
Gedanken geschenkt, hier, endlich
herbeigewacht: ein
Fruchtblatt, augengroß, tief
geritzt; es harzt, will nicht
vernarben.
(NKG, S. 96)

Das Schlussgedicht dieses Bandes, »Engführung«, das längste Gedicht, das Celan je verfasste, entstand über einen Zeitraum von einem Jahr von 1957 bis 1958. Es schreibt sich von der »Todesfuge« her, wenn auch mit anderen poetischen Motiven und Bildern. Schon der Titel greift ein Prinzip der Fuge auf; die Engführung, bei der eine Stimme mit dem Thema einsetzt, bevor es in der vorangehenden zu Ende geführt ist.

*

VERBRACHT ins
Gelände
mit der untrüglichen Spur:

Gras, auseinandergeschrieben. Die Steine, weiß,
mit den Schatten der Halme:
Lies nicht mehr – schau!
Schau nicht mehr – geh!

Geh, deine Stunde
hat keine Schwestern, du bist –
bist zuhause. Ein Rad, langsam,
rollt aus sich selber, die Speichen
klettern,
klettern auf schwärzlichem Feld, die Nacht
braucht keine Sterne, nirgends
fragt es nach dir.
(NKG, S. 117 f.)

*

Nirgends
fragt es nach dir –

Der Ort, wo sie lagen, er hat
Einen Namen – er hat
keinen. Sie lagen nicht dort. Etwas
lag zwischen ihnen. Sie#
sahn nicht hindurch

Sahn nicht, nein,
redeten von
Worten. Keines

erwachte, der
Schlaf
Kam über sie.
*

Kam, kam. Nirgends
fragt es –

(NKG, S. 117)

Der zweite Abschnitt verschränkt sich dann mit einem Motiv des ersten, führt es eng: »Nirgends / fragt es nach dir – «. Schon der Auftakt verrät, was dieser Text beschreibt, »verbracht« ist das deutsche Wort für »deportiert«. Man liest buchstäblich ein Konzentrationslager, betritt sein Gelände »mit der untrüglichen Spur« und bewegt sich in ihm. So greift der Text Motive von »Nacht und Nebel« auf, der »Kugelfang« des siebten Abschnitts zitiert einen Passus aus dem Film: »Der den Blicken verborgene, für Erschießungen eingerichtete Hof von Block elf; die Mauer mit Kugelfang« (GW IV, S. 87), wie das enggeführte »Steigt und / spielt mit –«, auch der »Stern« sich an die »Todesfuge« anschließen, sie anklingen lassen, das frühe Gedicht, in dem das Spiel mit den Schlangen wie das Spiel auf der Geige genau wie die blitzenden Sterne eine zentrale Rolle spielen. Das sind keine einfachen Entsprechungen, aber sie öffnen den Resonanzraum dieses Gedichts zum früheren. »Engführung« erkundet einen Raum »in der Eulenflucht, beim / versteinerten Aussatz, / bei / unsern geflohenen Händen, in / der jüngsten Verwerfung, / überm / Kugelfang an / der verschütteten Mauer« (NKG, S. 121), auf den die »Todesfuge« symbolisch deutete.

»In allen Gesprächen mit Celan hatte man den Eindruck des Unmenschlichen: *da herrschte die bloße und allumfassende Gegenwart*«, so erinnert sich der Literaturhistoriker Hans Mayer, und weiter: »Offenbar war nichts für diesen Mann und Dichter vergangen von allem, was er je erlebte, las, sah oder dachte. In einer literarischen Studie bezeichnete ich einmal das Gedicht *Engführung*, das im Ansatz auf das Leben im Vernichtungslager zurückgeht, als Zurücknahme der berühmten *Todesfuge* durch ihren Dichter.« Und er beschreibt ein Zusammentreffen mit dem Dichter, es muss 1967/68 gewesen sein, als Hans Mayers Text erschienen war:[188] »wir sprachen eine Weile, wie es seine Art war, von Alltäglichem, allein ich spürte, daß er mir einen ganz bestimmten Satz zu sagen gedachte. Dann kam es plötzlich, fast ohne Zusammenhang mit dem Standort des Gesprächs: ›Ich nehme nie ein Gedicht zurück, lieber Hans Mayer!‹ Ich wußte sofort: das war die Antwort auf meine These von einer Zurücknahme der ›Todesfuge‹.«[189]

Paul Celan bei der Verleihung des Georg-Büchner-Preises in Darmstadt im Oktober 1960

Darmstadt 1960

Die Deutsche Akademie für Sprache und Dichtung in Darmstadt war im Frühjahr des Jahres 1960 in heller Aufregung. Im Mai hatte sie verkündet, den Büchner-Preis, den renommiertesten Literaturpreis der Bundesrepublik, Paul Celan zuzuerkennen. Die Preisverleihung sollte wie jedes Jahr in festlichem Rahmen im Herbst in Darmstadt stattfinden, der Geburtsstadt Georg Büchners, des jung verstorbenen Autors des »Wozzeck«, von »Dantons Tod«, die bis heute auf deutschen Bühnen gespielt werden, von »Lenz« wie vom »Hessischen Landboten« mit seiner berühmt gewordenen Losung »Friede den Hütten, Krieg den Palästen«.

Zur gleichen Zeit wurde gegen den frisch gekürten Preisträger aus Paris der Vorwurf des Plagiats laut. Das geschah nicht zum ersten Mal, doch nun laut und vernehmbar. Und von einer gleichsam letzten Instanz, der Witwe des Dichters Yvan Goll, die behauptete, Celan habe Motive und Bilder aus Gedichten von Yvan Goll übernommen. Da sei ein Fälscher am Werk. Im April 1960 veröffentlichte die 70-jährige Claire Goll den Brief »Unbekanntes über Paul Celan« im *Baubudenpoet*, einer »literarischen Zeitschrift« aus München. Es war der Gipfelpunkt einer Kampagne gegen den dreißig Jahre jüngeren Dichter, bei dem sich die erboste Witwe des Beistands einiger Kombattanten versicherte, Rainer K. Abel der eine, der unter dem unfreiwillig komischen Pseudonym *Ka-*

bel einen Artikel gegen Celan veröffentlichte, der andere Richard Exner. Später kündigten sie ihrer Herrin die Gefolgschaft, nachdem sie kräftig ins Horn des Plagiatsverdachts geblasen hatten.

In ihrem Brief schildert Claire Goll, wie Celan im November 1949 ihren Mann und sie besuchte. Yvan Goll hatte davon in seinem Tagebuch berichtet. Es klang – wir erinnern uns – nach einer freundlichen, ja freundschaftlichen Begegnung in Paris, anrührend, aufmerksam, vielversprechend. Elf Jahre später wurde daraus:

> *Er kam, in einer Hand einen Strauß Rosen, in der anderen die »Todesfuge«. Gedicht und Blumen, zur Schau getragene Schwermut des einsamen Dichters in der fremden Stadt und eine wunderbar gespielte Bescheidenheit, hinter der sich ein maßloser Ehrgeiz und Eitelkeit verbargen, taten den gewünschten Effekt. Freilich nicht die mittelmäßigen, epigonenhaften Verse, die er in einem in Wien erschienenen Band, soviel ich erinnere, noch unter seinem Namen Antschel vereinigt und herausgegeben hatte. Die Exemplare zog er übrigens schnellstens, nachdem er sich in Celan verwandelt hatte, ein.* [190]

In Wirklichkeit hatte Celan seinen ersten Band, *Der Sand aus den Urnen*, wegen sinnentstellender Fehler einstampfen lassen, und schon dieser Band war, wie alle seine Bücher, unter dem Namen Celan erschienen. Aber von Beginn an ging es nicht um die Sache, sondern um die Person. Darum waren Richtigstellungen, die bald darauf erschienen, wie die von Peter Szondi etwa,[191] Korrekturen im Detail und als solche wichtig und wertvoll, aber sie ließen in den Hintergrund treten, was Claire Goll eigentlich bezweckte. Sie fährt in ihrem offenen Brief fort:

Von da an lief Celan uns das Haus ein. Auch ins Spital, in das man meinen Mann drei Wochen später einlieferte, kam er fast täglich. Süßer und süßer lächelnd, besonders, seit ich ihm unvorsichtigerweise enthüllt hatte, daß wir ihn adoptieren wollten. Seine traurige Legende, die er so tragisch zu schildern wußte, hatte uns erschüttert: die Eltern von den Nazis getötet, heimatlos, ein großer unverstandener Dichter, wie er unaufhörlich wiederholte …[192]

Man hatte den Brief von Claire Goll nach positiven Besprechungen von Celans drittem Gedichtband, *Sprachgitter*, ins Heft genommen. Er bedürfe weiter »keines Kommentars«, lässt die Redaktion verlauten und hat in gewisser Weise Recht damit. Die Infamie spricht aus jeder Zeile. An entlegenem Ort publiziert, zog er dennoch weite Kreise. Die *Bremer Nachrichten* brachten nur wenige Wochen später einen fast vollständigen Abdruck dieses Artikels. Die damals auch über Norddeutschland hinaus weit verbreitete Tageszeitung hatte ein besonderes Interesse, als Celan zwei Jahre zuvor, 1958, den Bremer Literaturpreis erhalten hatte. Und nun zeichnete sich ein Skandal am Horizont ab.

Freund-, Feindschaft

War das Verhältnis der Golls zu Celan anfangs freundschaftlich, herzlich, sogar Blut wollte Celan für den leukämiekranken älteren Dichter spenden, so schlug die Herzlichkeit bald nach Yvan Golls Tod Anfang der 1950er Jahre ins Gegenteil um. Übersetzungen von Gedichten, die Celan angefertigt hatte, wurden auf Betreiben der Witwe von einem Schweizer Verlag abgelehnt, die Gereiztheit zwischen beiden wuchs, aus den Streitereien erwuchs eine offene Feindschaft. Aber warum?

1953 hatte Claire Goll einen »Rundbrief« an Kritiker, Verleger, Rundfunkredakteure und Autoren verschickt – »Ich möchte Sie nun bitten, von Celan in Ihren Heften nichts zu bringen«, heißt es in ihrem Brief an Hans Bender, zusammen mit Walter Höllerer Herausgeber der Literaturzeitschrift *Akzente,* vom August 1953.[193] Es war der Versuch, dem jungen Dichter massiv zu schaden, indem Claire Goll behauptete, Celan habe vom älteren Goll Wendungen, Bilder und Motive übernommen. In Celans Vers »Ihr malt in den Mühlen des Todes das weiße Mehl der Verheißung« aus *Der Sand aus den Urnen* etwa sieht die Witwe »eine fast wörtliche Abschrift aus Goll's Gedicht: ›Le Moulin de la Mort‹ (›Die Mühle des Todes‹) aus dem Band *Les Cercles Magiques*, Paris 1951.«[194] Celans Gedicht ist indessen schon im Frühjahr 1948 in Wien entstanden, als er Yvan Golls Gedicht noch gar nicht gekannt haben kann – es erschien erst drei Jahre später.

Die Deutsche Akademie für Sprache und Dichtung hatte nun ein eigenes Interesse, die Vorwürfe gegen ihren Preisträger zu prüfen, und brachte in ihrem Jahrbuch 1960 einen 30-seitigen Bericht über die »Geschichte und Kritik eines Angriffs«, der zahlreiche – wohl bewusst – ungenaue Datierungen zur Entstehung einzelner Gedichte von Yvan Goll und fehlerhafte Analogien seiner Witwe und Nachlassverwalterin aufführt.[195] Es war ein Freispruch erster Güte.

Am Nachmittag des Tages, an dem Celan das Heft des *Baubudenpoeten* in der deutschsprachigen Buchhandlung Flinker in Paris entdeckt hatte, am 3. Mai 1960, schreibt er an den Leiter des S. Fischer Verlags: »Es ist kein Zufall, daß so etwas erscheint – erscheinen kann. / Ich wollte Sie, lieber Herr Dr. Hirsch, bitten, mir beizustehen – daher mein Anruf heute nachmittag. / Ich könnte nächste Woche, Donnerstag oder Freitag, nach Frankfurt kommen, für einige Tage. Wäre es möglich, den Anwalt des S. Fischer Verlages zu Rate zu ziehen? « (Briefe, S. 431f.)

In der darauffolgenden Woche reiste Celan nach Frankfurt, um sich mit dem Verlag zu beraten, wie man gemeinsam auf die Angriffe reagieren könne. Auch der Anwalt des Verlages, Dr. Ferdinand Sieger, war zugegen. Aber juristische Schritte unterblieben, immer mit dem Argument, das in der ganzen Affäre mehr als einmal auftaucht, dass solche Schritte nur unnötig Aufmerksamkeit auf die Infamie lenken würden, zu viel der Ehre seien. Zudem wohnte Claire Goll im Ausland; das erschwert ein Gerichtsverfahren. Die Beschwichtigung war ebenso richtig wie falsch. Wenn sich der Verlag durch seinen Anwalt um eine einstweilige Verfügung bemüht oder überhaupt etwas unternommen hätte, wäre Beistand sichtbar geworden. So blieb es bei Worten, gutem Zureden, Briefen und philologischen Einsprüchen gegen den Rufmord.

Wieder in Paris angelangt, erreicht Celan die Mitteilung des Akademiepräsidenten Hermann Kasack, dass die Darmstädter Jury ihm den Büchner-Preis zuerkannt habe. »Lieber, herzlich verehrter Herr Hermann Kasack: übermitteln Sie, bitte, der Deutschen Akademie für Sprache und Dichtung, dem Lande Hessen – worunter ich auch alle Bäume zu verstehen bitte – und der Stadt Darmstadt meinen aufrichtigen Dank! / Und seien Sie auf das herzlichste bedankt und gegrüßt von Ihrem, Ihnen wirklich ergebenen / Paul Celan« (Briefe, S. 436), heißt es in seinem Brief vom 16. Mai, in dem Celan auch berichtet, dass er mit seinen Studenten gerade Büchners »Lenz« lese, in dem der »Ewige Jude« wiederkehre. Von 1959 an hatte Celan eine Anstellung als Lektor an der École Normale Supérieure bekommen, der Elitehochschule im fünften Arrondissement, unweit der Rue des Écoles, in der Celan ein Jahrzehnt zuvor das bescheidene Hotelquartier genommen hatte.

Doch in welchem Lebensaugenblick, aber auch in welcher historischen Situation insgesamt wurde der Angriff auf Celan lanciert? Und ihm im gleichen Augenblick der höchste Literaturpreis zuerkannt? Celans Reaktion ist verständlich. Aber musste sie so heftig ausfallen?

»Notenpapier«

Sieben Monate zuvor, am 11. Oktober 1959, hatte der Berliner *Tagesspiegel* eine Kritik an dem neuen Gedichtband *Sprachgitter* gebracht, in der Günter Blöcker, damals einer der federführenden Kritiker, schreibt: »Celan hat der deutschen Sprache gegenüber eine größere Freiheit als die meisten seiner dichtenden Kollegen. Das mag an seiner Herkunft liegen. Der Kommunikationscharakter der Sprache hemmt und belastet ihn weniger als andere. Freilich wird er gerade dadurch oftmals verführt, im Leeren zu agieren.« Die »Todesfuge« und Celans Gedicht »Engführung« bezeichnet Blöcker als »kontrapunktische Exerzitien auf dem Notenpapier«, fern von jeglichem Wirklichkeitsbezug.

Daraufhin entwarf Celan, tief verletzt, einen Brief an die Feuilletonredaktion des *Tagesspiegel*:

> *Da ich, wie die Dinge in Deutschland nun einmal wieder sind, nicht annehmen kann, dass einer Ihrer hoffentlich zahlreichen Leser zu der in Ihrer Ausgabe vom 11. Oktober d. J. erschienenen Besprechung meiner Gedichte (Rezensent: Günter Blöcker) d a s gesagt hat, was dazu gesagt werden muss, tue ich es selbst: das mag, wie ja auch meine grössere Freiheit der deutschen Sprache – meiner Muttersprache – gegenüber, an meiner Herkunft liegen.*
> *Ich schreibe Ihnen diesen Brief: der Kommunikationscharakter der Sprache hemmt und belastet mich weniger als andere; ich agiere im Leeren.*
> *Die ›Todesfuge‹, als deren leichtsinnigen Autor ich mich heute bezeichnen muss, ist tatsächlich ein graphisches Gebilde, in*

dem der Klang nicht bis zu dem Punkt entwickelt ist, wo er sinngebende Bedeutung übernehmen kann. Entscheidend ist hier nicht die Anschauung, sondern die Kombinatorik. Auschwitz, Treblinka, Theresienstadt, Mauthausen, die Morde, die Vergasungen: wo das Gedicht sich darauf besinnt, da handelt es sich um kontrapunktische Exerzitien auf dem Notenpapier. […] *

(Briefe, S. 391f.)

Und in einem PS fügt Celan hinzu: »Alles in diesem Brief durch Unterstreichungen Hervorgehobene stammt aus der Feder Ihres Mitarbeiters Blöcker.« (Briefe, S. 392)

Die Zeitung druckte den Leserbrief nicht, sondern leitete ihn an den Rezensenten weiter, der Celan am 29. Oktober 1959 schrieb: »Es kann mir weder daran gelegen sein, Sie als Juden gekränkt zu wissen, noch kann ich es hinnehmen, mich als ›Antisemiten‹ interpretieren zu lassen. / Ich darf Ihnen sagen, daß mir die Tatsache Ihrer jüdischen Abstammung überhaupt erst bewusst geworden ist, als ich von Ihrer Reaktion erfuhr. Meine – überdies rein hypothetische – Bemerkung bezog sich darauf, dass Sie als Deutschsprechender in Rumänien aufgewachsen sind. […]«[196]

Es steht zu vermuten, dass Blöcker tatsächlich nicht wusste, dass Celan Jude war. Er wird sich aber dafür genauso wenig interessiert haben wie für die Entstehung der »Todesfuge«. Hätte er nämlich danach gefragt, hätte er von Celans Judentum erfahren, von der Geschichte seiner Verfolgung, der Ermordung seiner Eltern. Einmal mehr zeigt sich die Schwäche der immanenten Interpretation: Sie blickt das Gedicht als rein ästhetisches Gebilde an; darum kann es nicht in seiner historischen Verfasstheit erkannt werden. Für einen Mann wie Blöcker hätte das ein Spiegel sein können. Er hatte, ähn-

* *Celan hat die Wörter einzeln unterstrichen.*

lich wie der SS-Mann Holthusen, die Zeit des Nationalsozialismus bewusst erlebt, mitverantwortet.

Blöckers Wort von den kontrapunktischen Exerzitien auf dem Notenpapier hallte nach und ging mit Claire Golls Infamie eine unheilige Allianz ein, stützte es doch die Einschätzung, dieses Gedicht sei erfunden, einmal als graphisches Gebilde, das andere Mal als Legende. Claire Goll leistete dem Antisemitismus Vorschub, und dass sie es als Jüdin tat – ohne sich je als solche zu erkennen zu geben –, vergrößerte ihre Infamie nur noch. Sie kommunizierte mit dem Ungeist jener Zeit.

Bilder von gestern, von heute

Und der brach sich mit Gewalt Bahn: Im September 1959 wurde die wiedererrichtete Synagoge in Köln im Beisein des früheren Oberbürgermeisters der Stadt und damaligen Bundeskanzlers Konrad Adenauer eingeweiht. Nur drei Monate später, am Weihnachtsabend des gleichen Jahres, beschmierten Unbekannte die Fassade des Gotteshauses mit Hakenkreuzen und antisemitischen Parolen. Und wenige Tage später, in der Nacht vom 2. auf den 3. Januar 1960, malten unbekannte Täter in Westberlin auf eine Litfaßsäule Naziparolen und »Juden raus«. Auch an anderen Orten im Stadtteil Charlottenburg entdeckte man antisemitische Losungen. Ein 23-jähriger Mann wurde festgenommen; aber es war kein Einzeltäter. Die Welle hielt an. »Deutsche wehrt euch, schmeißt Adenauer und sein Judenpack raus« war auf einer Litfaßsäule in Berlin-Schöneberg zu lesen. Im Januar 1960 kam es in Westberlin zu 123 antisemitischen Vorfällen, meist Schmierereien, aber auch Anpöbeleien und anderes mehr. Im größten Bundesland Nordrhein-Westfalen waren es 167 Vorfälle. Beides extrem hohe Zahlen. Vor allem in Westberlin schnellten die Zahlen exorbitant hoch. Zugleich formierte sich Widerstand, am 8. Januar 1960 gab es eine große Solidaritätsbekundung der Berliner Bevölkerung vor dem jüdischen Gemeindehaus in der Fasanenstraße.[197] Die internationale Presse berichtete über den aufbrandenden Antisemitismus in Deutschland, die Bundesregierung wiegelte ab, alles Dummejungenstreiche. Celan, ein aufmerksamer Zeitungsleser, wird es wahrgenommen haben. Es sei kein Zufall, dass der Angriff von Claire Goll gerade jetzt geschehe – geschehen könne, schrieb er vier Monate später an Rudolf Hirsch.

Nicht zur Veröffentlichung bestimmt

Er schickte die Besprechung vom *Tagesspiegel* und seine Entgegnung darauf an Freunde, an Nelly Sachs und andere Autoren, in der Hoffnung auf Beistand, Solidarität und nahm – zum ersten Mal in seinem Werk – Kritik in ein Gedicht auf. Am 21. Oktober 1959, zehn Tage nachdem Blöckers Kritik erschienen war, schrieb er »Wolfsbohne« nieder:

Leg den Riegel vor: Es
sind Rosen im Haus.
Es sind
sieben Rosen im Haus.
Unser
Kind
weiß es und schläft.

(Weit, in Michailowka, in
Gaissin, in
der Ukraine, wo
sie mir Vater und Mutter erschlugen: was
blühte dort, was
blüht dort? Welche

Blume, Mutter,
tat dir dort weh
mit ihrem Namen?

Mutter, dir,
die du Wolfsbohne sagtest, nicht:
Lupine.

Gestern
kam einer von ihnen und
tötete dich
zum andern Mal in
meinem Gedicht.

Mutter.

Mutter, wessen
Hand hab ich gedrückt,
da ich mit deinen
Worten ging nach
Deutschland?

In – –, sagtest du immer, in
– – an
der Elbe,
auf
der Flucht.
Mutter, es wohnten dort …

> *Du, die du Wolfsbohne sagtest.*
> *Sie, die die Wolfsschanze bauten. Wer*
> *lebt?*
> *Auf der Atemspur lebst du, auf*
> *Atemsuche, im*
> *Gedicht.*

Mutter, ich habe
Briefe geschrieben.
Mutter, es kam keine Antwort.
Mutter, es kam eine Antwort.
Mutter, ich habe
Briefe geschrieben an –
Mutter, sie schreiben Gedichte.
Mutter, sie schreiben sie nicht,
wär das Gedicht nicht, das
ich geschrieben hab, um
deinetwillen, um
deines
Gottes
willen.
Gelobt, sprachst du, sei
der Ewige und
gepriesen, drei-
mal
Amen.

Mutter, sie schweigen.
Mutter, sie dulden es, daß
die Niedertracht uns verleumdet.
Mutter, keiner
fällt den Mördern ins Wort.

Mutter, sie schreiben Gedichte.
O
Mutter, wieviel
fremdester Acker trägt deine Frucht!
Trägt sie und nährt
die da töten!

Mutter, ich
bin verloren.
Mutter, wir
sind verloren.
Mutter, mein Kind, das
dir ähnlich sieht.)

Leg den Riegel vor: Es
sind Rosen im Haus.
Es sind
sieben Rosen im Haus.
Es ist
der Siebenleuchter im Haus.
Unser
Kind
weiß es und schläft.«
(NKG, S. 419ff.)

In Celans ganzem Werk gibt es kein Gedicht von dieser Direktheit und Einfachheit, mit der immer wieder angeredeten Mutter, dem recht eindeutigen Bezug auf die Kritik von Blöcker (»Niedertracht«), dem Symbol des eigenen Judentums im Siebenleuchter, vor allem im Ausdruck von Verzweiflung und mit der zitierten »Todesfuge«, dem Gedicht, »das / ich geschrieben hab, um / deinetwillen …«.

Celan schickte das Gedicht nach Frankfurt, damit es im *Almanach* des Fischer Verlags abgedruckt würde. Aber es blieb unveröffentlicht. »Lieber Herr Dr. Hirsch, ich bin Ihnen dankbar für Ihre Entscheidung, die ›Wolfsbohne‹ nicht im Almanach zu bringen; dieses Gedicht – Klaus Demus meint ja, und damit hat er wohl recht, daß es eigentlich kein Gedicht sei – bleibt also privat, und nun bitte ich Sie, es ganz ins Private zurückkehren zu lassen und es bei Gelegenheit zurückzuschicken.«[198]

Sehr viel später erfuhr die Öffentlichkeit von dem Privaten, das so privat nicht war.

Nur dieses Grab

Celan fühlte sich in der Goll-Affäre wie in der Auseinandersetzung um Blöckers Kritik alleingelassen, die angesprochenen Freunde reagierten entweder verhalten, oder wenn sie etwas unternahmen, erschien es ihm nicht hinlänglich. Am 17. Oktober 1959 hatte Celan Ingeborg Bachmann die Besprechung geschickt, »bitte lies sie und sag mir, was du denkst«, erst am 9. November antwortete Bachmann, ein wenig ausweichend, ob Blöcker denn geantwortet habe. »Paul, ich fürchte oft, daß Du überhaupt nicht wahrnimmst, wie sehr Deine Gedichte bewundert werden, wie groß ihre Wirkung ist, ja, daß nur deines Ruhmes wegen (laß mich das Wort dies eine Mal verwenden und weis es nicht ab) immer wieder der Versuch gemacht werden wird, ihn zu schmälern, auf jede Weise, und es gibt zuletzt noch den motivlosen Angriff – als wäre das Ungewöhnliche nicht zu ertragen, nicht duldbar.«[199]

Drei Tage später schreibt ihr Celan:

Ich habe Dir am 17. Oktober geschrieben, Ingeborg – in der Not. Am 23. Oktober, als noch immer keine Antwort gekommen war, schrieb ich, ebenfalls in der Not, an Max Frisch. Dann, da die Not fortdauerte, versuchte ich, Euch telephonisch zu erreichen, mehrere Male – vergebens.
Du warst – ich erfuhr es aus den Zeitungen – zur Tagung der Gruppe 47 gefahren und hattest mit einer Erzählung, die »Alles« heisst, grossen Beifall geerntet.
Heute morgen kam Dein Brief, heute nachmittag der Brief von Max Frisch. Was Du mir geschrieben hast, Ingeborg, weisst Du. Was Max Frisch geschrieben hat, weisst Du ebenfalls.

Du weisst auch – oder vielmehr: Du wusstest es einmal –, was ich in der Todesfuge zu sagen versucht habe. Du weisst – nein, Du wusstest – und so muss ich Dich jetzt daran erinnern –, dass die Todesfuge auch dies für mich ist: eine Grabschrift und ein Grab. Wer über die Todesfuge das schreibt, was dieser Blöcker darüber geschrieben hat, der schändet die Gräber.
Auch meine Mutter hat nur dieses Grab.[200]

Vor allem in Celans frühen Gedichten kehren das Grab, Gräber als Bilder immer wieder. Es ist Ausdruck des unerträglichen Gedanken, dass Menschen nicht nur ermordet wurden, sondern dass ihre Leichen verbrannt wurden, nach jüdischem Verständnis ein Sakrileg. Uta Werner hat gezeigt, wie Celan in seinen Gedichten den Ort sucht, seine Toten zu bestatten. Er errichtet durch sein Schreiben Textgräber.[201] Gemessen an diesem Anspruch musste ihn Max Frischs eher beiläufige Antwort und vor allem Bachmanns Beschwichtigung Das »Grab in der Luft« sei weiß Gott weder Entlehnung noch Metapher erläutert er 1961 Walter Jens gegenüber.[202]

Fortan las Celan die »Todesfuge« nicht mehr öffentlich und untersagte den Abdruck des Gedichts, zunächst strikt, später gab er angesichts der zahlreichen Anfragen zuweilen nach. »Bitte geben Sie Herrn Kesten die ›Todesfuge‹«, schreibt er etwa im April 1962 der DVA. So erschien die »Todesfuge« in Hermann Kestens Anthologie *Europa heute – Prosa und Poesie seit 1945*. Gegen den Abdruck in Schulbüchern konnte sich der Dichter nicht wehren; ein einmal veröffentlichtes Gedicht konnte dort erneut ohne Genehmigung des Autors veröffentlicht werden. Gleichzeitig gab es immer mehr Nachfragen, die »Todesfuge« in andere Sprachen zu übersetzen, nicht allein in europäische, auch ins Japanische, ins Hindi, ins Arabische und in andere Sprachen.

Das Ineinander von Erfolg und Anfechtung, Anerkennung und Verleumdung, das 1960 für Celan begann, sollte die folgenden Jahre andauern. Am 22. Oktober wurde ihm schließlich in Darmstadt der Georg-Büchner-Preis verliehen. Marie Luise Kaschnitz, die Förderin seines Werkes seit langem, hielt die Laudatio, und Celan bedankte sich mit einer Rede, die das Dialogische seiner Lyrik hervortreten lässt und sich, wie keine andere Preisrede bis heute, auf Büchner bezieht, indem sie Wendungen und Zitate aus dessen Werk aufgreift und poetologische Maßstäbe setzt. Celan nennt seine Rede »Der Meridian«, »etwas – wie die Sprache Immaterielles, aber Irdisches, Terrestrisches, etwas Kreisförmiges, über die beiden Pole in sich selbst Zurückkehrendes und dabei – heitererweise – sogar die Tropen Durchkreuzendes [...].«[203]

In seiner Rede verbindet Celan Orte und Daten, den jedem Gedicht eingeschriebenen »20. Jänner«, Ost und West, Kafka, Leo Schestow, Walter Benjamin und immer wieder Georg Büchner. Das Gedicht – sein Gedicht – sei »gestaltgewordene Sprache eines Einzelnen ... und seinem innersten Wesen nach Gegenwart und Präsenz: Das Gedicht ist einsam. Es ist einsam und unterwegs. Wer es schreibt, bleibt ihm mitgegeben.«[204]

Die Vorwürfe von Claire Goll trafen in der Sache nicht zu, trafen Celan aber tief. Claire Goll wollte ihn nicht nur publizistisch aufstören – und dafür bot der Journalismus seinen Resonanzraum bereitwillig –, sondern in seiner Integrität zerstören. Woher aber rührte die Wut, vor allem deren Wucht, mit der die Witwe Celan verfolgte? Es war, wie zu vermuten steht,[205] enttäuschte Liebe der dreißig Jahre Älteren zu Paul Celan. Was der Philologie Rätsel aufgab, dafür hält die Psychologie eine einfache Lösung bereit: Celan, zu jener Zeit in manche Affären verstrickt und bald darauf frisch verheiratet, erwiderte die Liebe nicht. Und die Enttäuschte überzog ihn fortan mit ihrem Hass. *Ich verzeihe keinem* heißt ihre Autobiographie, in der Celan noch einmal wiederkehrt. Die Goll-Affäre war von Beginn an eine reichlich verunglückte Affäre.

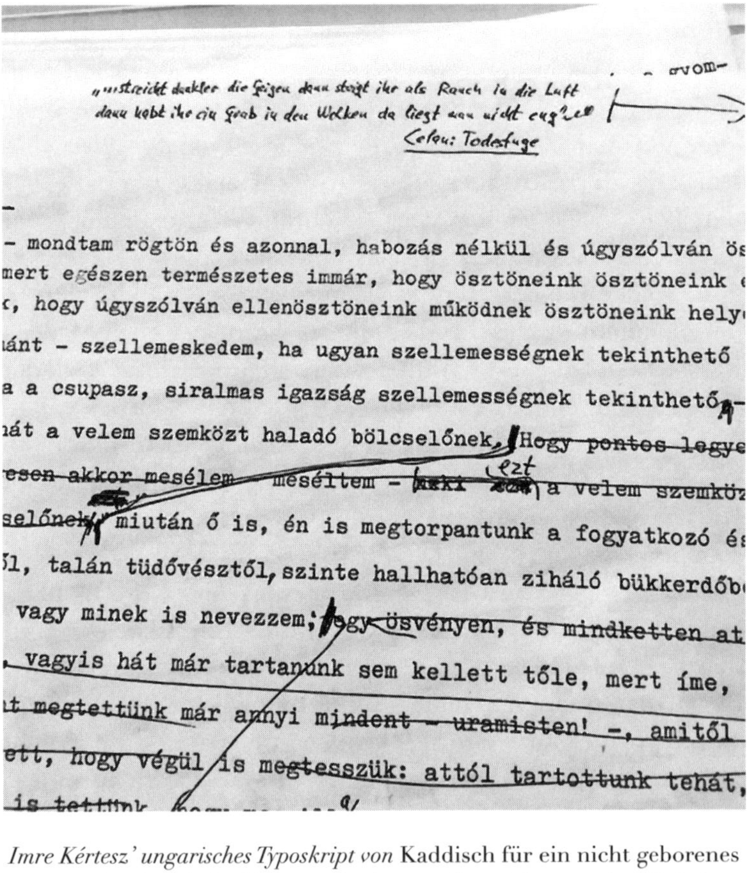

„umstreicht dunkler die Geigen dann steigt ihr als Rauch in die Luft
dann habt ihr ein Grab in den Wolken da liegt man nicht eng"
Celan: Todesfuge

– mondtam rögtön és azonnal, habozás nélkül és úgyszólván ös
mert egészen természetes immár, hogy ösztöneink ösztöneink
, hogy úgyszólván ellenösztöneink működnek ösztöneink hely
ánt – szellemeskedem, ha ugyan szellemességnek tekinthető
a a csupasz, siralmas igazság szellemességnek tekinthető –
át a velem szemközt haladó bölcselőnek. Hogy pontos legye
esen akkor mesélem – meséltem – ezt a velem szemköz
selőnek, miután ő is, én is megtorpantunk a fogyatkozó és
l, talán tüdővésztől, szinte hallhatóan ziháló bükkerdőb
vagy minek is nevezzem; hogy ösvényen, és mindketten at
, vagyis hát már tartanunk sem kellett tőle, mert íme,
t megtettünk már annyi mindent – uramisten! –, amitől
ett, hogy végül is megtesszük: attól tartottunk tehát,
is tettünk

Imre Kértesz' ungarisches Typoskript von Kaddisch für ein nicht geborenes Kind *mit dem handschriftlich von ihm hinzugefügten Zitat aus der »Todesfuge«*

Budapest 1961

Ins Ungarische übersetzt wurde die »Todesfuge« zuerst von István Simon. »Halálfúga« erschien im September 1961 in der literarischen Zeitschrift *Kortárs*.[206] Einen Monat vor dem Erscheinen der ersten ungarischen Übersetzung, am 13. August 1961, hatte Walter Ulbricht die Mauer zwischen Ost- und Westberlin ziehen lassen; eine Abriegelung von und Verhärtung gegenüber dem Westen war die Folge. Da nimmt sich der Abdruck von Celans Gedicht in *Kortárs* schon fast wie ein kleiner poetischer Grenzverkehr aus, ein Zeichen von Offenheit und Neugier für das, was ein Schriftsteller aus dem Osten des Kontinents im Westen schreibt.

Es war die erste in eine osteuropäische Sprache, genau genommen: in eine mitteleuropäische. Celan wurde in anderen Ländern in der Regel zuerst über die »Todesfuge« wahrgenommen, durch sie erschloss man sich sein Werk. So geschah es auch in Ungarn, wo die ungarische Anthologie deutschsprachiger Lyrik zwei Jahre später zusammen mit Gedichten von Günter Eich, Karl Krolow, Stephan Hermlin, Erich Fried, Wolfgang Borchert auch andere Gedichte Celans mit aufnahm. Aber nicht nur das: In dieser Ausgabe folgt auf die erste Übersetzung der »Todesfuge« gleich eine zweite: »Halotti Fuga« von Iván Rozgonyi – schon die Titel unterscheiden sich. Celans Gedicht erschien dem Herausgeber Dezső Keresztury augenscheinlich so wichtig, dass er es, ganz ungewöhnlich, in zwei konkurrierenden Übersetzungen nebeneinander abdruckte – in der Rezeptionsgeschichte der »Todesfuge« das erste und einzige Mal.

In einer der beiden Übersetzungen oder womöglich sogar schon im Original fand die »Todesfuge«, wie wir vermuten dürfen, in Budapest sogleich einen aufmerksamen Leser: den damals 32-jährigen Imre Kertész.[207] Die Wege von Autor und Leser hatten sich anderthalb Jahrzehnte zuvor in der ungarischen Hauptstadt gekreuzt; sie hätten einander treffen können, als Celan 1947 auf dem Weg nach Wien in Budapest für einige Wochen haltmachte, ein Jahr bevor der damals gerade 18-jährige Imre im September 1948 am Madách-Gymnasium das Abitur bestehen sollte, um hernach als Journalist lokale Nachrichten zu verfassen. Ein Jahr aber war der Junge von der Schule fort gewesen, und dieses eine Jahr hatte sein weiteres Leben tiefgreifend verändert.

Am 19. März 1944 waren die Deutschen in Budapest einmarschiert und hatten ein Ghetto für die jüdische Bevölkerung errichtet. Adolf Eichmann traf in der Stadt ein und besiegelte das Schicksal der ungarischen Juden: 437 000 Menschen wurden von Mai bis Juli 1944 nach Auschwitz deportiert, die meisten gleich bei der Ankunft ins Gas getrieben. Am 3. Juli 1944 wurde Imre zusammen mit anderen Schülern, in einen Güterzug gepfercht, nach Auschwitz gebracht. Dort gab sich der 14-Jährige geistesgegenwärtig als älter aus; ein Häftling hatte es ihm geraten. Von Auschwitz ging es zwei Wochen später weiter nach Buchenwald. Dort überlebte der Junge die Tortur der von den Internierten zu verrichtenden Sklavenarbeit schwer versehrt in einem Krankenzimmer. Im April 1945 befreiten amerikanische Truppen das KZ Buchenwald. Im Sommer des gleichen Jahres kam Imre nach Budapest zurück – von den 17 Schulkameraden seines Gymnasiums, die mit ihm deportiert waren, war er der einzige, der überlebt hatte.

Kertész schrieb später Libretti zu Operetten und Musicals, leichte Kost, die ihm ein Auskommen sicherte und die er, wie es scheint, nicht widerwillig, sondern mit einigem Vergnügen verfasste. Daneben übersetzte er aus dem Deutschen – und arbeitete an einem Roman. Als Imre Kertész die »Todesfuge« zum ersten Mal auf Ungarisch las, war er mit dem *Roman eines Schicksallosen* befasst, an dem er über 13 Jahre lang arbeitete. Wie sehr ihn dieses Vorhaben buchstäblich in Atem hielt, sehen wir an den Tagebucheintragungen zu seinem Roman aus den Jahren 1959 bis 1962. Sie geben Zeugnis einer quälenden Selbstprüfung und der immer wiederkehrenden Frage, ob er imstande sei, seine eigene Mythologie zu schreiben, die Geschichte seiner Deportation, seines Überlebens:

Kurzgefaßt geht es darum, daß ein Junge, vierzehn Jahre alt, ein durchschnittlicher, kräftiger und lebenshungriger Heranwachsender, in ein Konzentrationslager gerät und ein körperliches Elend kennenlernt, das in seiner Seele das Erlebnis des Lebens allmählich überschwemmt, ihn zerreibt, anspruchslos, stumpf, gleichgültig gegenüber allen Eindrücken macht, bis er sich mit dem Gedanken des Todes anfreundet – richtiger gesagt: bis sein Körper ins Stadium des Todes gelangt, so daß er ihn ohne Rebellion und Vorwürfe annimmt. Aber man läßt ihn nicht sterben. Er wird in warmem Wasser gebadet, in ein rotes Zimmer gelegt, wo er monatelang still, in süßem Rausch dahinvegetiert, dieweil er sich ganz der subjektiven Esoterik eines Krankenzimmers hingibt. Hier erreicht ihn die Befreiung. Man päppelt ihn auf, bringt ihn wieder in Ordnung und schickt ihn nach Hause – und nachdem er dort angekommen ist, bricht in ihm mit den zurückkehrenden Erinnerungen die Erkenntnis durch, daß die pedantische Schule, die Welt der Absichten, Handlungen und Verpflichtungen, in die er plötzlich zurückgekehrt ist, nach dem Zauber des Todes falsch, albern und nichtig ist. Er spürt, daß es unmöglich ist, den ihm bestimmten Platz in der Welt der Ordnung wieder zu besetzen, den Platz, der einem Jungen zukommt, ihm, der das Wissen über den Tod in sich trägt.[208]

Einen Tag später notiert der Tagebuchschreiber, er fühle den Stil bereits in sich, bald darauf wird wieder alles hinfällig, er sinnt über Erinnerung und Sehnsucht nach, über die Humanisierung dessen, was ihm zugestoßen sei, eine Vermenschlichung, zu der er das Recht habe, wie er sich selber sagt. Vermenschlichung heißt: Formwerdung des Romans, bei der aus dem Fluch der Segen werde, Gestalt anzunehmen. Immer wieder geht es ihm um dies eine: dem zerfließenden, amorphen Inhalt, den das Überleben darstellt, Form zu geben.

Am 22. April 1961 schreibt er, nicht die Werke seien die Schöpfung, das Leben selbst sei es. Das Gewinnen einer Form, um die er so ringt. Die graziöse, klare, kühle Form wolle »nichts anderes als reine Präsenz verkünden. Von diesem Standpunkt ist es egal, was man schreibt: Roman oder Gedicht, Gutes oder Schlechtes, etwas Vollkommenes oder Fragmentarisches; denn alles ist nur Fragment, und eine einzige Zeile nimmt es mit einer ganzen Reihe von Werken auf, wenn wir die Wirklichkeit unseres tief erkannten Selbst zur Erscheinung bringen.«[209] Gelegentlich macht er sich Gedanken über das Unzeitgemäße des »Muselmanns«, wie man den KZ-Menschen nannte, der sich aufgegeben hatte. Und er zieht das stolze Fazit: »Wie zeitgemäß etwas für mich ist, kann nur ich allein beurteilen; wie zeitgemäß es für die Welt ist, ist egal.«[210]

Mit all diesen Fragen beschäftigt, las er, wie gesagt, Celans »Todesfuge«. Welche Spuren diese Lektüre in ihm hinterlassen hat, wird erst fast dreißig Jahre später offenbar.

»Nein!«, beginnt Imre Kertész' Roman *Kaddisch für ein nicht geborenes Kind*. »Nein!« antwortet B. auf die Frage, ob er Kinder habe. Und über Seiten führt der traurige Held dieses Romans sein Schicksal aus, kein Kind zu haben, genauer: nicht haben zu wollen. Es ist ein Nein, das kein Ja kennt. Kertész schrieb diesen Roman im Jahr der Wende, 1989, und er stellt ihm ein Zitat aus der »Todesfuge« voran: »... streicht dunkler die Geigen dann steigt ihr als Rauch in die Luft / dann habt ihr ein Grab in den Wolken da liegt man nicht eng«.

Und B., nur präsent durch seine Sätze, setzt zu einer langen Erklärung über die ersten Seiten des Buches an, »aber ich halte mit dieser Erörterung inne, weil ich spüre, daß mich die Buchstaben, die Worte mitreißen, ich drifte in eine falsche Richtung, in Richtung moralisierender Paranoia, bei der ich mich heutzutage leider öfter ertappe und deren Gründe mir allzu offenkundig sind (Einsamkeit, Isolation, freiwillige Verbannung), als daß sie mir Sorge bereiten könnten, habe ich sie doch selbst hergestellt, gleichsam als anfängliche Spatenstiche zu einer viel tieferen Grube, die ich noch, Erdklumpen für Erdklumpen, ausheben muß, damit es etwas gebe, das mich dereinst aufnimmt (obwohl es möglich ist, daß ich nicht in die Erde, sondern in die Luft grabe, denn da liegt man nicht eng), Doktor Oblath hatte mir ja, alles in allem, nur die unverfängliche Frage gestellt, ob ich Kinder habe; allerdings mit der für den Philosophen charakteristischen Offenheit, das heißt ohne Feingefühl und in jedem Fall im ungeeignetsten Augenblick; woher hätte er aber auch wissen können, daß seine Frage mich, nicht zu leugnen, einigermaßen aufwühlt.«[211]

Das Motiv der »Todesfuge« kehrt in diesem Kaddisch, dem Totengebet, immer wieder, in der Erinnerung an Verwandte auf dem Lande, wo B. unter »unter echten Juden« gelebt habe, wie er schreibt, »(ich erinnere mich nicht mehr, wie sie mit uns verwandt waren, wozu sollte ich mich auch erinnern, man hat ihnen schon längst ein Grab in die Luft gegraben, wohin sie als Rauch aufstiegen),«[212] in der Scham des Überlebens, im immer wiederkehrenden Bild des Schaufelns, beim Blick in die Wolken, »in die ich mein Grab mit dem Kugelschreiber schaufele, fleißig wie ein Zwangsarbeiter, den man Tag für Tag hervorpfeift, daß er den Spaten tiefer steche, daß er die Geige dunkler streiche und süßer spiele den Tod«.[213] Die »Todesfuge« ist präsent in der Furcht, dass die Deutschen jederzeit nach Budapest zurückkommen könnten; denn *»der Tod ist ein Meister aus Deutschland, sein Auge ist blau*, er kann jederzeit kommen, er trifft dich, wo du auch bist, *er trifft dich genau*«.[214]

Kertész variiert auf den Seiten seines Romans Celans Verse, wendet sie auf jedes neue Motiv an, auf die Krankheit der Mutter seiner Frau, die schon lange nicht mehr seine Frau ist. Sie heißt nach einem Ort: »die Krankheit der Mutter meiner Frau nämlich war eigentlich Auschwitz, und von Auschwitz wird man nicht geheilt, von der Krankheit Auschwitz wird niemals jemand genesen«.[215] Und ein Symptom dieser Krankheit ist die Schlaflosigkeit, ein beständiges Wiederkäuen der Vergangenheit, von dem Nietzsche sagt, dass Lebendige komme bei ihm zu Schaden und gehe letztlich zugrunde.[216] *Kaddisch für ein nicht geborenes Kind* ist die »Todesfuge« in der Form eines Romans, und wenn Imre Kertész die Form bei jedem seiner Bücher so lange beschäftigte, so ist es hier nicht anders. Es ist ein einziger langer Monolog, eine Klage, ohne Unterbrechung und darin der »Todesfuge« verwandt. Natürlich nimmt sich diese Prosa ganz anders aus, aber sie ist vom gleichen Impetus getrieben wie Celans Gedicht: der unabgeschlossenen, nicht abzuschließenden Vergangenheit. Der Kugelschreiber als Spaten, der in der Luft gräbt: »wenn ich nach vorn blicke, sehe ich ausschließlich nach hinten, wenn ich auf das Papier starre, sehe ich ausschließlich in die Vergangenheit«.[217]

László Földényi sieht in Kertész' Schreiben – in dem des Erzähler-Ichs, aber wohl auch dem seines Autors selber – ein Mittel der Selbstverleugnung und Selbstliquidierung, eine aktive und lebendige Form des Rückzugs aus dem Leben.[218]

Wie es bei Kertész vom Erkennen der wahren Natur seiner Arbeit heißt, »die im Grunde nichts anderes als ein Schaufeln, das Weiter- und Zuendeschaufeln jenes Grabes, das andere für mich in die Luft zu graben begonnen haben, so erkannte ich auf jeden Fall so viel, daß ich bin, solange ich arbeite, wenn ich nicht arbeitete, wer weiß, ob ich dann wäre«.[219]

Das Ende des Romans hält indessen noch eine andere Lesart der Selbstliquidierung bereit: Unter den Füßen des Erzähler-Ichs brodelt die Gasse, nachdem er sein hinfälliges, verbissenes Leben aufgezeigt hat. Er macht sich auf den Weg, um in dem treibenden schwarzen Wasser eines dunklen Flusses zu versinken. Wer würde da nicht an das Schicksal Celans denken? Und der Roman endet, wie das Kaddisch, mit dem Amen.

Kertész' Roman ist eine »Todesfuge« in Prosa,[220] eine Beschreibung des Überlebens als Widerstand, Leben weiterzugeben, aber auch als Widerstand, überhaupt zu leben. In seinem Tagebuch notiert er: »Gestern die *Todesfuge* abgetippt. Während des Tippens ist dieser wundervolle Text immer wundervoller geworden.«[221] Kertész hat dem Gedicht in seiner Aneignung wie vor allem seiner Verwandlung eine einzigartige neue Gestalt gegeben.

Imre Kertész, dessen Werk 2002 mit dem Literaturnobelpreis ausgezeichnet wurde, starb 2016 in Budapest.

»Der Tod ist ein Meister aus Spanien«

Ein Zeitgenosse von Imre Kertész ist Jorge Semprún, der die meiste Zeit seines Lebens in Madrid und in Paris verbracht hat. Ihr gemeinsamer Ort: Buchenwald.

1923 in Madrid geboren, wuchs Jorge Semprún in einer großbürgerlichen, liberalen Familie auf. Sein Großvater war unter König Alfons XIII. Ministerpräsident. Bei Ausbruch des spanischen Bürgerkriegs ging die Familie zunächst ins niederländische, dann ins französische Exil. In Paris legte er am traditionsreichen Lycée Henri IV das Abitur ab und studierte an der Sorbonne Philosophie. Früh schloss er sich in Frankreich der Résistance an und wurde während der deutschen Besatzung 1943 von der Gestapo verhaftet und im Januar 1944 in einem Viehwaggon ins Konzentrationslager Buchenwald deportiert.

Dort schloss sich der 20-Jährige dem kommunistischen Widerstand im Lager an. Nach der Befreiung kehrte Semprún nach Paris zurück, nahm sein Studium wieder auf und wirkte in den 1950er Jahren am Widerstand der kommunistischen Exilpartei gegen das Franco-Regime mit. Er wurde später wegen parteischädigenden Verhaltens aus der Partei ausgeschlossen. 1988 wurde er unter Felipe Gonzáles Kulturminister Spaniens. Er übte das politische Amt drei Jahre aus.

Semprúns Werk ist von der Erfahrung von Terror, der Welt der Konzentrationslager bestimmt, vom individuellen Erleben und der kollektiven Verantwortung und von einem starken Impuls gegen jede Dogmatik. Sie prägen seinen ersten Roman *Die große Reise* von 1963, der durch ihren Assoziationsreichtum überrascht, genau wie sein Buch *Was für ein schöner Sonntag!*, mit dem er 1980 nach Buchenwald zurückkehrte. An den Ort selbst, die heutige Erinnerungsstätte des Konzentrationslagers, kehrte er erst Jahre später zurück: »Es war ein Sonntag, in der Tat, ein schöner Sonntag im März.«[222]

Jorge Semprún hatte eine Einladung des Journalisten und Autors Peter Merseburger erst abgelehnt und dann doch angenommen, an einer Fernsehsendung über Weimar und Buchenwald mitzuwirken. An einem Sonntag zweieinhalb Jahre später, als ihm der Friedenspreis des Deutschen Buchhandels in der Paulskirche in Frankfurt verliehen wird, kehrt er vor dem Auditorium abermals dorthin zurück.

Als Semprún im März 1992 über den Appellplatz schritt und gegenüber dem massiven Schornstein des Krematoriums stand, erinnerte er sich an ein Gedicht von Paul Celan, das ihn auf seiner Reise, der lange vermiedenen, doch schließlich angetretenen, begleitet hatte. »Fuga de mort« war zuerst 1966, ins Katalanische übersetzt von Artur Quintana, erschienen, sechs Jahre später als »Fuga sobre la muerte«, übertragen ins Spanische von Juan-Francisco Elvira-Hernández, beide Fassungen entstanden noch zur Zeit der Franco-Diktatur. Semprún zitiert in der Paulskirche die Verse: »... dann steigt ihr als Rauch in die Luft / dann habt ihr ein Grab in den Wolken da liegt man nicht eng ...«, er nimmt Celans Satz »Der Tod ist ein Meister aus Deutschland« auf und fragt, ob er wirklich eine absolute Wahrheit enthalte:

> *Jener Tod, ja, jener Tod, der Europa verwüstete und die Folge von Hitlers Siegeszug war, ja, er war ein Meister aus Deutschland. Aber alle haben wir den Tod kennengelernt, der im Innern der totalitären Bestie mit anderen Verkleidungen schlummert, im dekorativen Flitterkram anderer nationaler Ursprünge. Ich selbst habe den Tod als Meister aus Spanien gekannt und manchmal gestreift. Und die verfolgten und deportierten französischen Juden der zutiefst französischen Vichy-Regierung haben den Tod als Meister aus Frankreich kennengelernt. Und Warlam Schalamow hat uns in seinen ungeheuerlichen Erzählungen aus Kolyma vom Tod als Meister aus Sowjetrußland berichtet.*[223]

Die Wahrheit des Verses von Paul Celan sei eine notwendige, unvergessliche Wahrheit, aber sie sei zugleich relativ, historisch bedingt. *Der Tod ist ein Meister aus Menschheit* sei die passende philosophische Formulierung, erinnert Semprún sein Auditorium an die Universalität der Poesie, erst recht an die Universalität dieses einen Gedichts von Celan.

5 305
2740

√1. Erschießung eines jüdischen Mädchens

√2. Erschießung von 1o Juden am Erntedankfest 194

√3. Erschießung einer Anzahl von Jüdinnen im Winter 1942/43

√4. Erschießung von 3o Juden im Sommer 1943

√5. Erschießung von 6 Jüdinnen zu einem unbekannten Zeitpunkt im Jahre 1943

√6. Erschießung des Juden Erbsendahl im Sommer 1943

√7. Vernichtung des Lagers am 1o. Dezember 1943

√8. Erschießung einer Jüdin am 11. Dezember 1943 oder einige Tage später

L. Michajlowka

√1. Erschießung eines alten Juden am 18. oder 19. August 1942

√2. Erschießung des jüdischen Professors Heimer und des Juden Kirmeier am 2o. August 1942

√3. Erschießung einer Jüdin im August/September 1942

√4. Erschießung von 16 Juden am 29. August 1942

√5. Erschießung einer achtzehnjährigen Jüdin am 5. September 1942

√6. Erschießung eines ukrainischen Juden aus Uman am 11. September 1942

√7. Erschießung von 25 Juden am 14. September 1942

√8. Erschießung von zwei jüdischen Krankenschwestern am 21. September 1942

√9. Erschießung der jüdischen Frauen Kron und Bromberg am 28. September 1942

√1o. Erschießung der Frau Lublin und der Schwiegermutter des jüdischen Zwangsarbeiters Koifmann am 5. Oktober 1942

√11. Erschießung des Dr. Goldenberg am 7. Oktober 1942

√12. Erschießung des Juden Mischa, Lagersprecher der ukrainischen Juden

√13. Erschießung des Lothar Vogelhut am 2. November 1942

√14. Selektion und Erschießung im November/Dezember 1942

Auszug aus den Ermittlungsakten der Lübecker Staatsanwaltschaft

Lübeck 1963

*B*ücher für den Staatsanwalt. Fritz Bauer las viel, das Private ließ sich vom Dienstlichen nicht immer trennen. So schickte der hessische Generalstaatsanwalt am 20. April 1960 das am gleichen Tag erhaltene und gelesene Buch nach Ludwigsburg »zwecks Auswertung«. In dem Buch würde eine größere Anzahl von Personen des Mords oder Totschlags in der Ukraine beschuldigt. Fritz Bauer versah es mit dem Vermerk »Eilt sehr! Verjährung droht!«. Damals verjährte Mord schon nach zwanzig Jahren. Adressat der Buchsendung war die Zentrale Stelle der Landesjustizverwaltungen zur Aufklärung nationalsozialistischer Verbrechen, die die Innenminister der elf Bundesländer unter dem Eindruck des Ulmer Einsatzgruppen-Prozesses gegründet hatten. Damals, rund 13 Jahre nach Kriegsende, war einer größeren Öffentlichkeit bewusst geworden, dass nationalsozialistische Verbrechen, die von Deutschen oder auf deren Befehl an fremden Staatsangehörigen auf besetztem oder erobertem Territorium verübt worden waren, völlig unzulänglich und so gut wie gar nicht verfolgt wurden. Die Zentrale Stelle mit zeitweilig fünfzig Staatsanwälten, Richtern und weiteren Angestellten sammelte Anzeigen, Berichte, Zeugenaussagen und bereitete Ermittlungen vor. Sie war nicht weisungsbefugt und ist es bis heute nicht, sondern leitete Einschätzungen und Berichte an die Staatsanwaltschaften weiter, die zuständig waren. Die Zuständigkeit wiederum richtete sich zumeist nach dem Wohnsitz des oder der Hauptbeschuldigten, vom Zufall gefügt. Schon darum war es wichtig, dass es einen Ort gab, an dem die Strafverfolgung vorbereitet und zusammengeführt wurde. Umgekehrt sind die Staatsanwaltschaften und Ermittlungsbehörden bis heute verpflichtet (auch wenn dies in der Vergangenheit häufiger unterblieb), ihre Akten und Ermittlungen nationalsozialistischer Verbrechen der Zentralen Stelle zur Verfügung zu stellen. Nur die Umsetzung liegt nicht mehr in den Händen der Zentralen Stelle. Dass sie nicht weisungsbefugt ist, hat sich als Nachteil erwiesen und ist juristisch bedenklich. Historisch aber hat die Zentrale Stelle viele Forschungen angestoßen.

Fritz Bauer trieb die Verfolgung der nationalsozialistischen Verbrechen voran, gegen erbitterte Widerstände der deutschen Justiz zu jener Zeit, namentlich bei der Ergreifung von Adolf Eichmann durch den israelischen Geheimdienst im gleichen Jahr in Argentinien und dem sogenannten Auschwitz-Prozess, der 1963 in Frankfurt begann und weltweite Aufmerksamkeit fand. Gemessen daran blieben die Ermittlungen, die hier zur Sprache kommen, im Windschatten der öffentlichen Aufmerksamkeit. Einmalig bleibt aber, dass das Erscheinen eines einzelnen Buches, Arnold Daghanis Tagebuch über seine Zeit im Arbeitslager Michailowka, solche Folgen zeitigte.

Ortswechsel

Auf dem Behördenweg gelangte es von Frankfurt nach Ludwigsburg. Daghanis Aufzeichnungen haben uns schon zu Beginn des Buchs beschäftigt, sind sie doch die einzige überlieferte Quelle für die Verfolgung und Ermordung von Celans Eltern und also auch für die »Todesfuge«. Um daran zu erinnern: 1944 hatte Arnold Daghani, der ursprünglich Korn hieß, aber seinen Namen rumänisiert hatte, die Erinnerungen an seine Lagerzeit niedergeschrieben. 1947 kamen sie auf Rumänisch unter dem Titel *Groapa este în livada de vişini* (Ein Grab im Kirschgarten) heraus, später auf Englisch unter *The Grave is in the Cherry Orchard*. Diese Ausgabe besaß Celan; sie wird wie seine gesamte Bibliothek im Deutschen Literaturarchiv in Marbach aufbewahrt. Erst 1960 war Daghanis Chronik unter dem Titel »*Lasst mich leben!*« in Deutschland erschienen und im gleichen Jahr auch in Tel Aviv – ebenfalls auf Deutsch, übersetzt von Siegfried Rosenzweig. Rosenzweig, der selber die Verfolgung überlebt hatte, kritisierte in seinem Vorwort heftig die Praxis der deutschen Behörden, rumänischen Opfern und ehemaligen Lagerinsassen keine Entschädigung zukommen zu lassen, die ihnen nach dem Bundesentschädigungsgesetz eigentlich zustünden.[224] Heute liegt Daghanis Tagebuch neu herausgegeben auf Französisch vor.[225] Und weil Daghani das Lagerleben nicht nur beschrieben, sondern auch in Bildern festgehalten hatte, die das Jüdische Museum in Frankfurt vor einigen Jahren gezeigt hat, haben Felix Rieper und Mollie Brandl Bowen 2002 eine sorgfältige Neuausgabe herausgebracht, die auch das künstlerische Werk von Daghani sowie wichtige Dokumente einbezieht.[226]

Weder die rumänische noch die englische Fassung des Buches hatten die deutsche Strafverfolgung auf den Plan gerufen. Ob schließlich der politische Vorwurf von Siegfried Rosenzweig in Tel Aviv deutsche Stellen hellhörig werden ließ, wissen wir nicht. Es gab damals noch keine diplomatischen Beziehungen zwischen Deutschland und Israel, sondern nur die sogenannte Israel-Mission, eine Art Wirtschaftsvertretung des jüdischen Staates in Köln und eine ähnliche deutsche Vertretung in Tel Aviv. Eine erste symbolische Annäherung in den deutsch-israelischen Beziehungen, die damals extrem belastet und erschwert waren, fand überhaupt erst 1960 statt, als der deutsche Bundeskanzler Konrad Adenauer den israelischen Ministerpräsidenten David Ben-Gurion im Hotel Waldorf Astoria in New York traf. Zeugen der Verbrechen während des Zweiten Weltkriegs, eben in den meisten Fällen Opfer dieser Verbrechen, die in Israel lebten, waren oft nicht gewillt, ins Land der Täter zu reisen, sondern wurden von der israelischen Polizei vernommen, die Protokolle dann nach Deutschland geschickt.

Jedenfalls lag wenige Tage nach Erhalt des Buches in Ludwigsburg, nämlich am 27. April 1960, der »vorläufige Abschlußbericht« vor und führte Personen auf, »die als Zeugen in Betracht kommen und von denen sich noch einige ermitteln lassen müßten«. Die Erinnerungen Daghanis waren in Ermittlungsakten gelangt und bildeten eine akribisch ausgewertete Quelle. In den nachfolgenden Jahren gab es über die ganze Bundesrepublik verstreut, in Israel und in der Sowjetunion zahlreiche Vernehmungen, Rückfragen. »Im Laufe der Ermittlungen sind 1.300 Zeugen und 70 Beschuldigte namentlich bekannt geworden. Es bedurfte umfangreicher Fahndungsmaßnahmen, um das Schicksal der Beschuldigten und Zeugen sowie deren jetzigen Wohnort zu ermitteln«, wie die Staatsanwaltschaft 1965 berichtete.[227] Die erste Spur führte zu einem Hauptverdächtigen nach Lübeck. Dort wohnte in der Possehlstraße 41 »Christoffel, Franz, geb. am 18. 12. 1898 in Mittel Lowitz, SS-Sturmbannführer und Führer des Bauabschnittes II an der DG IV in Gaissin«, zu dem auch das Lager Michailowka gehörte. Christoffel war es, der Mitte August 1942 durch die Lager Transnistriens auf Werbetour zog, um anschließend die Juden, die ihm in die SS-Arbeitslager östlich des Bug folgten, zu ermorden oder ermorden zu lassen. An seine Stelle trat von Oktober/November 1942 bis Ostern 1943 Oskar Friese. Auch er war einer der Hauptverdächtigen und wurde im November 1963 in Untersuchungshaft genommen. »Gegen den SS-Oberscharführer Maaß, den Mitarbeiter des Christoffel, ist ebenfalls Haftbefehl ergangen.«[228]

Die SS-Straße

Die Durchgangsstraße IV – ein gigantisches Bauvorhaben, um Nachschub von Kriegsgütern von West nach Ost zu schaffen – wurde der sogenannten Organisation Todt (benannt nach dem 1942 verstorbenen Reichsminister für Bewaffnung und Munition Fritz Todt) übertragen. Der hatte die Aufgabe wiederum an Albert Speer weitergegeben.

Für dieses Mammutprojekt brauchten SS und Wehrmacht Arbeitskräfte – Kriegsgefangene, Zivilisten, vor allem rumänische Juden, wie die aus Czernowitz, die man in sogenannte Judenlager zusammenpferchte. Die ukrainischen Juden in der Region östlich des Bug waren fast ausnahmslos ermordet worden; so rekrutierte man vor allem Juden aus Transnistrien, aus den am westlichen Bug gelegenen Lagern. Diese Lager waren bestimmten Bauabschnitten zugeordnet, in denen SS und deutsche Unternehmen zusammenarbeiteten, wie die Firma Dohrmann aus Remscheid. »Seit 1895 steht Dohrmann für Qualität am Bau«, wirbt die Firma bis heute für ihre Dienste. Die »Judenlager« wurden, sobald die Arbeiten am Straßenbau fortgeschritten waren, aufgelöst, die erschöpften Zwangsarbeiterinnen und -arbeiter von der SS und ihren Söldnern erschossen.

Im Zuge der Ermittlungen gegen Christoffel und Friese reiste Arnold Daghani nach Lübeck und berichtete den Staatsanwälten am 9. Juni 1965 über die Entstehung seines Tagebuches im Lager Michailowka:

»Während meines Aufenthaltes im Lager habe ich mir auf mir zur Verfügung stehenden kleinen Papierstücken bzw. mir zur Verfügung stehenden zwei Lehrbüchern (in Taschenbuchformat) der englischen Einheitskurzschrift stichwortartige Notizen gemacht. Diese Notizen hatten zum Inhalt das jeweilige Geschehen in Stichworten, das Datum und die Namen der beteiligten Personen. Diese Notizen hatte ich zunächst in einer von einem Klempner angefertigten Blechdose, die ich stets bei mir trug. Diese Dose habe ich später wegwerfen müssen, als ich aus Gaissin flüchtete. Um zu verhindern, daß meine Aufzeichnungen während der Abwesenheit vom Lager bei einer Kontrolle entdeckt würden, habe ich diese Unterlagen immer bei mir tragen müssen.«

Und die Staatsanwälte fügen in ihrem Bericht von 1965 hinzu: »Die Ermittlungen haben zu einem großen Teil die in diesem Tagebuch aufgezeichneten Geschehnisse bestätigt. Die Namen der Beschuldigten und Zeugen und die aus dem Tagebuch ersichtlichen strafbaren Handlungen haben sich fast alle als richtig erwiesen.«[229]

Wahrt Daghanis Tagebuch in seiner literarischen Form immer noch eine gewisse Distanz und Schonung der Lesenden, kommt in den Zeugenaussagen die erlebte Grausamkeit zu Gehör. In den Ermittlungsakten findet sich das Gedächtnisprotokoll von Nathan Segall aus Czernowitz über einen Tag im August 1942. Die SS-Männer Christoffel und Maaß erschienen im Lager Ladijin, in dem Nathan Segall aus Czernowitz der jüdischen Kultusgemeinde vorstand, um es auszuheben. Nathan Segall hätte wegen seiner herausgehobenen Position bleiben können. »Meine Schwägerin und ihre 2 Söhne jedoch waren nicht auf der Liste derer, die bleiben sollten, und da meine Schwägerin als Witwe bisher unter meinem Schutz stand, meldete ich mich freiwillig zur Fahrt, um sie weiter beschützen zu können.« So ging der Transport für Nathan Segall und seine Familie über den Bug, den die Männer zu durchschwimmen hatten, für Frauen und Kinder gab es eine Fährbrücke, bis nach Michailowka, wo ihn der deutsche Lagerkommandant zum jüdischen Lagerleiter ernennt. Nathan Segall berichtet weiter, wie der ihnen zugeordnete SS-Mann wahllos Insassen umlegt, den 92-jährigen Mordco Seidner aus Czernowitz, »Vater des Advokaten Dr. Hermann Seidner, mit dem er zusammen war«, den 30-jährigen Mathematikprofessor Heimer, Morde, von denen Daghani in seinem Tagebuch ebenfalls berichtet. »Wir standen unter polizeilicher Bewachung (Deutsche unterstützt von Litauern). Diese Litauer, welche freie Hand hatten, pflegten allwöchentlich 10–15 Leute in Gegenwart der anderen Leute umzulegen.«

Nathan Segall schildert auch den ersten Massenmord in Michailowka, bei dem man die ukrainischen von den rumänischen Juden trennte. »Die Separierung war mein Werk, und wenn ich schlaflose Nächte verbringe, so ist es deshalb, weil sich das Bewußtsein in mir nicht beruhigen kann, daß ich rumänische Juden, die mir bekannt waren, verschonen wollte und die ukrainischen Juden preisgeben musste, denn es musste eine bestimmte Zahl geliefert werden, ob von rumänischen oder ukrainischen Juden war dem SS-Mann egal.« Und weiter: »Einen Tag vorher wird ein Massengrab geschaufelt, die Hinzurichtenden werden hingeführt, entkleidet, ins Grab lebend hineingeworfen und im Grabe erschossen (mit Gewehren). Das ist die Form der Umlegung im allgemeinen. Einzelmorde geschehen, indem der zu Erschiessende selbst sein Grab schaufelt, dann entweder lebend, meistens aber erschossen verschüttet wird. Säuglinge, Kinder bis 10–12 zwischen 9–12 Jahren. Ob sie noch morgen sein werden, weiss ich nicht.«[230]

Nathan Segall gab am 21. Oktober 1943 zu Protokoll, was er gesehen hatte. Die Stenographin des Protokolls Gerda Bruell berichtet der Staatsanwaltschaft in Lübeck von der Entstehung des Textes, der ein »P.S.« beigegeben ist:

»Der Rest der Leute aus diesem Lager, insgesamt 735 Personen (einschließlich Nathan Segall mit Familie und Ing. Heinz

Rosengarten aus Cernăuţi mit Frau) wurden am 8. Dezember 1943 von SS-Leuten und litauischen Milizionären ermordet.«[231]

»Todesfuge« vor Gericht

Einmal war Paul Celan aus ganz anderem Anlass zu Besuch in der Hansestadt an der Trave, im September 1957, um den Kulturpreis des Bundes der Deutschen Industrie entgegenzunehmen, zu dem auch die Unternehmen gehörten, die vom Bau der Durchgangsstraße IV profitiert hatten. Es war der erste Preis, den der junge Dichter überhaupt erhielt. »Ich bin aus Lübeck zurück – mit wunder Seele«, schreibt Celan zwei Tage nach seiner Rückkehr, am 15. September 1957, an den Freund Rolf Schroers: »Denn teuflischerweise habe ich den Preis zusammen mit Sieburg bekommen. Ich weiß nicht, ob Dir bekannt ist, daß S. 1941 in Paris einen Vortrag hielt, in dem er der Hitlerei kräftig das Wort redete – ich wußte es, als ich in Lübeck an einem Tisch mit ihm zu sitzen kam. Und ich habe an diesem Tisch gesessen – und nichts gesagt. Und darf mich jetzt schämen und ratlos sein.« (Briefe, S. 255) Friedrich Sieburg erhielt in Lübeck eine »Ehrengabe«, was Celan zuvor nicht wusste. Auf Sieburgs nationalsozialistisches Engagement im besetzten Paris wurde dabei nicht eingegangen.

Vermutlich hat Paul Celan später niemals von den Ermittlungen im Gefolge von Daghanis Tagebuch gehört, die auch über die Ermordung seiner Eltern geführt wurden. Zumindest ist nichts überliefert. Oder hat er davon durch Bekannte, einen Verwandten erfahren?

In Lübeck nämlich sagte auch Celans Cousin Benno Teitler aus, der ihm 1944 die Nachricht von der Ermordung seiner Eltern in Michailowka überbracht hatte. In seiner Zeugenaussage schilderte er, wie ein Deutscher drei Säuglinge entdeckte, die mit Schlaftabletten ruhiggestellt waren, damit sie nicht entdeckt würden. Er holte sie aus dem Versteck, indem »er sie wie Geflügel an den Beinen hielt« und sie, nachdem ein Milizsoldat sich weigerte, sie zu erschießen, selber tötete.[232] Gemeinsam mit Herbert Teitler (vermutlich seinem Bruder) bekundete er, wie ein Onkel von ihnen, Isaak Sommer, beim Baden in einem Teich angeschossen wurde. Der SS-Mann Maaß nahm ihn auf einem Lieferwagen mit sich und brachte später die Leiche ins Lager. Der Mord konnte Maaß nicht zweifelsfrei nachgewiesen werden.[233]

Hat Celan seinen Cousin danach noch einmal getroffen? Mit ihm gesprochen? Wir wissen es nicht. Aber wir wissen, dass Celan die Berichterstattung über den Frankfurter Auschwitz-Prozess aufmerksam verfolgt hat.[234] Doch weil es in Lübeck, in Itzehoe oder in Hildesheim nur staatsanwaltschaftliche Ermittlungen waren, gab es so gut wie keine Presseberichterstattung darüber, sieht man von einem Artikel im *Jewish Chronicle* von 1967 und einer Verlautbarung des SPD-Pressedienstes im gleichen Jahr ab. Dort heißt es am 29. März 1967:

»Die Lübecker Staatsanwälte Peter Presse und Dieter Joachim bereiten einen Strafprozeß vor, bei dem es um die Ermordung von 25.000 Juden bei dem Bau der strategisch wichtigen Durchgangsstraße IV von Lemberg bis Stalino vor allem im Jahre 1942 geht. Der Prozeß soll im Herbst vor dem Landgericht in Itzehoe stattfinden. Der Hauptverantwortliche für die kaltblütige Massentötung von Juden bei dem Straßenbau, der SS-Hauptsturmführer Christoffel aus Lübeck, ist gestorben. Sein damaliger Stellvertreter, der ehemalige SS-Untersturmführer Oskar Friese, lebt jedoch noch als kaufmännischer Angestellter bei Meldorf in der Nähe von Itzehoe.«[235]

Doch es kam zu keinem Prozess. Nach jahrelangen Ermittlungen wurde das Verfahren im Mai 1970 eingestellt. Die Überführung der Täter war nicht zweifelsfrei möglich. Es galt, die individuelle Mordhandlung und die Motivation, die Tat begehen zu wollen, eindeutig nachzuweisen. Die Mitwirkung blieb weithin straffrei. Von über 1300 ausfindig gemachten Zeugen und 98 Beschuldigten waren, so die Lübecker Staatsanwaltschaft, keine verlässlichen Angaben über den Tathergang zu bekommen. Die Lager existierten nur auf Zeit, die Zuständigkeiten wechselten rasch. Zeugenaussagen aus der UdSSR wurden nur unzulänglich überstellt. Die meisten Zeugen erinnerten keine Einzelheiten. »Ein weiterer Grund dafür, daß viele Aussagen von Tatzeugen für die Aufklärung unergiebig sind, dürfte das bewußte Verdrängen dieser Geschehnisse aus der Erinnerung sein. Für viele waren die damaligen Erlebnisse so grauenvoll, daß sie an diese Dinge nicht mehr erinnert werden wollen. Das gilt vor allem für die deutschen, in vielen Fällen aber auch für die überlebenden jüdischen Zeugen, die in diesem Ermittlungsverfahren gehört worden sind.« So gewichten die Lübecker Staatsanwälte deutsche und jüdische Zeugen der »Erlebnisse« und fügen 1965 hinzu, was wesentlich zur Einstellung des Verfahrens beitrug: »Oft kann man sich jedoch auch des Eindrucks nicht erwehren, daß eine Gruppe von Zeugen mit ihren Aussagen zurückhält, weil sie die Ermittlungsverfahren mißbilligen und nicht bereit sind, zur Aufklärung beizutragen.«[236]

Polizei und Staatsanwaltschaft aber hörten auch Hinterbliebene. Dank ihnen begannen die toten Zeugen und Tatverdächtigen zu sprechen. So gibt die Witwe Elfriede Miebach 1962 zu Protokoll: »Als ihr Ehemann nach dem Kriege zurückgekehrt sei, sei er aufgrund der Judentötungen, die er in der Ukraine habe mit ansehen müssen, mit den Nerven völlig herunter gewesen. Er habe sich dann dem Trunke ergeben, um diese Erlebnisse zu vergessen. Am 26. 2. 1961 sei er an einer Krebskrankheit verstorben.«[237]

Fritz Bauer, der Arnold Daghanis Buch nach Ludwigsburg gebracht hatte, erlebte die Einstellung des Verfahrens nicht mehr. Er war am 1. Juli 1968 in Frankfurt am Main gestorben.

Nirgendwo lässt sich die historische Folie der »Todesfuge« so vernehmen wie in den Ermittlungsakten, die auf Arnold Daghanis Tagebuch zurückgehen, was die Tatverdächtigen angeht, ihren jeweiligen Aufenthaltsort, die Umstände der Taten, Benno Teitlers Zeugenaussagen. An keinem anderen Ort, zu keiner anderen Zeit kommen wir den Mördern von Celans Eltern so nahe wie in Lübeck von 1963 bis 1965.

Die Literaturkritik indessen nahm davon so wenig Kenntnis wie von den Frankfurter Auschwitz-Prozessen, die die Öffentlichkeit damals ebenso intensiv beschäftigten wie die zeitgenössische Literatur. Peter Weiss' »Ermittlungen« über diese Gerichtsverfahren kamen damals zeitgleich in beiden deutschen Staaten auf die Bühne. Nicht doch der Moment, die »Todesfuge« neu zu lesen?

Genau um diese Zeit, im Januar 1965, fragte der Kritiker Reinhard Baumgart im *Merkur*: »Celans ›Todesfuge‹ und ihre Motive, die ›schwarze Milch der Frühe‹, der Tod mit der Violine [sic!], ›ein Meister aus Deutschland‹, alles das durchkomponiert in raffinierter Partitur – bewies es nicht schon zu viel Genuß an Kunst, an der durch sie wieder ›schön‹ gewordenen Verzweiflung?«[238] Und Kurt Oppens schrieb im gleichen Heft des *Merkur* über Celans Dichtung, sie komme »um die Sternzeit der Sprache zu spät, in der sie geschrieben ist«. Celan habe »die Bühne als Toter betreten«.[239] Und wieder reagierte Celan mit einem Gedicht: »Mutter, Mutter. // Der Luft entrißne, / der Erde entrißne. // Herunter-, / Herauf-/gezerrte. // Vor die Messer / schreiben sie dich, / kulturflott, linksnibelungisch ...« (NKG, S. 454) und veröffentlichte es nicht.

König Gustav VI. Adolf von Schweden mit Nelly Sachs bei der Verleihung des Literaturnobelpreises am 10. Dezember 1966 in Stockholm

Stockholm 1966

*I*m frühen Herbst hatte die Schwedische Akademie getagt und als einen Kandidaten für den Literaturnobelpreis des Jahres 1966 Paul Celan genannt. Ein Mitglied der Akademie, der Literaturhistoriker Henry Olsson, hatte dafür geworben, die Auszeichnung zwischen Nelly Sachs und Paul Celan zu teilen. Das Komitee, dessen Entscheidung schließlich den Ausschlag geben sollte, erwiderte: »Dem Teilungsvorschlag zufolge sollen zwei jeweils für sich bedeutende Werke der deutschen Lyrik ausgezeichnet werden. In Bezug auf Celan war das Komitee jedoch nicht davon zu überzeugen, dass seine Werke einen solchen Rang einnehmen.« Zwei Jahre zuvor hatte es im gleichen Kreis geheißen, Paul Celan könne keinen Anspruch auf eine »hohe internationale Auszeichnung« erheben.[240] Im gleichen Jahr, 1964, war »Dödsfuga« zum ersten Mal auf Schwedisch bei Bonnier in Stockholm erschienen. *Fyra tyska poeter*, Vier deutsche Dichter, hieß der schmale Band von 78 Seiten mit Gedichten von Ingeborg Bachmann, Hans Magnus Enzensberger, Helmut Heißenbüttel und eben Paul Celan.

»Svarta gryningsmjölk vi dricker var kväll / vi dricker var middag och morgon vi dricker var natt / vi dricker och dricker …«, hatte Bengt Höglund seine Übersetzung begonnen und gleich an den Anfang ein gewagtes Kompositum gesetzt: Aus der »schwarze[n] Milch der Frühe« wird bei ihm

»schwarze Morgenmilch«. Höglunds Übertragung wird dem Nobelpreiskomitee vorgelegen haben.

Am 20. Oktober 1966 verkündete schließlich der ständige Sekretär der Schwedischen Akademie, der Dichter und Dramatiker Karl Ragnar Gierow, dass der Literaturnobelpreis 1966 geteilt würde, allerdings zwischen Nelly Sachs und Samuel Joseph Agnon, ein israelischer Autor, der auf Hebräisch schrieb. Die Bedeutung seines Werkes, aus den Tiefen des biblischen Hebräisch wie der reichen jüdischen Überlieferung geschaffen, stand außer Frage, allerdings lag keines seiner Bücher auf Schwedisch vor. Wohl aber war im Jahr zuvor der Roman *Gestern, vorgestern* auf Deutsch im S. Fischer Verlag erschienen, der während der Jahre der Emigration seinen Sitz in Stockholm gehabt hatte, und der Manesse Verlag in Zürich publizierte just 1966 *Im Herzen der Meere und andere Erzählungen*. Der Roman übersetzt von Karl Steinschneider, die Erzählungen von Tuvia Rübner – beide waren deutschsprachige Einwanderer in Israel, die Agnon sehr gut kannten und mit ihm, der Deutsch sehr gut beherrschte, an der Übersetzung seiner Werke arbeiteten. Die Mitglieder der Schwedischen Akademie lasen damals nahezu alle Deutsch.

Die Schwedische Akademie hatte zum ersten und bislang einzigen Mal dezidiert jüdische Literatur ausgezeichnet, den 1888 im galizischen Butschatsch geborenen Agnon »für seine tiefgründige charakteristische Erzählkunst mit Motiven aus dem Leben des jüdischen Volkes« und die 1891 in Berlin geborene Nelly Sachs für ihre »herausragende lyrische und dramatische Dichtung, die mit ergreifender Kraft Israels Schicksal deutet«. Nelly Sachs lebte seit 1940 im Stockholmer Exil, mit einigen der 18 Mitglieder der Schwedischen Akademie war sie befreundet, hatte Gedichte von ihnen aus dem Schwedischen ins Deutsche übersetzt, die Akademiemitglieder Ekelöf und Lindegren wiederum hatten Gedichte von ihr ins Schwedische übertragen. Sie war der Akademie also bekannt, gleichwohl gab es Gegenstimmen, die fragten, ob ihre Dichtung, »so menschlich ergreifend sie auch sein mag, für sich einen Nobelpreis rechtfertigen« könne.[241] Agnon selber, so wird überliefert, war nicht erbaut darüber,[242] den Preis teilen zu müssen, auch wenn die Statuten vorsehen, dass im Falle der Teilung jeder für sich allein des Preises würdig sein müsse.

An ihrem 75. Geburtstag nahm Nelly Sachs aus den Händen von König Gustaf VI. den geteilten Literaturnobelpreis zusammen mit Agnon entgegen. Paul Celan war nicht unter den Gästen. Er könne sich nicht von seinen Lehrverpflichtungen freimachen, hatte er der glücklichen Preisträgerin einige Wochen zuvor geschrieben. Immerhin trug er am Abend jenes 10. Dezember im Goethe-Institut in Paris Gedichte der Freundin vor.

Beide verband eine enge, schwierige Freundschaft. Hätten sie sich den Nobelpreis geteilt, wäre das eine wie das andere – die große Nähe und die über die Jahre wachsende Distanz – noch deutlicher hervorgetreten, als sie ohnehin tat. »Zwischen Paris und Stockholm läuft der Meridian des Schmerzes und des Trostes«, schreibt Nelly Sachs im Oktober 1959 an Celan,[243] und das zeigt schon den Ton zwischen beiden, gerade am Anfang ihrer Freundschaft, in den ersten Jahren ausschließlich einer Brieffreundschaft. Sie hatten einander durch ihre Gedichte kennengelernt, die sie sich schickten, sie bekräftigten Gemeinsamkeiten, ja sie betrachteten sich, beide von Haus aus Einzelkinder, wie Schwester und Bruder. Celan und Sachs erkannten die Nähe und Verwandtschaft ihrer Werke, die gemeinsamen Motive von Verfolgung, Flucht und Erinnerung und wurden doch gewahr, wie sehr sie ihr Judentum zwar als Schicksal verband, aber in der Gegenwart trennte. Celan schickte ihr Segens- und Genesungswünsche auf Hebräisch, Nelly Sachs offenbarte ihm mystische Antriebe ihres Schaffens.

Nelly Sachs' Band *In den Wohnungen des Todes*, 1947 erschienen, kam der »Todesfuge« besonders nahe, wie schon das Auftaktgedicht »Dein Leib im Rauch durch die Luft« zeigt:

O DIE SCHORNSTEINE

Auf den sinnreich erdachten Wohnungen des Todes,
Als Israels Leib zog aufgelöst in Rauch
Durch die Luft –
Als Essenkehrer ihn ein Stern empfing
Der schwarz wurde
Oder war es ein Sonnenstrahl?

O die Schornsteine!
Freiheitswege für Jeremias und Hiobs Staub –
Wer erdachte euch und baute Stein auf Stein
Den Weg für Flüchtlinge aus Rauch?

O die Wohnungen des Todes,
Einladend hergerichtet
Für den Wirt des Hauses, der sonst Gast war –
O ihr Finger,
Die Eingangsschwelle legend
Wie ein Messer zwischen Leben und Tod –

O ihr Schornsteine,
O ihr Finger,
Und Israels Leib im Rauch durch die Luft.[244]

In seiner Biographie der Dichterin hat Aris Fioretos das Pathos dieses Textes einer strengen Befragung unterzogen: Was macht man mit der Behandlung individueller menschlicher Tragödien in Form des kollektiven »Israels Leib«? Was macht man mit den Anspielungen auf Jeremias und Hiob?[245] Aber vielleicht herrschte, als Nelly Sachs das Gedicht um 1945 schrieb, gerade die Erfahrung des kollektiven Schicksals vor. Bestimmt es nicht auch die »Todesfuge«? Vielleicht ist es just das, was die Nähe beider Gedichte ausmacht.

An Celans Texten wiederum nahm auch Nelly Sachs Verwandtes wahr und auf: »Lieber wundertiefer Dichter Paul Celan, / Ihr Werk atme ich ein wenn ich mich abends zu Ruhe begebe. Es liegt neben mir auf dem Tisch und wenn die Nacht zu schwer ist um zu überstehn, wird die Lampe entzündet und ich lese wieder.«[246]

Über 125 Briefe, Postkarten, Gedichte, Zeitungsausschnitte werden zwischen Stockholm, Paris, der Bretagne und Jerusalem getauscht. Zu Recht bildete diese – nicht nur in der Aufeinanderfolge, sondern auch in der Intensität dessen, was zu Wort kommt – besonders dichte Korrespondenz den Auftakt zur Veröffentlichung etlicher Briefwechsel Celans. In der Mitte seines Briefverkehrs mit Nelly Sachs steht, wie könnte es bei zwei Dichtern anders sein, ein Gedicht.

Zürich, Zum Storchen

Am Himmelfahrtstag 1960 trifft Celan mit Nelly Sachs in Zürich zusammen. Sie war auf dem Weg zur Verleihung des Annette-von-Droste-Hülshoff-Preises in Meersburg am Bodensee. Am Tag zuvor hatte die Familie Celan sie am Flughafen Kloten abgeholt. Unter dem Datum »26 mai« notiert Paul: »Hotel zum Storchen / 4 h Nelly Sachs, allein. ›Ich bin ja gläubig‹. Als ich darauf sagte, ich hoffte, bis zuletzt lästern zu können: ›Man weiß ja nicht, was gilt.‹«[247]

Beide sitzen im Frühsommerlicht auf der Terrasse des Hotels Zum Storchen mit Blick auf die Limmat und das Großmünster auf der anderen Seite, das sich hell im Wasser des Flusses spiegelt, und sprechen miteinander. Aus dem Nachmittag in Zürich wird ein Gedicht. Am 30. Mai, wieder in Paris angekommen, widmet Celan es Nelly Sachs:

Zürich, Zum Storchen

Vom Zuviel war die Rede,
vom Zuwenig. Vom Du
und Aber-Du, von
der Trübung durch Helles, von
Jüdischem, von
deinem Gott.

Da-
von.
Am Tag einer Himmelfahrt, das
Münster stand drüben, es kam
mit einigem Gold übers Wasser.

Von deinem Gott war die Rede, ich sprach
gegen ihn, ich
ließ das Herz, das ich hatte,
hoffen:
auf
sein höchstes, umröcheltes, sein
haderndes Wort –

Dein Aug sah mir zu, sah hinweg,
dein Mund
sprach sich dem Aug zu, ich hörte:
»Wir
wissen ja nicht, weißt du,
wir
wissen ja nicht,
was
gilt …«[248]

Ein Gespräch zwischen zwei Dichtern über Gott, Gotteszweifel, über die Hoffnung wie das Nichtwissen. Und doch ist bei dem Gespräch am Limmatufer noch jemand Drittes gegenwärtig: die damals in Zürich lebende Margarete Susman und *Das Buch Hiob und das Schicksal des jüdischen Volkes*, das die Philosophin und Schriftstellerin 1946 verfasst hatte und in dem sie darüber nachdachte, was es bedeute, über Auschwitz zu sprechen: »Wohl ist diesem Geschehen gegenüber jedes Wort ein Zuwenig und Zuviel.« Und: »Wir, die so unendlich viel, die viel zu viel wissen, wir wissen nichts«, beendet sie ihr Buch. »Wir wissen nichts von dem, worauf es für uns allein ankommt: von dem Plan, in dem wir befasst sind und aus dem wir leben. Aber darum wissen wir auch nicht, ob nicht diese unsere dunkle, ganz von der Erlösung abgetriebene Welt der Erlösung am nächsten ist.«[249]

Im Juni reiste Nelly Sachs mit ihrer Freundin Eva-Lisa Lennartsson nach Paris zu einem Gegenbesuch bei den Celans. Am 17. Juni, dem Tag der Abreise, kam Nelly Sachs am Vormittag noch einmal in die Rue de Longchamp. Sie erzählte von ihrer Mutter, mit der sie 1940 aus Berlin nach Stockholm geflohen war, wo diese 1950 starb. »Die Mutter: zehn Jahre hindurch jede Nacht Gespräch mit den Toten, dann, am Morgen, Beruhigung«[250], hält Celan fest.

Entfremdung

Drei Monate nach dieser Reise erkrankt Nelly Sachs psychisch schwer, sie fühlt sich von Nazis verfolgt, bedroht, ist ruhelos und kommt ins Södersjukhuset im Süden der schwedischen Hauptstadt. Man informiert Celan in Paris. Er reist im September 1960 nach Stockholm, um die kranke Freundin zu besuchen. Einer Überlieferung nach empfängt Nelly Sachs, umnachtet, verwirrt, den Freund nicht; der wiederum schreibt seiner Frau von täglichen Besuchen bei ihr.[251] In Paris hatte Celan Inge Waern kennengelernt, eine aus Usedom stammende schwedisch-jüdische Schauspielerin,[252] mit der ihn eine stürmische Liebesbeziehung verbindet. Er würde sie bei seinen Reisen in den Norden, nach Kopenhagen oder Hamburg, wieder treffen. Das Gedicht »Hafen« (NKG, S. 192ff.) geht darauf zurück. »Wir waren glücklich, ja, in Hamburg, wo immer wir lagen, gingen, fuhren, saßen. Nie bin ich so glücklich gewesen wie in diesen Tagen mit Dir, es war die Verzauberung, ganz, und das Wirkliche, ganz. In uns: alles. Um uns: alles« schreibt er Inge Waern am 27. Juli 1964 (Briefe, S. 671). Nelly Sachs' Krankheit führte Celan nach Stockholm, Inge Waern auch..

Jahre später, im Januar 1965, entwirft Celan ein Gedicht – oder sind es Aufzeichnungen? –, die viel von seinem Unbehagen, wenn man es so nennen darf, jedenfalls von seinem Seelenzustand zu jener Zeit, vor allem aber auch seiner wohl schon früher einsetzenden Entfremdung von Nelly Sachs zeigen. Was »Zürich, Zum Storchen« noch an Verbundenheit ausdrückte, war einige Jahre später einer großen Distanz gewichen, der Meridian zerbrochen. »Wer und was / trieb Nelly Sachs in den Wahnsinn? / Wer / brachte ihr / Verrat und Vermessenheit bei?«,[253] fragt Celan in seinen Gedichtaufzeichnungen »im Jänner 1965« und wirft ihr vor, sie habe sich »zur / schlechthinnigen Jüdin« machen lassen. »Man nannte sie königlich – wovon / war ihr Purpur rot? / ›Mag sein‹, verkündete sie, / ›daß das Schicksal meines Volkes / an mir leuchtet.‹ / Mag sein. / Doch wie? / Aber das / aus ihr selber Leuchtende / tötete sie.«[254]

Königlich hatte sie Hans Magnus Enzensberger im Nachwort seiner Auswahl ihrer Gedichte 1963 genannt: »Nelly Sachs ist die letzte Dichterin des Judentums in deutscher Sprache, und ihr Werk ist ohne diese königliche Herkunft nirgends zu begreifen.«[255] Celan behagte nicht, wie sie sich mit Enzensberger oder Peter Hamm umgab; »ehemalige Hitlerjungen«, wie er sie nennt, vor allem aber gegen die Repräsentation des Judentums, eine, wie er es empfindet, angemaßte Stellvertretung. Im gleichen Jahr wird die ihm fremd gewordene Freundin in Frankfurt eine hohe Auszeichnung empfangen: »Der Friedenspreis des Deutschen Buchhandels wird 1965 der großen jüdischen Dichterin Nelly Sachs verliehen. Das dichterische Werk von Nelly Sachs steht ein für das jüdische Schicksal in unmenschlicher Zeit und versöhnt ohne Widerspruch Deutsches und Jüdisches. Ihre Gedichte und szenischen Dichtungen sind Werke hoher deutscher Sprache, sie sind Werke der Vergebung, der Rettung, des Friedens«, heißt es in der Urkunde zum Friedenspreis des Börsenvereins des Deutschen Buchhandels, der ihr in der Paulskirche im Beisein der Spitzen von Staat und Gesellschaft überreicht wurde.[256] Im Anschluss daran kehrt sie nach einem Vierteljahrhundert in ihre Heimatstadt zurück und nimmt aus den Händen des Regierenden Bürgermeisters Willy Brandt, der selbst einige Jahre im Stockholmer Exil war, die Ehrenbürgerwürde Berlins entgegen.

Von dieser Zeremonie ist ein Bild überliefert: Als die neue Ehrenbürgerin im Herbst 1965 vor dem Schöneberger Rathaus eintrifft und dem Wagen entsteigt, lüftet ein älterer Herr den Hut und verbeugt sich vor Nelly Sachs. Ein sprechendes Bild für das Nachkriegsdeutschland, das in ihren Gedichten »Werke der Vergebung, der Rettung« sah. Davon hatte die Preisträgerin allerdings in der Frankfurter Paulskirche zuvor gar nicht gesprochen, weder von Vergebung noch von Rettung. Beides war eine Zumutung der Auszeichnenden an die Ausgezeichnete. Undenkbar, dass man Celan den Friedenspreis des Deutschen Buchhandels nur angetragen hätte. Der jüngere Dichter war unbequem, erwiderte scharf, deckte auf und war für eine harmonische Feierstunde mit Bundespräsident Heinrich Lübke nicht zu gebrauchen. Und die widerborstige Mascha Kaléko lehnte es ab, sich von der Akademie der Künste in Westberlin auszeichnen zu lassen, die bis heute den Mantel des Schweigens über ihre peinliche Geschichte hüllt.

Nelly Sachs fand nach dem Friedenspreis ihren Frieden nicht. Der Verfolgungswahn suchte sie in den nachfolgenden Jahren immer wieder heim. Die nationalsozialistische Verfolgung wurde nicht zur Vergangenheit, sondern blieb quälende, immer wieder aufbrechende Gegenwart. Was auch immer es gewesen war, was Celan und Sachs voneinander trennte, in der Krankheit fanden sie wieder zusammen. Denn auch Celan war schon 1962/63 für mehrere Wochen in einer psychiatrischen Klinik nahe von Paris gewesen. Im Herbst 1965 erlitt er einen seelischen Zusammenbruch und griff Gisèle mit einem Messer an. Längere Aufenthalte in psychiatrischen Anstalten in und um Paris folgten. Nelly Sachs wurde in Beckomberga, westlich von Stockholm, eingeliefert, eines der größten psychiatrischen Krankenhäuser Europas. Dort liegen bis heute ihre Krankenakten.

Die Krankengeschichten von Celan wie Sachs sind so gut wie nicht erforscht. Woran beide litten? An einer Krankheit, die man bestimmt nicht als individuelle Abweichung, Überempfindlichkeit hinlänglich versteht, eher als historische Krankheit, von der Celans »Todesfuge« ebenso wie die Gedichte in Nelly Sachs' *In den Wohnungen des Todes* zeugen. Vielleicht hätte ein geteilter Nobelpreis Licht auf das Unausweichliche dieser Krankheit und die Gestalt geworfen, die sie literarisch annimmt, eine Gestalt, die sich im Laufe der Jahre auflöste, indem sie die Gedichte beider zunehmend knapper, kürzer, vereinzelter und schließlich zertrümmerter werden ließ.

Sie gleichen zerbrochenen Spiegeln zweier Krankengeschichten, die eine Ursache haben, eine Verfolgung, die nicht endete, sondern immer neue Gestalt annahm. Nelly Sachs fühlte sich von Gruppen alter und neuer Nazis in Stockholm ausgespäht und verfolgt, Celan registrierte den auch damals immer wieder aufflammenden Antisemitismus in den 1950er und 1960er Jahren.

Nelly Sachs starb an dem Tag in Stockholm, an dem Paul Celan auf dem Pariser Friedhof Thiais beerdigt wurde, am 12. Mai 1970.

Erich Einhorn, Erika Brettschneider, Boris Schwed und Tanja Adler in Czernowitz 1939/40

Moskau 1967

*E*in ruhiges Stadtbild: In Moskau gab es 1967 keinen nennenswerten Straßenverkehr, nur wenige Bewohner der sowjetischen Hauptstadt verfügten über ein eigenes Auto; sie nutzten Bahnen, Busse und vor allem die legendäre Metro der Stadt. Zur gleichen Zeit wuchs in Moskau und anderen Orten der UdSSR eine Dissidentenbewegung heran. Alexander Ginsburg hatte gerade sein Weißbuch über die politischen Prozesse gegen die russischen Autoren Andrei Sinjawski und Juli Daniel veröffentlicht, die im Jahr zuvor wegen »antisowjetischer Agitation und Propaganda« verurteilt worden waren. Ginsburg kam für fünf Jahre ins Arbeitslager.

Es war die Zeit des »Samisdat«, der Untergrundliteratur. Gedichte, Novellen, Essays wurden, mit zahlreichen Durchschlägen abgetippt oder auf Matrizen abgezogen, unter der Hand weitergereicht; immer drohte die Aufdeckung durch den KGB. Es gab Briefzensur, Telefone wurden abgehört, Papier war limitiert. Literatur in Zeiten des Kalten Krieges.

Nach dem Sechs-Tage-Krieg zwischen Israel und seinen arabischen Nachbarstaaten im Juni 1967 hatte die Sowjetunion die diplomatischen Beziehungen zum jüdischen Staat abgebrochen. Juden in der UdSSR wurde das Leben und Arbeiten schwer gemacht, in Moskau und vielen Städten des Landes bildeten sich Gruppen von Menschen, die Hebräisch lernten und nach Israel auswandern wollten. In Eingaben an die Regierung und an den Obersten Sowjet verlangten sie das Recht auf freie Ausreise, Bürgerrechte, die ihnen die Behörden verweigerten. Sie wurden Drangsalierungen ausgesetzt.

Zeilen der Zeit

1967 ist auch das Jahr, in dem die erste Übersetzung der »Todesfuge« in Moskau publiziert wird. Sie erschien in der Anthologie *Stroki wremeni*, Zeilen der Zeit, über »junge Dichter aus der BRD, Österreich, der Schweiz und West-Berlin«, wie es im Untertitel heißt – das bedeutet aus dem kapitalistischen deutschsprachigen Ausland und nicht der DDR. Celan war mit vier Gedichten vertreten; die »Todesfuge« hatte Lew Ginsburg übersetzt, ein erfahrener Germanist, der bereits Werke von Goethe, Texte von Enzensberger sowie Stücke von Peter Weiss ins Russische übertragen hatte.

Seine Übertragung der »Todesfuge« erweist sich als höchst eigenwillig. Die langen Strophen des Originals sind in der russischen Übersetzung verkürzt, und auch der Wortschatz weicht von der Vorlage ab. »Die schwarze Milch der Frühe« wird zur schwarzen Brühe der Morgendämmerung, der Tod als Meister aus Deutschland zum »Maestro mit blauen Augen«, hebt also das musikalische Element der »Todesfuge« hervor.[257] Die Auswahl von Gedichten, die Celan russischen Lesern nahebringen sollte, setzte einen historisch-politischen Akzent mit »In memoriam Paul Éluard« oder »Schibboleth«, denen sich ein anderer Übersetzer, Grejnem Ratgaus unter dem Pseudonym G. Groman, angenommen hatte.

Das Heft mit den Gedichten gelangt durch Erich Einhorn, den Freund aus Czernowitzer Tagen, dem Celan zuletzt in Wien begegnet war, von Moskau nach Paris, nachdem er ihm schon am 17. Januar des Jahres angekündigt hatte:

Übrigens ist, wie ich hörte, auch eine offizielle Einladung (vom Schriftstellerverband) nicht ausgeschlossen, man beabsichtigt, heuer manches von Dir zu veröffentlichen, Du wirst demnächst auch brieflich von der ›Sowjetliteratur‹ darüber informiert werden – kurz, der Stein scheint ins Rollen gekommen. Vor einiger Zeit ist ein von F. Herşcovici vertonter Zyklus Deiner Gedichte im Konzert aufgeführt und am nächsten Tag im Moskauer Rundfunk übertragen worden: es sind die 4 Gedichte Schlaf und Speise – Espenbaum – Der uns die Stunden zählte – Leuchten, und Filip Herşcovici dürfte dir erinnerlich sein von Begegnungen bei Frau Alper; damals war er mit Ira Müller verheiratet. Das Programm des Konzerts lege ich Dir hier bei.[258]

Tatsächlich war am 14. Dezember 1966 im Komponistenhaus in Moskau »Vokalmusik des 20. Jahrhunderts« aufgeführt worden. Lidija Dawidowa (Sopran) sang, begleitet von Edison Denissow am Klavier, Lieder von Sergei Prokofjew, Alban Berg, Igor Strawinsky und Gedichte von Celan, die Philip Herschkowitz (1906–1989), ein Komponist aus Czernowitz, vertont hatte. Einhorn schreibt seinen Namen auf Rumänisch. Schüler von Alban Berg und Anton von Webern in Wien, war Herschkowitz damals eine Größe im Moskauer Musikleben. Erich Einhorn seinerseits, der damals als Redakteur für eine deutschsprachige Zeitschrift in Moskau arbeitete, hatte sich für das Konzert wie für die Veröffentlichung von Celans Gedichten in den *Zeilen der Zeit* eingesetzt.[259] Und damit war ein Anfang gemacht. Es folgten weitere Übersetzungen von Celans Gedichten ins Russische wie in andere osteuropäische Sprachen. 1972 wurde die »Todesfuge« zum ersten Mal ins Ukrainische übersetzt, ins Polnische, 1979 ins Litauische. Heute sind fast alle seine Werke in diesen Sprachen verfügbar. Der Czernowitzer Germanist Petro Rychlo betreut die ukrainische Gesamtausgabe von Celans Gedichten.

Fünf Jahre zuvor, 1962, hatte Celan zwei seiner frühen Freunde wiedergefunden, indem er Verbindungen aufgenommen hatte, die lange unterbrochen waren. »Mein lieber Erich«, schreibt er im April 1962, »von Gustav Chomed erhielt ich vor ein paar Tagen Deine Adresse – Du ahnst nicht, was es mir bedeutet, Dir schreiben zu können! Wo beginnen? Es sind so viele Jahre – so viele Jahre und Tage und Stunden. Vielleicht dürfen hier, für so vieles, diese paar Worte stehen: Alles ist nahe und unvergessen, ich bin, obgleich ich schon seit vierzehn Jahren – genauer: seit Juli 1948 – in Paris lebe, mit meinen Gedanken oft daheim und bei den Freunden von einst.«[260]

Er möchte mehr von ihm wissen, antwortet Erich Einhorn, »von Deiner Frau, Deinem Eric, Deinen Erfahrungen mit Westdeutschland; ich kann mir denken, daß die Brüder drüben Deine ›Todesfuge‹ nicht gerade begeistert aufgenommen haben.«[261] Und Celan antwortet ihm: »Du hast Recht, wenn Du sagst, man habe mir in Westdeutschland nicht verziehen, daß ich ein Gedicht über die deutschen Vernichtungslager – die Todesfuge – geschrieben habe. Was mir dieses Gedicht – und ähnliche Gedichte – eingetragen haben, ist ein langes Kapitel. Die Literaturpreise, die mir verliehen wurden, dürfen Dich darüber nicht hinwegtäuschen: sie sind letzten Endes nur das Alibi derer, die im Schatten // solcher Alibis mit anderen, zeitgemäßen, Mitteln fortsetzen, was sie unter Hitler begonnen bzw. weitergeführt haben.«[262]

Celans Urteil ist harsch, und er fällt es in einer Offenheit wie kaum einem anderen seiner Briefpartner gegenüber.

Zu dieser Zeit bereitete Celan für die Fischer-Bücherei eine Auswahl russischer Lyrik vor und tauschte sich mit Einhorn über die drei russischen Dichter Alexander Blok, Ossip Mandelstam und Sergei Jessenin aus, die er dafür ausgewählt hatte. Von russischer Lyrik wusste man damals zumindest in

Westdeutschland so gut wie nichts. Und Celan schickte dem Freund einen Sonderdruck seiner Übersetzung von Jewgeni Jewtuschenkos »Babij Jar« mit. Dieses Gedicht war im Jahr zuvor in der Moskauer *Literaturnaja Gaseta* erschienen. Es erinnert an das Massaker in der Schlucht von Babi Jar im September 1941, bei dem SS, Wehrmacht und ukrainische Freiwillige mehr als 30 000 Juden aus Kiew erschossen hatten. Der Text sorgte bei seinem Erscheinen 1961 für großes Aufsehen, weil er das ganze Ausmaß der Ermordung von Juden ins Bewusstsein der sowjetischen Öffentlichkeit holte. »Über Babij Jar, da steht keinerlei Denkmal. / Ein schroffer Hang – der eine, unbehauene Grabstein. / Mir ist angst. / ich bin alt, / so alt wie das jüdische Volk. / Ich glaube, ich bin jetzt / ein Jude«, beginnt das Gedicht von Jewgeni Jewtuschenko (1932 – 2017), eine Klage wie politische Anklage und ein Bekenntnis. Der Text schließt: »Ich habe kein jüdisches Blut in den Adern. / Aber verhaßt bin ich allen Antisemiten. / Mit wütigem schwieligen Haß, so hassen sie mich – / wie einen Juden. / Und deshalb bin ich / ein wirklicher Russe.«[263]

Celan hat es 1962 in seiner Übersetzung gleich zweimal veröffentlicht, gesamtdeutsch sozusagen, in West und Ost: zuerst im Fischer-Almanach in Frankfurt am Main, sodann im letzten noch von Peter Huchel verantworteten Heft von *Sinn und Form* in Ostberlin. In der gleichen Ausgabe erschienen, zum ersten Mal in der DDR, Gedichte von Paul Celan.

1967, als Celans Werk Verbreitung in der Sowjetunion erfährt, endet die Korrespondenz zwischen den beiden Freunden, gewiss auch wegen der erschwerten Postwege in die damalige Sowjetunion. Briefe und Pakete wurden abgefangen oder erreichten ihre Empfänger erst spät. Erich Einhorn stellte dem Freund noch die litauische Übersetzung der »Todesfuge« in Aussicht. Aber sie traf nicht ein und erschien in Buchform erst Jahre später.

Nicht nur nach Moskau schickte Celan 1962 Briefe, sondern auch nach Czernowitz an Gustav, den Sohn des Herrenschneiders Leon Chomed aus der Töpfergasse. genannt Gustl, mit dem Paul in eine Klasse gegangen war und der nach dem Krieg auf schicksalhaften Wegen nach Czernowitz zurückgekehrt war. Es war die einzige Verbindung, die Celan in Briefform in seine Heimatstadt hielt. Von ihm möchte er nun Nachrichten bekommen. »Sag, wie es Dir geht. Wer von den Freunden ist da, wer von den Freunden blieb … der Freund? Und wo ist Deine Schwester Babette? Ach weißt Du, ich wollte, ich wohnte noch dort – nicht nur die Töpfergasse war … menschlich.«[264]

Nur elf Tage später, am 17. Februar 1962, berichtet Gustav dem Freund nach Paris »nun aber der Reihe nach« von den »schwarzen Jahren« nach 1941, die er als Jude in Swerdlowsk, dem heutigen Jekaterinburg, überlebte und wie er auf dem seltsamen Umweg über Sibirien und Zentralasien in die Ukraine gelangte, wo er 1944 Soldat wurde:

Mein Weg führte mich von den Trümmern des Warschauer Ghettos in die Bunker der Berliner Reichskanzlei, an Goebbels halbverkohlte Leiche. Dann erst gab ich zu erkennen, dass ich der deutschen Sprache mächtig bin. Da gute Dolmetscher damals äusserst selten waren, kam ich sofort in den Stab der Besatzungsarmee und führte dort 1 ½ Jahre lang kein leichtes, dafür aber interessantes Leben. Ich war nicht nur in allen wichtigen Städten unserer Besatzungszone, sondern auch in einem guten Teil Bayerns und Frankens (unter anderem auch in Nürnberg, am Prozess der Obermörder), ebenso wie in Wien, Prag und Budapest. Schliesslich aber, Ende 1946, kehrte ich nach Czern. zurück , womit die »heroische« Periode meiner Laufbahn ein Ende nahm. Über das wie und warum liesse sich so manches erzählen, ist aber hier nicht der rechte Platz dafür. Seither ist mein Leben äusserlich wenig interessant. 1947 heiratete ich, meine Frau heisst Tania, ist Jüdin aus Bessarabien. 1950 wurde meine Tochter Rachel (wir nennen sie Lili) geboren und blieb unser einziges Kind. (Sie ist sehr hübsch und nicht dumm). Seit Jahren bin ich Chefbuchhalter im Amt für Gesundheitswesen des Czernowitzer Landrayons und gehört es in dieser Eigenschaft zu meiner Aufgabe, die finanzielle und wirtschaftliche Tätigkeit einer Reihe von Dorfspitälern zu leiten (auch seltsam, nicht).[265]

Grüße an den Zensor

Wenn man dies liest, darf man nicht vergessen, dass der Zensor mitlas. Und so erzählt dieser Brief Gustavs Geschichte anders, als es seine Tochter Rachel vierzig Jahre später den Herausgebern, die den Briefwechsel der beiden Freunde vorbereiteten, zu berichten wusste.

Gustav Chomed, aus einem durch und durch deutsch-jüdischen Elternhaus, wollte sich 1945/46 in Berlin gerade in die westlichen Sektoren absetzen, als er erfuhr, dass seine ältere Schwester Babette, die einzige Verwandte, die ihm geblieben war, verzweifelt in Czernowitz nach ihm suchte. Der Vater war schon vor dem Krieg gestorben, ihre Mutter Tzila in einem der Lager in Transnistrien ermordet. So kehrte er in die sowjetisch gewordene Heimatstadt zurück, um dort zu erfahren, dass die Schwester nach Rumänien gegangen war, ein vermeintlich freies Land.[266] Der Eiserne Vorhang zog auf, auch in die Bruderländer konnte man nicht einfach reisen, erst recht nicht als Sowjetbürger. Die Geschwister sahen sich nur noch bei seltenen Besuchen und sprachen Deutsch miteinander, was in Czernowitz nach 1945 kaum noch möglich war, schon gar nicht für Gustav Chomed. Er lebte vollkommen auf sich gestellt in der fremd gewordenen Heimatstadt und lernte dort seine spätere Frau Tatjana kennen. Sie trug an einem furchtbaren Schicksal: In einem der Arbeitslager Transnistriens hatten Deutsche vor ihren Augen ihre Eltern und ihren älteren Bruder erschossen. Sie mied fortan alles Deutsche und wollte es aus ihrem Leben verbannen. Von 1956 an bemühte sich Gustav Chomed um die Ausreise nach Israel. Sie wurde ihm erst 1972 von den sowjetischen Behörden gestattet.

Von all dem konnte Gustav dem Jugendfreund in Paris in seinem langen, in makellosem Deutsch verfassten Brief nichts berichten. Stattdessen schrieb er ihm, er spreche nur noch Russisch, denke in dieser Sprache, seine Bibliothek sei rein russisch, überhaupt erschiene ihm diese Sprache viel schöner als die deutsche. Es sind vermutlich Grüße an den mitlesenden Zensor, die Celan aber richtig zu deuten verstand. Gustav Chomed, der sich nach Paris wie Italien sehnte, gab dem fernen Freund in seinem Heimweh außerdem zu bedenken: »Die Töpfergasse, liebes Paulchen, mit all dem was in, auf und um ihr war – die gibt es schon lang nicht mehr.« Und fügte auf Russisch das Sprichwort hinzu: »Das ist lange her und nicht wahr.«[267]

Die beiden sowjetischen Briefwechsel von Celan, wenn man sie so nennen darf, der mit Erich Einhorn wie der mit Gustav Chomed, sind von großer Wärme und Unmittelbarkeit. Alle drei wurden 1920 in Czernowitz geboren und haben dort die ersten Schuljahre miteinander verbracht. Krieg, Verfolgung, Flucht und Vertreibung haben sie in alle Himmelsrichtungen versprengt. Die »Todesfuge« musste Paul den beiden Freunden nicht eigens erklären; sie war ihnen selbstverständlich zugeeignet. Die gemeinsame Herkunft schaffte eine Nähe, die sich selbst nach Jahren wieder einstellte und es den Freunden ermöglichte, zerrissene Fäden wieder aufzunehmen. Dabei lässt sich, wie immer bei Celan, die persönliche Dimension nicht von der dichterischen trennen. Als die

Briefe zwischen Moskau, dem sowjetischen Czernowitz und Paris hin und her gehen, beschäftigt den Dichter nichts so sehr wie die russische Lyrik, die er gerade übersetzt. In der Nähe zu ihr, im Dialog mit ihr wie mit den beiden Freunden entsteht die *Niemandsrose*, Celans russisches, jüdisches Buch, man darf es mit diesen Attributen versehen. Denn es ist ein Buch des Bekenntnisses und der Zugehörigkeit. Celan widmet es dem Andenken Ossip Mandelstams.

Bruder Ossip

1891 in Warschau geboren, gehört Ossip Mandelstam heute zu den bekanntesten russischen Dichtern des 20. Jahrhunderts. Damals zählten seine Gedichtbände *Der Stein*, *Tristia*, der Sammelband *Gedichte* zum Totgeschwiegenen, Verschollenen; der New Yorker Exilverlag Tschechow brachte die Gedichte von Mandelstam und seine Prosa 1955 neu heraus. Celan rechnet den russischen Dichter zu jenen, für die das noch nicht zu Ende gedachte Wort von Roman Jakobson gelte, dass sie von ihrer Generation »vergeudet« wurden.[268]

»Mandelstamm ist wohl der grösste russische Lyriker der letzten Jahrzehnte, er ist *der* Metaphysiker, ich bin ein wenig stolz, ihn gefunden und übersetzt zu haben«, schreibt Celan im Sommer 1958 an Rudolf Hirsch.[269] In Mandelstams komplexer Einfachheit, opaken Melancholie wie seinem bewussten Erleben von Zeit, das heißt: seiner Zeitgenossenschaft, erkannte Celan sich selbst und schuf in diesem Band ein Selbstporträt: »War niemands Zeitgenosse, wars in keiner Weise, / solch Ehre ist zu hoch für mich. / Ein Greuel, wer da so heißt, wie sie mich heißen, / das war ein andrer, war nicht ich« beginnt das letzte Gedicht, das Celan ausgewählt hat.[270] Mandelstam starb 1938 in einem stalinistischen Durchgangslager in Wladiwostok, was Celan damals noch nicht sicher wissen konnte; er hielt es für möglich, dass »Bruder Ossip«, wie er ihn einmal nennt, in der von Hitlers Armeen besetzten Sowjetunion umgekommen sei. In dem Gedicht »Es ist alles anders« aus der *Niemandsrose* heißt es: »... der Name Ossip kommt auf dich zu, du erzählst ihm, / was er schon weiß, er nimmt es, er nimmt es dir ab, mit Händen, / du löst ihm den Arm von der Schulter, den rechten, den linken, / du heftest die deinen an ihre Stelle, mit Händen, mit Fingern, mit Linien, // – was abriß, wächst wieder zusammen – / da hast du sie, da nimm sie dir, da hast du alle beide, / den Namen, die Hand, die Hand, / da nimm sie dir zum Unterpfand, / er nimmt auch das, und du hast / wieder, was dein ist, was sein war, ...« (NKG, S. 166) Wie selbstverständlich, kaum merklich legt Celan auch hier einen Partikel des Gedenkens in sein Gedicht, der Name und die Hand führen auf Jesaja 56 zurück, *jad wa-shem*, seit 1953 der Name der Gedenkstätte für die ermordeten Juden in Jerusalem. Zur Dichtung Mandelstams gehöre Russisches, Jüdisches, Griechisches und Lateinisches, eine zu großen Teilen noch unerschlossene Gedankenwelt, wie Celan 1959 schreibt. Es ist auch die seine.

Eigentlich sei er ein russischer Dichter, soll Celan immer wieder gesagt haben. Und gegenüber den beiden Freunden äußerte er den Wunsch, er wolle doch einmal in die Sowjetunion reisen, Czernowitz wiedersehen. Ein Gruß an den Zensor? Oder doch der Wunsch dessen, der heimatlos geblieben ist? Wohl beides zugleich, zeitgleich. Eine Einladung des sowjetischen Schriftstellerverbandes hat Celan jedenfalls nicht erhalten, aber sie war angesichts der politischen Verhältnisse zu jener Zeit auch gar nicht zu erwarten.

»Ich schliesse den Brief mit unserem alten ›Pfiff‹, der nun schon mehr als zwei Jahrzehnte nicht mehr in den Gassen der Stadt ertönt, die einmal unsere Heimat war: ›Au clair de la lune, mon ami Pierrot‹ ....«, beendete Gustav Chomed seinen langen Brief vom Februar 1962. Und der Freund setzt in die Mitte der *Niemandsrose* »Eine Gauner- und Ganovenweise / gesungen zu Paris emprès Pontoise / von Paul Celan / aus Czernowitz bei Sadagora« (NKG, S. 139). Am 29. »Jänner« 1970 hatte er dem Freund geschrieben: »Laß uns jetzt, d.h. von nun an regelmäßig Briefe wechseln. Mit einem einfachen Wort: ich *brauche* Deine Briefe.«[271]

Von den drei Czernowitzer Jahrgangsgefährten starb Paul Celan als erster im April 1970 in Paris, Erich Einhorn, der, als die zaghafte Liberalisierung in der Sowjetunion um 1967 endete, unter Depressionen litt, 1974 an einem Herzinfarkt in Moskau, Gustav Chomed 2002 in Israel. Die drei haben einander nicht wiedergesehen.

Der Anhalter Bahnhof in Berlin 1965

Westberlin 1967

Lila Luft mit gelben Fensterflecken,

der Jakobsstab überm
Anhalter Trumm,

Kokelstunde, noch nichts
Interkurrierendes,

von der
Stehkneipe zur
Schneekneipe.
(NKG, S. 486)

Dieses Gedicht schrieb Paul Celan am 23. Dezember 1967, als er in Berlin, genauer: in Westberlin, zu Besuch war. Eine Woche zuvor war er mit Air France von Paris kommend in Tempelhof gelandet. Der Schriftsteller Walter Höllerer hatte ihn zu einer Lesung in die Akademie der Künste am Hanseatenweg eingeladen. Dort wohnte Celan auch. »Du liegst im großen Gelausche, / umbuscht, umflockt«, heißt ein anderes Gedicht, das im Gästeappartement der Akademie, dessen große Fenster zum Tiergarten zeigten, innerhalb einer Winternacht entstand. Der große Saal der Akademie war an jenem 18. Dezember, dem Abend der Lesung, mit über 800 Zuhörenden dicht besetzt. Die Veranstaltung fand ein großes Presseecho in der Stadt.

Am darauffolgenden Abend las Celan im kleinen Kreis von 15, 20 Personen im Seminar für Allgemeine und Vergleichende Literaturwissenschaft in Dahlem, eingeladen von Peter Szondi, der das Fach an der Freien Universität vertrat. Über diesen Dienstagabend sind wir dank Marlies Janz gut im Bilde, damals eine 25-jährige Studentin bei Szondi, die einige Jahre später ein wegweisendes Buch über Celan schreiben wird.[272] Von ihr wissen wir, dass Celans Lesung mit dem letzten Gedicht aus *Mohn und Gedächtnis,* »Zähle die Mandeln«, begann und des weiteren Gedichte aus *Von Schwelle zu Schwelle*, *Sprachgitter*, auch die »Engführung«, sieben Gedichte aus *Niemandsrose* und 15 Gedichte aus dem im selben Jahr erschienenen Band *Atemwende* und ganz am Schluss »Denk dir« und »Einem Bruder in Asien« beinhaltete, Gedichte, die nur wenige Tage zuvor in den von Walter Höllerer herausgegebenen *Akzenten* erschienen waren. Wie immer hatte Celan die Lesung sorgfältig komponiert, er hielt sie am Montag- wie am Dienstagabend. Wie seit vielen Jahren las er die »Todesfuge« nicht.

Nach der zweiten Lesung bricht eine kleine Gruppe – neben dem Dichter Peter Szondi, sein Kollege Eberhard Lämmert und dessen Frau, der Judaist Jacob Taubes und Walter Georgi, ein Psychiater, den Celan aus Zürich kannte, und Marlies Janz – von Dahlem zum Steinplatz in Charlottenburg auf, man sitzt in einem Lokal zusammen, Celan nimmt kleine Zweige aus dem Weihnachtsgesteck auf dem Tisch und hält sie in die brennenden Kerzen. Georgi erklärt der Tischrunde, dass man dieses Spiel mit dem Feuer in Berlin »Kokeln« nenne, ein Wort, das Celan nicht kennt und das er ebenso gern aufgreift, wie er sich für die Berliner Idiome »Daffke« und »partout« interessiert hatte, das eine aus dem Jiddischen entlehnt, das andere aus dem Sprachschatz der Hugenotten.

Nur wenige Tage später findet das Wort »Kokeln« Eingang in sein Gedicht.

Weit nach Mitternacht fährt Walter Georgi in seinem Auto mit Paul Celan und Marlies Janz vom Steinplatz durch das tief verschneite Berlin. Er weicht von der vorgesehenen Route ab und steuert einen damals öden Ort an, den Askanischen Platz. Die drei steigen aus und betrachten das, was vom Anhalter Bahnhof übrig geblieben ist, ebenjenem Bahnhof, in dem der 18-jährige Paul bei seiner ersten Reise nach Berlin im November 1938, von Czernowitz kommend, haltmachte. »Über Krakau / bist du gekommen, am Anhalter / Bahnhof / floß deinen Blicken ein Rauch zu, / der war schon von morgen« (NKG, S. 165), wie es in dem Gedicht »La Contrescarpe«, das 1962 entstand, heißt. Jetzt, 29 Jahre später, sieht er das Ausmaß von dessen Zerstörung 1945; sie ist irreversibel. Vom großen Anhalter Bahnhof, von seiner Pracht und dem Bauvermögen des 19. Jahrhunderts, ist – bis heute – nur ein Teil des Portikus geblieben. Von Juni 1942 waren vom Anhalter Bahnhof Deportationen von Jüdinnen und Juden aus Berlin erfolgt. Erst seit 2008 erinnert eine Stele hinter der Ruine daran.

Die Elemente des am 23. Dezember 1967 entstandenen Gedichts, das am Anfang dieses Kapitels steht, sind Momente jener Winternacht vom 19. auf den 20. Dezember: Vom »Jakobsstab« war in einem Gedicht die Rede, das Celan gerade auch an dem Abend in Dahlem vorgetragen hatte: »Und mit dem Buch aus Tarussa«. Die drei Gürtelsterne Orions zeichneten sich am klaren Berliner Winterhimmel jener Nacht ab und schimmerten durch die geborstenen Fensterruinen. Seiner Frau schreibt Celan am 23. Dezember, der auch ihr 15. Hochzeitstag war, dass er zum ersten Mal nach über 20 Jahren einen Winter erlebe, »der aus Schnee und nochmals Schnee besteht«.[273] Eine Kehlkopfentzündung habe er gut überstanden. Anfang Januar wird er Gisèle das Gedicht schicken und ihr erklären, dass »Trumm« der Singular von »Trümmern«

sei; er würde ihr das Gedicht ein andermal übersetzen. Seine französische Fassung ist nicht überliefert.

Ohne Erklärung lässt er den Auftakt des Gedichts »Lila Luft mit gelben Fensterflecken«. Die durchlöcherten Fenster der Bahnhofsruine werden zu Flecken. Die erste Zeile des Gedichts erinnert an den gelben Judenstern, den alle Juden zu tragen hatten (ursprünglich waren es Flecken), und an das Grab in den Lüften aus der »Todesfuge«. So war das Gedicht, das Celan in Berlin nicht vortrug, doch gegenwärtig.

Peter Szondi wird später Celans Fahrten durch das vorweihnachtliche Berlin nachzeichnen und dabei wie beiläufig bemerken, Celan sei seit Jahren von keiner Stimmung mehr begleitet gewesen, habe aber von fernher die Stimmung jener Dezembertage aufgenommen.[274] Von keiner Stimmung begleitet zu sein heißt, von einer Depression umschlossen zu leben, darin weder Freude noch Trauer mehr zu empfinden.

Tatsächlich kam Celan am Ende eines schweren, schwierigen Jahres nach Berlin. Ende Januar hatte er einen Selbstmordversuch knapp überlebt, bei dem er sich die Lunge mit einem Messer verletzte. Eine Operation rettete ihm das Leben. Aber er musste sich in der Folge über Monate im Pariser Krankenhaus Sainte-Anne einer psychiatrischen Behandlung unterziehen. Einige Zeit war er dort stationär aufgenommen, später konnte er die Klinik tagsüber verlassen, »die Schwermutsschnellen hindurch«, wie es in einem Gedicht in *Atemwende* heißt. Zugleich war 1967 ein Jahr voller Reisen, Begegnungen, Veröffentlichungen: Celan war im Sommer Martin Heidegger begegnet , das Gedicht »Todtnauberg« legt davon Zeugnis ab. Ein neuer Gedichtband erschien, *Fadensonnen*, nun im Suhrkamp Verlag. Celan hatte den Fischer Verlag im Streit verlassen.

In Berlin erkundete Celan die Geschichte, in Plötzensee mit der Hinrichtungsstätte für die Opfer des Widerstands vom 20. Juli wie am Landwehrkanal mit der Erinnerung an

Rosa Luxemburg und Karl Liebknecht und dem Anhalter Bahnhof, ganz in der Nähe vom alten nationalsozialistischen Machtzentrum. So entstand eine Berliner Gedichttopographie mit den beiden Gedichten »Lila Luft« und »Du liegst«. Eine Reise zur Weihnachtszeit, die andere Menschen zuhause hält. Celan blieb noch für Fernsehaufnahmen und kehrte am 29. Dezember nach Paris zurück.

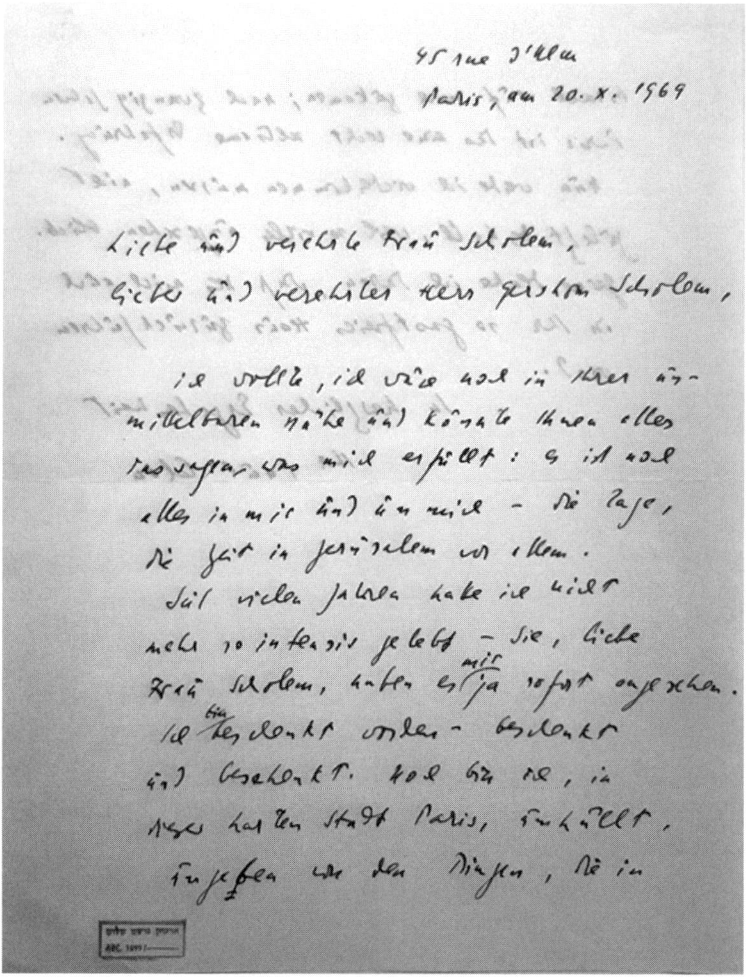
45 rue d'Ulm
Paris, am 20. X. 1969

Liebe und verehrte Frau Scholem,
lieber und verehrter Herr Gershom Scholem,

ich wollte, ich wäre noch in Ihrer unmittelbaren Nähe und könnte Ihnen alles das sagen, was mich erfüllt: es ist noch alles in mir und um mich – die Tage, die Zeit in Jerusalem vor allem.
Seit vielen Jahren habe ich nicht mehr so intensiv gelebt – Sie, liebe Frau Scholem, haben es mir ja sofort angesehen. Ich bin beschenkt worden – beschenkt und beschenkt. Noch bin ich, in dieser harten Stadt Paris, umhüllt, umgeben von den Dingen, die in

Brief (Auszug) von Paul Celan an Fania und Gershom Scholem, 20. Oktober 1969

Jerusalem 1969

Es war der Abend des 9. Oktober. Der Saal des neuen Journalisten-Hauses in Jerusalem war übervoll von Menschen, die Celan erleben wollten. Nicht alle fanden Sitzplätze; mancher mußte stehend zuhören. Das Interesse für Celan vereinigte hier gar verschiedene Kreise und Menschen. Es waren Bukowiner und deutsche Juden, ehemalige Österreicher und ehemalige Tschechoslowaken, Universitätsprofessoren und Dichter, Künstler und Lehrer, Ärzte und Ingenieure. Ja sogar einige Studenten von der Hebräischen Universität waren anwesend, die wohl Mühe hatten, deutsch zu verstehen, die aber von Celan wissen – und das ist die Hauptsache![275]

So berichtet Israel Chalfen, der spätere Biograph von Celans Jugend, in *Die Stimme*, der Zeitung der »Landsmannschaft der Bukowiner«. Eine Tonaufnahme von dieser Lesung im Beit Agron, dem Journalistenhaus in Jerusalem, ist erhalten.[276] Man hört darauf einige Nebengeräusche, Husten, Flüstern, doch ansonsten herrscht gespannte Stille im Saal. Celan las aus seinem ersten Band *Mohn und Gedächtnis* »Kristall«, aus *Von Schwelle zu Schwelle* »Gut«, »Der Gast«, »Mit wechselndem Schlüssel« und andere, aus *Sprachgitter* »Stimmen« ebenso wie »Engführung«, aus der *Niemandsrose* »Mandorla« und »Die Silbe Schmerz«, aus *Atemwende* »Vom Großen«, »In Prag«, aus *Fadensonnen* »Denk dir«, ein Gedicht, das während des Sechs-Tage-Krieges im Juni 1967 entstand und nun, in Jerusalem gelesen, zu einer Reverenz ans israelische Publikum geriet: »Denk dir: / der Moorsoldat von Massada / bringt sich Heimat bei, aufs / unauslöschlichste, / wider / allen Dorn im Draht« (NKG, S. 266).

Celan hielt Lesungen in den drei größeren Städten des Landes: zum Auftakt in Jerusalem, in Tel Aviv in der darauffolgenden Woche gleich zwei Mal, einige Tage später in Haifa. Alle Veranstaltungen trafen auf ein überwiegend deutschsprachiges Publikum, das es 1969 noch in größerer Zahl in Israel gab. Dabei waren Lesungen auf Deutsch äußerst selten und fanden im öffentlichen Raum gar nicht statt, privat gewiss häufiger.

Deutsch war kein Schulfach und wird bis heute kaum an israelischen Schulen unterrichtet, Germanistik wurde damals an den israelischen Universitäten nicht gelehrt. Es gab deutschsprachige Zeitungen, wie das *Mitteilungsblatt* oder *Die Stimme*, aber die waren von einem hebräischen Teil begleitet. Dass Theodor Heuss 1960 an der Hebräischen Universität auf Deutsch vortragen sollte, führte zu wütenden Protesten vor allem von Studenten. Als der Altbundespräsident aber dann seinen Vortrag in Jerusalem hielt, begrüßt von Martin Buber, eingerahmt von Gershom Scholem, Shmuel Hugo Bergmann, Werner Senator und Ernst Simon, deutschsprachigen Juden aus Berlin und Prag, konnte der Saal die vielen Hörer kaum fassen, die den Redner höflich empfingen. Als Max Frisch fünf Jahre später den Jerusalem-Preis zuerkannt bekam und sich auf Deutsch dafür bedankte, war auch dies ein Novum wie Politikum. Theodor Heuss hatte als ehemaliges Staatsoberhaupt und als politischer Autor auf Einladung von Martin Buber gesprochen, den er noch aus der Zeit der Weimarer Republik kannte, Max Frisch als Schweizer Schriftsteller von internationalem Rang. Beide wendeten sich als Nichtjuden an ein jüdisches, genau genommen: israelisches Publikum. Das unterscheidet sie von Celan und seinen Lesungen. Und deshalb muss man sich vergegenwärtigen, wie ungewöhnlich zu jener Zeit in Israel eine öffentliche Lesung auf Deutsch war.

Zu Beginn der Jerusalemer Veranstaltung hatte Jehuda Amichai den Gast auf Hebräisch vorgestellt und vier von Celans Gedichten auf Hebräisch vorgetragen. Amichai, 1924 in Würzburg geboren, seit 1937 in Jerusalem, war schon damals einer der bedeutendsten Dichter Israels. Seine Dichtung schöpft aus dem biblischen Hebräisch und ist zugleich modern, offen. Bis heute liest jede Generation Amichai neu und begreift ihn als ihren Dichter. Celan wird das moderne Hebräisch etwas verstanden, aber nicht gesprochen haben. Er hatte es in der Grundschule in Czernowitz in Grundzügen gelernt. Im Fortgang sprach der Schriftsteller Manfred Winkler, und auch er trug Gedichte von Celan auf Hebräisch vortrug, »Nachmittag mit Zirkus und Zitadelle« und »Es war Erde in ihnen«, wie sich Celan notierte.[277] 1922 in der Bukowina geboren und in Czernowitz aufgewachsen, konnte Manfred Winkler erst 1959 vom rumänischen Temesvar nach Israel auswandern. Er hatte in Rumänien Gedichte auf Deutsch veröffentlicht. In Jerusalem angekommen, lernte er die Sprache so gut, dass er auf Hebräisch wie Deutsch schrieb und über Jahre das Theodor-Herzl-Archiv leitete. Er schuf außerdem ein bildhauerisches Werk.

So war Celan an jenem Abend von zwei »Hebräern« umrahmt, um Israel Chalfen aus seinem Bericht zu zitieren. Chalfen erwähnt darin auch die »Todesfuge«. Celan habe es »an diesem Abend vermieden, die Gedichte seiner großen Trauer, die am meisten zu seinem Ruhm beigetragen haben, zu lesen«[278]. Doch soll das Publikum nach der Jerusalemer Lesung gebeten haben, der Dichter möge doch die »Todesfuge« vortragen.[279] Er tat es nicht – bei keiner seiner Veranstaltungen in Israel. Dabei war dieses Gedicht in Israel – wie überall sonst – das bekannteste. Es war zuerst, am 8. Mai 1958, in der Tageszeitung *Haaretz* erschienen, in der Beilage *Tarbut we-Sifrut)* (Kultur und Literatur), übersetzt von Amnon Ramon. Gut anderthalb Jahre später kam »Fugat ha-mawet« zum zweiten Mal übersetzt in der israelischen Zeitung *Dawar* heraus. Genau zwei Wochen später erschien sie noch einmal, diesmal auf Hebräisch *und* Deutsch, im *Mitteilungsblatt*, der Zeitschrift der aus Mitteleuropa eingewanderten Juden. Dem Abdruck des Gedichts und seiner Übersetzung war ein Artikel beigegeben: Hans Tramer schrieb damals unter der Überschrift »Der bestrittene Ruhm« über die Goll-Affäre: »Wahrlich keine Ehre, die die Witwe eines jüdischen Dichters einem anderen jüdischen Dichter gegenüber einlegt. Umso mehr als das Erbe Yvan Golls kostbar ist.«[280]

Die zweite Übersetzung der »Todesfuge« stammte von Esra Susmann. 1900 in Odessa geboren, hatte der Autor und Lyriker die Zeitschrift der israelischen Arbeiterbewegung *Dawar* mitbegründet. Er würde Celan im Oktober 1969 persönlich in Tel Aviv begegnen. Und gewiss sprachen beide dabei auch über die hebräische Fassung des Gedichts, bei der das »schwarz« mit der »Frühe« nahezu einen Gleichklang des Beginns bilden: »chalaw schachor schel schachar schotim anu ba-erew / schotim ba-zohorajm u-woker schotim ba-leila / schotim we-schotim« – »Schwarze Milch der Frühe wir trinken sie abends / wir trinken sie mittags und morgens wir trinken sie nachts / wir trinken und trinken«.[281]

Später wird Natan Zach die »Todesfuge« ins Hebräische übersetzen. Der Dichter, 1930 in Berlin geboren, zählt heute zu den Klassikern der modernen hebräischen Literatur, zumal durch seine Lyrik, und hat unter anderem Else Lasker-Schüler ins Hebräische übersetzt. Und Anfang der 1990er Jahre tut es Shimon Sandbank, 1933 geboren, einer der namhaften Übersetzer Israels, vor allem aus dem Englischen. Jede dieser Übertragungen ist eine neue Deutung von Celans Gedicht: von der schwarzen Milch, in der Hervorhebung »wir trinken *sie* ...«, in der Interpretation der Frühe und erst recht des Satzes »Der Tod ist ein Meister aus Deutschland«, in der sprachlichen Umsetzung der Fuge, die insbesondere Sandbank beschäftigte.

So war an jenem Oktoberabend 1969 in Jerusalem das nicht gelesene Gedicht dennoch gegenwärtig wie die Gedichte, die Paul Celan dort vortrug.

Ein Abend in Jerusalem

Werfen wir einen Blick ins Auditorium: Manuel und Martha Singer waren gekommen, die Celan für zwei Tage bei sich zuhause beherbergten. Manuel war ein Schulfreund aus Czernowitzer Tagen, der mit Paul zusammen das Medizinstudium in Tours begonnen hatte, seine Frau Martha stammte ebenfalls aus Czernowitz. Ernst Simon wird dort gewesen sein, Kitty Steinschneider-Marx, 1905 in Königsberg geboren, 1933 nach Palästina eingewandert, und ihr Mann Karl Steinschneider, der Agnons Werk ins Hebräische übersetzt hatte, der Physiker Shmuel Sambursky und seine Frau Miriam, Gershom und Fania Scholem, die im Anschluss an die Lesung in ihre nahe gelegene Wohnung in der Abarbanelstraße zu einem Empfang einluden. Scholem war damals Präsident der Israelischen Akademie. Seine Werke zur Erforschung der jüdischen Mystik las Celan besonders aufmerksam; sie gingen in seine späten Gedichte ein.

Auch Werner Kraft war unter den Zuhörern, der Lyriker und Literaturhistoriker, der Celan so kritisch gegenüberstand wie Celan ihm: »An Kitsch streift *für mich* auch die berühmte ›Todesfuge‹«, schreibt Kraft 1964 an seinen norddeutschen Freund, den Dichter Wilhelm Lehmann, und fährt fort: »Ich bin nicht so beschaffen, daß ich dieses allzu begabte Gedicht für schön halten könnte. ›Der Tod ist ein Meister aus Deutschland‹ hat für mich abgesehen von seinem traurigen Wahrheitsgehalt einen verflucht aesthetischen Klang, vor dem ich die Augen verschließe, und das habe ich dem Dichter zu seinem Erstaunen auch gesagt.«[282] Der vergab ihm nichts: »Ich kenne diesen Werner Kraft, der in Jerusalem lebt (!) … Eine nicht nur als Dichter triste Gestalt …«, hatte Celan Jahre zuvor geschrieben.[283]

Es wird also nicht nur ein harmonisches Willkommen und Miteinander in Jerusalem gewesen sein. Vermutlich wird auch Tuvia Rübner vom Kibbuz Merchavia im Norden Israels nach Jerusalem gereist sein, um Celan zu hören. 1924 in Preßburg geboren, wurde der Dichter, Fotograf und Lehrer einer der namhaftesten Übersetzer in beide Sprachen. Er übertrug Kafka und Walter Benjamin ins Hebräische, Agnon und Gedichte von Dan Pagis ins Deutsche und wird 1987 das erste Buch mit Celans Gedichten auf Hebräisch als Lektor betreuen. *Dawar ma-jehi'jeh* heißt das erste Buch mit Gedichten von Paul Celan auf Hebräisch, »Es wird etwas sein«, der Titel eines Gedichts. Das Buch enthält eine Aufzeichnung der Lesung in Jerusalem, die 1987 auch als CD beigelegt wurde, auf Deutsch wie Hebräisch, deren Texte sowie eine Sammlung jener Jerusalem-Gedichte, von denen etliche Ilana Shmueli zugeeignet sind, von der später noch die Rede sein wird. In der Mitte aber steht die abwesende »Todesfuge«. Dan Pagis, 1930 in Radautz in der Bukowina geboren, ein Experte für das mittelalterliche Hebräisch an der Jerusalemer Universität, wird ins Beit Agron gekommen sein, ebenso wie Schmuel Hugo Bergmann, der langjährige Direktor der Jerusalem Nationalbibliothek und Philosoph, der frühe Freund Franz Kafkas, mit seiner Frau Escha.

War auch Lea Goldberg an jenem Oktoberabend im Beit Agron zugegen, die Lyrikerin, Übersetzerin, die an der Hebräischen Universität vergleichende Literatur lehrte? Oder war sie, die im Januar 1970 mit nur 58 Jahren starb, damals schon zu krank? Und wie sah es mit dem hochbetagten Agnon aus, der 1966 den Literaturnobelpreis erhalten hatte? Und war Mascha Kaléko gekommen, die ganz in der Nähe vom Journalistenhaus in der King-George-Straße wohnte? 1959 war sie mit ihrem Mann Chemjo Vinaver von New York nach Jerusalem gezogen. Beide erhofften in dem Klima der Stadt eine Linderung des Asthmaleidens von Vinaver. Es verschlimmerte sich. Beide fassten nicht Fuß in Jerusalem. Die genaue Chronistin vermerkt in ihren Briefen nichts über Celans Lesung.

Die Bukowiner werden an jenem Abend zahlreich in Jerusalem vertreten sein, Czernowitzer, die nach Israel emigriert waren und die nun einen großen Sohn ihrer Stadt in ihrer neuen Heimat begrüßen wollten.

Und natürlich die Journalisten, in deren Klubhaus die Lesung stattfand, Shmuel Thomas Huppert, der einige Tage später ein Gespräch mit Celan in Amichais Haus in der Yemin Moshe führte, einem Viertel, das man nach dem Sechs-Tage-Krieg gerade erst wieder aufgebaut hatte. Vom Westen der Stadt blickte man aufs Davidstor und die Altstadt von Jerusalem, die nun zu Israel gehörte.

Das Journalistenhaus liegt in Rechavia, in jenem Stadtteil, in den vor allem Juden aus Deutschland gezogen waren. Sie verkörperten durch ihren Lebensstil, ihre Berufe, durch Anzug und Kostüm viel von dem Deutschland der Weimarer Republik, die sie verlassen hatten.

Ein Gast war sicher zugegen: Ilana Shmueli, eine Freundin aus Czernowitzer Kindheitstagen, war an jenem Oktoberabend mit dem Bus von Tel Aviv nach Jerusalem gekommen. Sie und Celan hatten sich nach über zwanzig Jahren 1965 in Paris wiedergetroffen:

> *Es war der 11. September 1965 – es war ein gutes Wiedersehen. Ein leuchtender Spätnachmittag in Paris. Wir sprachen und gingen. Celan schien mir älter, als ich ihn mir vorgestellt hatte, er war schwerer geworden und wirkte müde und grau. Doch dieser Eindruck verging rasch in der Freude des Wiedersehens und im lebendigen Gespräch. Kurze Unterbrechungen mit Wein in den Bistros. Wir gingen die ganze Nacht: die Boulevards, Place de la Concorde, Place de Vosges, Chansons in der Boîte de nuit an der Contrescarpe, le Marais, Pont-Neuf und, und … Schließlich um fünf Uhr morgens Les Halles. Wir fragten einander aus. Vieles wußten wir schon. Wir hatten ab und zu voneinander gehört. Vieles war uns neu, doch nicht fremd.*
>
> *[…]*
>
> *In den Morgenstunden gingen wir auseinander – ich versprach Paul, ihm Jerusalem zu zeigen.*[284]

Vier Jahre später sollten sie einander in Jerusalem wiedersehen. Ilana zeigte ihm auf einem langen Spaziergang die Stadt, den Skopusberg mit dem Amphitheater und seinem Ausblick aufs Tote Meer, den Ölberg, die Gethsemanekirche, Betlehem, den Stadtteil Abu Tor Richtung Osten, die Altstadtmauern entlang zur Klagemauer, das traditionsreiche Café Atara, zentraleuropäisch geprägt, im Westen der Stadt.

Es scheint, als sei dabei eine frühe Liebe zwischen beiden wiedergekehrt, die vor allem in Celans Gedichten, die er

Ilana Shmueli zueignet, aufscheint, Liebesgedichte, in denen die innere Geographie in die äußere übergeht:

DIE POLE

sind in uns,
unübersteigbar
im Wachen,
wir schlafen hinüber, vors Tor
des Erbarmens,

ich verliere dich an dich, das
ist mein Schneetrost,
sagt, dass Jerusalem i s t,
sags, als wäre ich dieses
dein Weiss,
als wärst du meins,

als könnten wir ohne uns wir sein,

ich blättre dich auf, für immer,

du betest, du bettest
uns frei.

---

21. 11. 1969
Avenue Emile Zola[285]

Es sollte nicht das einzige Jerusalem-Gedicht bleiben. Celan verfasste sie, zurück in Paris, in der Erinnerung an diese Reise, die ihn aufgewühlt hatte. »Daß Jerusalem eine Wende, eine Zäsur in sein würde in meinem Leben – das wußte ich. Aber ich wußte nicht, daß ich dort beschenkt werden sollte mit Dir«, schreibt er Ilana Shmueli am eigentlich vorgesehenen

Abreisetag, dem 21. Oktober 1969.[286] Celan aber hatte Israel überstürzt einige Tage früher als geplant verlassen. Es scheint, als hätte ihn die Begegnung mit einer jüdischen Gesellschaft aufgewühlt, das Wiedersehen mit Freunden aus Czernowitz, die Nähe und Ferne. Und er wurde gewahr, dass Deutsch eine fremde Sprache in Israel war, immer fremder zu werden begann. Er kehrte ins kalte Paris zurück, getrennt von seiner Familie, mit vielen Erinnerungen an die Reise.

Dort besuchte Ilana Shmueli Celan zu Weihnachten 1969, ihre Familie ließ sie in Israel. Sie blieb über die Feiertage und kehrte danach noch zwei Mal nach Paris zurück.

> *Ich lernte Celans Alltag kennen – die neue zu große Wohnung, laut und fremd, auch seine finanziellen Sorgen um seine Zukunft, an denen er schwer trug.*
> *Celan hatte einen unglaublichen Humor, der uns oft über schwere Stunden hinweghalf. Wir konnten sie auch befreiend weglachen und auf czernowitzerisch albern (blödeln – wie wir es nannten) …*
> *Er dachte sich oft etwas zum Feiern aus und bereitete uns kleine delikate Festmahle vor. Wir freuten uns am Essen und tranken gern vom roten französischen Wein.*[287]

Ilana Shmueli, geborene Schindler, 1924 in Czernowitz geboren, eine Tochter aus gutem Hause, wie sie sich selber mit einem Gran Selbstironie beschrieb. Sie hatte Palästina mit ihren Eltern 1944 auf abenteuerlichen Wegen erreicht und sich dort zur Sozialpädagogin ausbilden lassen. Zu ihren ersten Aufgaben gehörte es, Kinder und Jugendliche, die die Konzentrationslager im Osten Europas überlebt hatten, in die junge, sich selber noch entwickelnde israelische Gesellschaft zu integrieren. Eine Aufgabe, die ihr ganzes berufliches Leben prägte, über die sie gern und oft sprach.

»Es wird etwas sein«

Mehr als dreißig Jahre später machte sich Ilana Shmueli daran, ihren Briefwechsel mit Paul Celan herauszugeben. Sie nahm sich eine Wohnung in der Auguststraße in der Mitte Berlins, und wir arbeiteten im Sommer 2002 gemeinsam an der Edition. Alles schien wiederzukehren, die Kindheit in Czernowitz, die Begegnung mit dem vier Jahre älteren Paul, die 21 Jahre, die beide einander nicht sahen, das Wiedersehen in Paris, die Zeit in Jerusalem, die Rückkehr nach Paris. Ihre eigenen Gedichte, Aufsätze, Erinnerungen, zu denen die Begegnung mit Celan den Anstoß gegeben hatte.

Bevor Ilana Shmueli Celan 1965 nach vielen Jahren wieder traf, hatte ein gemeinsamer Freund aus Czernowitzer, Hersch Segal, das Gedicht aufgeschrieben und ihr Celans Adresse in Paris gegeben.

Paul Celan bei seiner letzten Lesung im März 1970 in Stuttgart

Stuttgart 1970

An jedem Ort dieses Buches, in jedem Jahr kehrt die »Todesfuge« in unterschiedlicher Gestalt wieder: in alter Form, neu verwandelt, als Zitat oder Fragment. Auch in »Stuttgart 1970«, das zunächst nach Bukarest führt.

Im Februar 1970 erschien dort erstmals in der deutschsprachigen *Neuen Literatur* das Gedicht »ER« von Immanuel Weissglas:

Wir heben Gräber in die Luft und siedeln
Mit Weib und Kind an dem gebotnen Ort.
Wir schaufeln fleißig, und die andren fiedeln,
Man schafft ein Grab und fährt im Tanzen fort.

ER will, dass über diese Därme dreister
Der Bogen strenge wie sein Antlitz streicht:
Spielt sanft vom Tod, er ist ein deutscher Meister,
Der durch die Lande als ein Nebel schleicht.

Und wenn die Dämmrung blutig quillt am Abend,
Öffn' ich nachzehrend den verbissnen Mund,
ein Haus für alle in die Lüfte grabend:
Breit wie der Sarg, schmal wie die Todesstund.
ER spielt im Haus mit Schlangen, dräut und dichtet,
In Deutschland dämmert es wie Gretchens Haar.

Das Grab in Wolken wird nicht eng gerichtet;
Da weit der Tod ein deutscher Meister war.[288]

Die deutschsprachige Zeitschrift des rumänischen Schriftstellerverbandes datiert dieses Gedicht als einziges einer Reihe von Lyriktexten von Immanuel Weissglas auf »1944«. Es weist unübersehbare Ähnlichkeiten mit der »Todesfuge« auf: die Gräber in der Luft, der Tod als »ein deutscher Meister«, die Schlangen, Gretchen. Celans Gedicht ist strenger komponiert, Weissglas' »ER« nimmt sich einfacher aus, schon in seinem Reimschema. Aber in den wesentlichen Bildern wie Motiven, als Ganzes ähneln beide Gedichte einander frappierend. Der erste Chronist der »Todesfuge«, Heinrich Stiehler, hat zwei Jahre nach Erscheinen von Weissglas' Gedicht in seinem Aufsatz »Die Zeit der *Todesfuge*« ein Urteil gefällt, das sich bis heute forterbt: »Die Abhängigkeit der ›Todesfuge‹ von diesen nur wenige Monate zuvor verfaßten Versen des Freundes liegt auf der Hand.«[289]

Es gibt indessen keine einzige Quelle, die eine frühere Datierung von »ER« und damit eine Abhängigkeit der »Todesfuge« von Weissglas' Gedicht rechtfertigte. Dessen Gedichtauswahl *Karriera am Bug*, die im Januar 1947 in Bukarest erschien, enthält »ER« nicht. Es taucht erst in einem Typoskript unter dem Titel »Gottes Mühlen in Berlin« auf, datiert auf den 20. Juli 1947. Da war Celans Gedicht aber schon in Bukarest veröffentlicht.[290] Nichtsdestotrotz schreibt Hans Christoph Buch in der *Frankfurter Allgemeinen Zeitung*, das Paradox liege darin, »dass nicht Immanuel Weissglas das Gedicht von Paul Celan paraphrasiert, sondern umgekehrt. Und es erscheint keineswegs abwegig, dass Celans Entschluss zum Freitod im April 1970 beeinflusst sein könnte durch die Konfrontation mit dem 1947 (sic!) entstandenen, 1970 erstmals gedruckten Gedicht seines gleichaltrigen Freundes, der wie er selbst der Endlösung mit knapper Not entkam.«[291]

Dafür gibt es keinen einzigen Beleg, abgesehen davon, dass man bei Spekulationen über den »Entschluss« zum Freitod äußerst vorsichtig sein sollte, wenn nicht aus ethischen, dann doch wenigstens aus historischen Gründen. Wir wissen es einfach nicht. Was wir aber wissen, ist, dass Celan das Februarheft der *Neuen Literatur* noch im Winter 1970 erhielt und wohl auch gelesen hat. Das geöffnete Kuvert aus Bukarest mit dem Heft ist in seinem Nachlass in Marbach. Und wir wissen auch, dass Celan und Weissglas nach 1947 keinerlei Verbindung mehr hatten. Das Verhältnis beider war überaus gespannt. Am 26. Februar 1962 schrieb Celan an Gustav Chomed, der ihn nach gemeinsamen Bekannten aus der Czernowitzer Zeit gefragt hatte: »Von Weißglas weiß ich so gut wie nichts; aber ich habe ihn bis Ende 1947 denn doch oft genug gesehen, um Dir sagen zu dürfen, daß alles Unsauber-Mimetische, das ihn schon in früheren Zeiten auszeichnete, zu einiger Weiterentfaltung gelangt ist. ›Niemand wird, was er nicht ist‹ steht bei Hofmannsthal.« (Briefe, S. 572)

Fast könnte man Celans Aussage für hellsichtig und weit vorausblickend auf 1970 sehen, wenn es denn eine verlässliche Quelle gäbe, die uns verriete, wer das Gedicht zuerst geschrieben hat.

Sicher muss man bei den in Czernowitz um 1945 entstandenen Gedichten von einem eigenen »Metapherngeflecht« ausgehen, wie Theo Buck dies tut,[292] Parallelen in Bildern, Motiven, Metaphern, die fast wie von selbst in der Luft lagen und die uns schon einmal beschäftigten. Hier gibt es indessen zu viele Übereinstimmungen zwischen den beiden Gedichten. Hier lässt sich die Frage nach einem Plagiat oder einer Nachdichtung nicht von der Hand weisen. Es gibt in diesem ganzen Fall Celan–Weissglas mehr Fragen als Antworten. Eine wesentliche Frage lautet: Wenn die »Todesfuge« sich tatsächlich von Weissglas' »ER« herleitet, warum hat dieser dann das Recht seines vermeintlich früheren Gedichts angesichts der weltweiten Verbreitung und großen Reputation der »Todesfuge« nicht früher geltend gemacht, sondern mit der Veröffentlichung fast ein Vierteljahrhundert gewartet?

Weissglas hat sich nach Celans Tod nur sehr zurückhaltend zur Datierung seines Gedichts geäußert. Warum gibt es bis heute keine verlässliche Studie zu dieser Frage? Worauf zielt die Vermutung des Plagiats überhaupt? Philologisch ist sie von mäßigem Interesse, historisch lässt sie sich nicht zweifelsfrei beantworten; viel eher wird darin eine politische Intention sichtbar: Wenn die »Todesfuge« nicht echt sei, ist es die Erfahrung, von der sie zeugt, auch nicht.

Letzte Lesung

Im März 1970 reiste Celan nach Stuttgart zur Tagung der Hölderlin-Gesellschaft aus Anlass des 200. Geburtstags des Dichters und hatte am 21. März seine letzte öffentliche Lesung in der Stadt, in der er knapp 18 Jahre zuvor einen seiner ersten Auftritte hatte. Hans Mayer erinnert sich:

> *Er las, im Rahmen und auf Einladung der Hölderlin-Gesellschaft, nach der Hölderlin-Rede seines Freundes und Übersetzers André du Bouchet den ersten Teil des damals noch ungedruckten Bandes* Lichtzwang. *Erinnern kann ich mich an drei Lesungen. In Tübingen im Sommer 1963, vor Studenten der Germanistik, dann fünf Jahre später, im Juli 1968, vor unseren Studenten in Hannover. Nun vor dem Publikum der Hölderlin-Tagung. Celan las stets in der gleichen Weise und Haltung. Eine Hand hielt das Buch oder Manuskript, die andere stützte den Kopf. Bisweilen schaute der Lesende auf und verstand einzelne Verse als Anrede an die Lauschenden. Sonst keine Bewegung. In Tübingen und Hannover war es ihm nach wenigen Momenten gelungen, den Bannkreis zu ziehen.*

Das mißlang in Stuttgart. Geeichte Philologen, genauestens informiert über die Thesen der Sekundärliteratur zu einzelnen Dunkelheiten Hölderlins, schüttelten den Kopf, sperrten sich gegen den Mann da oben und sein Wort. Ich sprach Celan noch kurz nach der Lesung. Er mußte zu einer Rundfunkveranstaltung, war offenbar ganz unbeeindruckt von der mäßigen Wirkung seines Auftretens.[293]

André du Bouchet, der von allen zeitgenössischen Dichtern Frankreichs Celan am nächsten stand, übersetzte im gleichen Frühjahr Gedichte aus *Sprachgitter* in der gemeinsamen Zeitschrift *L'Éphémère*.

Lichtzwang heißt der letzte von Celan noch zur Veröffentlichung bestimmte Band, der im Juni 1970 im Suhrkamp Verlag erschien. Seine Gedichte zeichnen sich durch eine Härtung aus, einzeln gesetzte Wörter wie »Gedächtnislücken«, »Kreidespur«, »Bugradgesang«, »Fertigungs-Halle«, »Überdruckhelm«, oft Worte aus der technischen Lebenswelt, die dann neben die »Schweißung der Seelen«, das »Leuchtglück«, »ein Echo, / ertastbar mit Fühlwörtern, am Abschieds- / grat« (NKG, S. 291) treten, eine enorme Erweiterung des poetischen Ausdrucks in Celans Werk.

Im Nachlass fand sich das vermutlich letzte Gedicht, das Paul Celan am 7. April 1970 in der Rue d'Ulm verfasste:

KROKUS, vom gastlichen
Tisch aus gesehn:
zeichenfühliges
kleines Exil
einer gemeinsamen
Wahrheit,
du brauchst
jeden Halm.
(NKG, S. 576)

Nach seinem Besuch in Stuttgart nahm Celan an einer Exkursion nach Tübingen und Marbach teil, traf Hanne und Hermann Lenz in ihrem Stuttgarter Haus nach Jahren wieder und fuhr über Ostern nach Freiburg im Breisgau. Auf Einladung seines Gastgebers, des Germanisten Gerhart Baumann, las Celan vor kleinem Kreis in dessen Haus aus dem noch nicht veröffentlichten *Lichtzwang*.

Unter den Zuhörenden Martin Heidegger, dem er drei Jahre zuvor begegnet war. Gerhart Baumann erinnert sich an ein angeregtes Gespräch von Philosoph und Dichter; kaum aber war Heidegger fort, kehrten Celans Bedenken, sein Argwohn wie seine Vorbehalte zurück. In dem Band *Lichtzwang*, der noch im gleichen Jahr erscheinen wird, steht auch das Gedicht »Todtnauberg« über Celans Besuch im Juli 1967 »in der / Hütte« und »die in das Buch / – wessen Namen nahms auf / vor dem meinen? – , / die in dies Buch / geschriebene Zeile von / einer Hoffnung, heute / auf eines Denkenden / kommendes / Wort / im Herzen« (NKG, S. 286). Die Hoffnung hatte sich nicht erfüllt. Heidegger hatte seine Parteinahme für den Nationalsozialismus nicht erklärt oder gar entschuldigt. Und dabei muss man sich vergegenwärtigen, dass Celan den ganzen Abgrund von Antisemitismus seines Zeitgenossen noch nicht kannte, nicht kennen konnte. Aber er ahnte ihn wohl. Celan jedenfalls wahrte Distanz. Es gibt kein Foto von ihm mit Heidegger. In Freiburg war die Kamera schon gezückt, Celan sprang jedoch auf, er wolle kein Bild, dann habe er wieder zugestimmt,[294] aber es kam zu keinem Foto – was für ein Nachleben wäre einem solchen Bild beschieden gewesen?

Baumann fragt nach jenem Gründonnerstag in Freiburg: »Den schmerzlichen Weg von der ›Todesfuge‹ zu ›Todtnauberg‹ – wie oft hat ihn Celan zurückgelegt, ohne ein Ziel zu erreichen?«[295]

»Für Paul Celan zum Wiedersehen / Freiburg i. B. 26. März

1970 / Martin Heidegger«, widmete der Philosoph ihm sein Buch, *Die Kunst und der Raum*, »*L'Art et l'Espace*.

Als Gerhart Baumann ihn an jenem Märztag nach Hause fährt, äußert Martin Heidegger schon an der Gartenpforte zu seinem Haus: »Celan ist krank – heillos.«[296] Celans Krankheit, wenn man sie überhaupt so nennen darf, trägt einige Namen. Was auch immer sie verband, was sie trennte – der von Martin Heidegger gehört dazu.

Seine Biographie über Martin Heidegger wird Rüdiger Safranski später *Ein Meister aus Deutschland* nennen, eine deutliche Anspielung auf die »Todesfuge« und auf die beiden Begegnungen von Dichter und Denker 1967 wie 1970.

Die letzte Reise

Celans letzte Reise führte ihn über den Umweg – aber gibt es das denn, Umwege? – Bukarest und Czernowitz nach Stuttgart, nach Marbach, Tübingen und wieder nach Freiburg. Am Dienstag nach Ostern reiste er zurück nach Paris, ins »kalte Paris«, wie Celan es häufiger genannt hatte, wo er jetzt allein, von seiner Familie getrennt lebte.

Vermutlich in der Nacht vom 19. auf den 20. April 1970 nahm sich Paul Celan in der Seine das Leben.

Das erste Heft der radix-blätter, *Berlin (Ost) 1986*

Ostberlin 1986

Wie viele Emigranten aus dem Osten mied auch Paul Celan fortan den Osten. Als er im Dezember 1967 nach Westberlin kam, fuhr er nicht in den anderen Teil der Stadt, was mit einem französischen Pass möglich gewesen wäre, er blieb im Westen. Es war eine bleierne Zeit im Verhältnis der beiden deutschen Staaten. Mauer und Stacheldraht trennte die Stadt in zwei Hälften: die Hauptstadt der DDR und ein eingeschlossenes Westberlin. Die neue Ostpolitik unter Willy Brandt und Walter Scheel hatte noch nicht begonnen.

Dabei war Celan kein Unbekannter in der DDR: 1962 waren – wir erinnern uns – in der Zeitschrift *Sinn und Form* drei Gedichte von ihm aus der *Niemandsrose* erschienen. Es war die letzte noch von Peter Huchel zusammengestellte Ausgabe, sein »Abschiedsheft«, bevor er aus politischen Gründen sein Amt als Chefredakteur niederlegen musste. Begleitet waren Celans eigene Gedichte von seiner Übersetzung von »Babij Jar« des jungen russischen Dichters Jewtuschenko. Das russische Original einem Autor, der im Westen lebte, anzuvertrauen, war eine mutige Entscheidung von Peter Huchel gewesen. Die beiden waren einander 1957 in Wuppertal bei einem Dichtertreffen begegnet.

Die »Todesfuge« erschien in der DDR zuerst 1968 in einer Sammlung über »Die Judenverfolgung des Dritten Reiches im deutschen Gedicht«, die Heinz Seydel unter dem Titel *Welch*

Wort in die Kälte gerufen für den Verlag der Nation in Berlin kenntnisreich ausgewählt und sorgfältig zusammengestellt hatte. Die »Todesfuge« eröffnet den Teil »Vernichtungslager«, gefolgt von Gedichten von Ilse Blumenthal-Weiß, Gerty Spies, Dagmar Nick und anderen. Von Celan sind darüber hinaus »Espenbaum« und »Nähe der Gräber« vertreten. Ein Jahr später brachte Heinz Czechowski in seiner Anthologie *Brücken des Lebens* die »Todesfuge« und zwei spätere Gedichte Celans (»Oben, geräuschlos«, »In eins«) im Mitteldeutschen Verlag in Halle heraus. Diese Anthologie nahm Gedichte aus Ost wie West auf, von Ingeborg Bachmann wie Sarah Kirsch, Johannes Bobrowski wie Günter Eich, Stephan Hermlin wie Nelly Sachs, Hans Magnus Enzensberger, Erich Arendt, Elke Erb. Das Projekt war, wie sich der Autor und Herausgeber Heinz Czechowski später erinnert, »gesamtdeutsch« angelegt, was ihm in der DDR geharnischte Kritik eintrug:

> *Besonders Celans »Todesfuge« hat eine große Wirkung gehabt in der DDR. Übrigens bin ich einer der der ersten oder überhaupt der Erste, der in diesem Buch '67 [sic!] die »Todesfuge« drucken durfte. Ich habe Celan geschrieben, und er hat gesagt, er will im Ostblock nicht die »Todesfuge« drucken, weil sie von den Kommunisten vereinnahmt werde. (Wobei zu sagen wäre: Celan war kein Antikommunist, doch Antistalinist!). Er hat mir aber dann, nachdem ich ihm das Inhaltsverzeichnis des Buches geschickt hatte, die Genehmigung erteilt, drei Gedichte von ihm, unter anderem die »Todesfuge« in diesem Buch zu drucken. Was man auch in der DDR wiederum nicht wollte, so beliebt war Celan nicht. Er galt als dunkel und seine Haltung gegenüber dem Kommunismus war auch nicht so, wie es erwünscht war. Und da wollte man Celan lieber nicht offiziell in den Büchern haben. Aber dann gab es doch Lockerungen in vielerlei Beziehung, und man hat dann Celan in vielen Anthologien gedruckt und ihm ein Bändchen gewidmet.*[297]

Zu vielen Anthologien kam es indessen nicht, und nach langem Hin und Her in der Planung erschien schließlich erst 1980 im Aufbau Verlag unter dem Titel *Die Silbe Schmerz* eine Auswahl von Celans Gedichten, die Klaus Schuhmann für den Aufbau Verlag zusammengestellt hatte. Auf Seite 24 wird die »Todesfuge« abgedruckt, und in der biographischen Notiz wird Celans »Flucht zu den Truppen der Roten Armee« erwähnt, was historisch nicht stimmt, aber ideologisch ebenso passt wie die vermerkte »Arbeit in der Fabrik« von Celan.[298] Die wiederum trifft zu. Wir erinnern uns: Celan war einige Zeit in einem Elektrizitätswerk nahe Paris tätig.

Sühnezeichen unter Bäumen

Dieser Gedichtband wird sechs Jahre später eine eigene, tiefe Wirkung in der DDR entfalten. Das Jahr 1986 stand im Zeichen von Glasnost und Perestroika, zwei Begriffe, die Michail Gorbatschow als neuer Generalsekretär der Kommunistischen Partei der Sowjetunion für Offenheit und Umgestaltung prägte. Das ermutigte die Friedensbewegung der Kirchen in der DDR. In der Zionskirche im Ostberliner Bezirk Prenzlauer Berg wurde im September 1986 die Umweltbibliothek gegründet. Es gab, erst recht nach dem Reaktorunfall in Tschernobyl, ein Aufbegehren und immer wieder aufflackernde Proteste von Jugendlichen gegen den Staat, man interessierte sich für Umweltthemen. Und die Idee kam auf, diesem zunehmend freien Austausch von Gedanken, Analyse, Kritik und Protest ein Forum zu bieten. So entstanden die *radix-blätter*, eine Untergrundzeitung, auf Matrizen gezogen, Blatt für Blatt geheftet, verteilt und gegen die Stasi verteidigt, wie Peter Wensierski gezeigt hat.[299] Gegründet hatte sie der damals 27-jährige Stephan Bickhardt aus Dresden, der Theologie in Naumburg studierte. Ihr Gründungspate war Paul

Celan. Bickhardt hatte sich einige Monate zuvor den Band *Die Silbe Schmerz* bei seinem Freund Ludwig Mehlhorn in Berlin geliehen. Er erinnert sich:

> *Über eines der Gedichte sprachen wir lange. Es trägt den Titel »Radix, Matrix«. Der jüdische Dichter Celan gedenkt darin seiner ermordeten Eltern. Radix bedeutet Wurzel … radikal an die Wurzel gehen. Neue kritische Gedanken sollten sich verbreiten. Das war's, dachte ich. So reifte die Idee, nicht nur ein einzelnes Heft, sondern eine regelrechte Samisdat-Reihe unter diesem Titel zu machen: die radix-blätter.*[300]

Um das »Literaturlager« vorzubereiten, verschickte er einen ersten Rundbrief an »Künstler und andere Interessierte«.

So kam es, dass im August 1986 ein Dutzend Teilnehmer – Autoren, Grafiker, Theologen, eine Kinderkrankenschwester und ein Chemiker – für die Aktion Sühnezeichen vormittags einen Spielplatz für geistig und körperlich behinderte Kinder bauten und am Nachmittag unter den schattigen Bäumen der Stephanus-Stiftung Celans Gedichte deuteten.

Ihre aufgezeichneten Lektüreeindrücke bildeten das Gründungsmanifest der Oppositionszeitung. Sie nannten das erste Heft »Schattenverschlüsse« nach Celans Gedicht »Weißgeräusche«, ein Text über die »Flaschenpost«, mit der Celan in seiner Bremer Rede das Gedicht vergleicht; die letzte Strophe lautet: »Alle die / Schattenverschlüsse / an allen den / Schattengelenken, / hörbar-unhörbar, / die sich jetzt melden.« (NKG, S. 238)

Man deutet das Wort »Schattenverschlüsse« neu, will die Diskussionen um Celans Gedichte im Licht der Situation in der DDR neu erschließen, aufschließen. Einer der Teilnehmer liest ein Gedicht aus dem Band *Schneepart* vor:

EIN BLATT, baumlos,
für Bertolt Brecht:

Was sind das für Zeiten,
wo ein Gespräch
beinah ein Verbrechen ist,
weil es soviel Gesagtes
mit einschließt.
(NKG, S. 502)

Auch diese Hommage an Brecht, 1968 entstanden, liest man 1986 in der DDR anders. Ebenso die Zeile »Es wird Zeit, daß der Stein sich zu blühen bequemt« aus dem frühen Gedicht »Corona«. Die Teilnehmer beziehen sie zuerst auf die versteinerten politischen Verhältnisse, in denen sie leben. »Und ihr: Freunde, Alternative, Gläubige und Murrende? Ist euch dieses Vergessen die Abseitsfalle, in die ihr treiben könntet? Seid ihr am Blühen oder verkümmert ihr zum Papierprotest? Und ihr Ideologen, was weiß ich welcher Religion und Räson: Für ein Argument löscht ihr zwei Gefühle? Und das alles nur für einen triumphierenden Blick aus toten Augenwinkeln … wie alle Funktionäre der letzten zweitausend Jahre«, schreibt Wilfried Linke und schließt: »Was nicht in mir ist, nicht erfahren, nicht unter der Haut, nicht gefühlt – wird keinen Stein zersetzen.«[301]

Der Ausgangspunkt des ersten *radix*-Hefts ist die »Todesfuge«. Stephan Bickhardt schreibt zu Beginn:

Ich lasse mich aufhalten. Wieder und wieder die Stimmen »Schwarze Milch der Frühe wir trinken«, »Ein Mann … / der schreibt« und »Dein aschenes Haar Sulamith«. Eine Fuge ist hier geschrieben, aus Worten in Zeilen gesetzt, leicht und beschwingt, mit süßem Ton. Halt, Widerspruch. Genannt wird die »Todesfuge«. Und der Tod, »der Tod ist ein Meister aus /

Deutschland«. Wer aber schreibt seine Liebespost »wenn es dunkelt nach Deutschland dein goldenes / Haar Margarete«? Ein deutscher Name: Margarete. Ich denke an meine Großmütter. Nach beiden rief ich mit gleichen Namen. Sollte von ihnen die Rede sein? Und von ihren Männern, meinen Großvätern? Waren sie Meister aus Deutschland, die am Abend schrieben nach Hause? Waren auch sie fort, im Kampf gegen andere Völker? Nein, ja … Ich stocke, denn im Schlußakkord disharmonieren Leben und Tod, Liebe und Gewalt, Gold und Asche: »dein goldenes Haar Margarete / dein aschenes Haar Sulamith«.

Seine Fragen lassen Bickhardt den Dialog mit anderen suchen. In der Rückschau faszinierte Bickhardt wie andere an Celan dessen Offenheit, auch politische Unvoreingenommenheit, dass er eben kein Antikommunist und doch kein Stalinist war.[302]

Die »Todesfuge« wird in der DDR ebenso auf die politische Gegenwart wie auf die Vergangenheit bezogen. Es ist das erste Heft, das Manifest einer ganzen Reihe weiterer Hefte: Das zweite Heft von *radix* handelt von »Aufbrüchen« und nennt eine erste Ausreisewelle von 1984 beim Namen, das dritte unter dem Titel »Wohnsinn« von der Tristesse der sozialistischen Stadterneuerung, Spuren der Armut, die weiteren Ausgaben widmen sich der Volksrepublik Polen, dem Thema Abgrenzung und der Geschichte der Friedensbewegung in der DDR. Allesamt zur damaligen Zeit Unthemen, die einen anderen, einen neuen politischen Akzent setzen.

Am Beginn steht die »Todesfuge«: Der Autor Michael Bartoszek beschreibt, wie er zufällig in einer Zeitschrift ein Foto entdeckt, auf dem ein Demonstrant, fahlweiß geschminkt, die Augenhöhlen schwarz, das Schild trägt: »der tod ist ein meister aus wyhl«.

Kaum, daß ich den genauen sinn erfaßt habe, springt wie durch einen bedingten reflex der reim hervor:
»der tod ist ein meister aus tschernobyl«
Erschreckt halte ich, doch der ton ist schon da, die melodiefragmente beherrschen den rationalen denkapparat:
»schwarze milch der frühe wir trinken sie abends«
Die koinzidenz der worte zieht mich in ihren bann:
»wyhl
tschernobyl
czernowitz
dein aschenes haar sulamith.«[303]

Ist es uns erlaubt, hatte Stephan Bickhardt zu Beginn gefragt, uns mit Celans Worten aus unserer Verschwiegenheit zu reißen, also eine neue Sprache zu finden? Wann ist je freier, unvoreingenommener, historisch weit, doch zugleich auf sich bezogen, in der allereigensten Enge über Celans Gedichte diskutiert worden als im Sommer 1986 unter den schattigen Bäumen von Berlin-Weißensee?

Ida Ehre rezitiert die »Todesfuge« im Deutschen Bundestag in Bonn am 10. November 1988

Bonn 1988

*D*ie Spitzen von Staat und Gesellschaft hatten sich am Morgen des 10. November 1988 im Deutschen Bundestag im Alten Wasserwerk in Bonn am Rhein versammelt: Bundeskanzler Helmut Kohl, die Minister und Abgeordneten, die Präsidenten des Bundesrates, des Bundesverfassungsgerichts, Ministerpräsidenten der Länder, auf der Besuchertribüne Bundespräsident Richard von Weizsäcker, neben ihm der Vorsitzende des Zentralrats der Juden in Deutschland Heinz Galinski, sein Stellvertreter Michael Fürst, der israelische Botschafter, Vertreter der beiden großen christlichen Kirchen, der Wirtschaft, der Gewerkschaften. Sie kamen zur »Gedenkveranstaltung des Deutschen Bundestages aus Anlaß der Pogrome des nationalsozialistischen Regimes gegen die jüdische Bevölkerung vor 50 Jahren«, wie die Veranstaltung offiziell hieß. Ihr Name verriet schon das ganze öffentliche Gepräge. Zum ersten Mal würde der Souverän des Volkes dessen gedenken, was man landläufig die »Reichskristallnacht« nannte. Am Vorabend, dem 9. November 1988, hatte es bereits eine Gedenkveranstaltung in der Synagoge im Frankfurter Westend gegeben. Heinz Galinski und Helmut Kohl hatten dort gesprochen.

In der DDR war die Volkskammer zwei Tage zuvor zu einer Sondersitzung zusammengekommen. Kanzleramtsminister Schäuble nahm als Gast aus der Bundesrepublik daran teil. Das *Neue Deutschland* titelte am 9. November »Unsere Republik gedachte der Opfer der faschistischen Pogromnacht vor 50 Jahren« und berichtete von einer bewegenden Begegnung Erich Honeckers »mit jüdischen Persönlichkeiten im Staatsrat«. Heinz Galinski wurde mit dem »Stern der Völkerfreundschaft in Gold« geehrt, Repräsentanten des Jüdischen Weltkongresses mit anderen hohen Auszeichnungen.

Und nun der Festakt des anderen deutschen Staates. Zu Beginn sang die Bonner Bach-Gemeinschaft das Lied »s' brennt, Briderle, s' brennt« von Mordechai Gebirtig, dann rezitierte Ida Ehre, die Prinzipalin der Hamburger Kammerspiele, die »Todesfuge«, neben ihr Philipp Jenninger, der Bundestagspräsident, Gastgeber der Gedenkstunde und ihr einziger Redner an diesem Vormittag. Er erhob sich, und als er nach etwas mehr als einer halben Stunde seine Rede beendet hatte, war sein Rücktritt vom Amt besiegelt.

Eine Rede

Im Vorfeld hatte es Diskussionen gegeben, wer überhaupt reden solle: Die Grünen hatten für den Repräsentanten der Juden in Deutschland, Heinz Galinski, geworben, der die Veranstaltung beim Bundestagspräsidenten angeregt hatte. Philipp Jenninger indessen und sein Stellvertreter Heinz Westphal hatten den Standpunkt vertreten, es sei Sache des Bundestages selber, eine solche Gedenkveranstaltung abzuhalten, »weil nicht die Opfer, sondern wir, in deren Mitte die Verbrechen geschahen, erinnern und Rechenschaft ablegen müssen, weil wir Deutschen uns klar werden wollen über das Verständnis unserer Geschichte und über Lehren für die politische Gestaltung unserer Gegenwart und Zukunft«, wie Philipp Jenninger zu Beginn seiner Rede sagte.[304] Da wurde er auch schon durch einen Zwischenruf der Grünen-Abgeordneten Jutta Oesterle-Schwerin unterbrochen: »Das ist doch alles nicht wahr!« Der Redner bat um Ruhe und darum, die Würde der Stunde zu wahren. Die Abgeordnete verließ den Raum. In Wirklichkeit galt ihre Empörung weniger der noch nicht gehaltenen Rede, sondern der Tatsache, dass sich der Bundestag geweigert hatte, überlebende Opfer der nationalsozialistischen Verfolgung, Sinti und Roma, Zwangssterilisierte und Homosexuelle zu entschädigen. Jutta Oesterle-Schwerin, die Schwester des Historikers Tom Segev, war in Israel aufgewachsen. Darum wurde sie in der Presse als deutsch-israelische Abgeordnete apostrophiert.[305]

Drei Jahre zuvor, 1985, hatte Bundespräsident Richard von Weizsäcker eine viel beachtete Rede zum 8. Mai gehalten und die verunsicherte Nation darüber aufgeklärt, dass der 8. Mai ein Tag der Befreiung für »uns alle« war, zugleich aber daran erinnert, dass die Deutschen diesen Tag unter sich begehen sollten. Sie hätten keinen Grund, sich an den Siegesfeiern anderer zu beteiligen. Tatsächlich war Bundeskanzler Kohl nicht zu den Feierlichkeiten der Alliierten nach Frankreich eingeladen worden. Man dürfe den 8. Mai 1945 nicht vom 30. Januar 1933 trennen. Nie wieder zuvor oder danach hat die Rede eines Bundespräsidenten national wie international so viel Zuspruch bekommen wie die von Richard von Weizsäcker, und zwar quer durch alle Parteien. Insofern war der Anspruch an eine politische Rede zum 9. November 1988 von vornherein hoch gesetzt.

»Die Opfer – die Juden überall auf der Welt – wissen nur zu genau, was der November 1938 für ihren künftigen Leidensweg zu bedeuten hatte. – Wissen auch wir es?«, hatte der Bundestagspräsident, der der CDU angehörte, eingangs gefragt und die Stationen von Entrechtung, Vertreibung und schließlich der Deportation nachgezeichnet und zugleich die »Erfolge« Hitlers aufgezeigt, von der Wiedereingliederung der Saar, der Einführung der allgemeinen Wehrpflicht über die Olympischen Sommerspiele in Berlin zur Vollbeschäftigung, die Jahre von 1933 bis 1938 als »ein Faszinosum insofern, als es in der Geschichte kaum eine Parallele zu dem politischen Triumphzug Hitlers während jener ersten Jahre gibt«.[306]

In den über dreißig Jahren, die seit Jenningers Rede vergangen sind, hat man deren rhetorische Defizite immer wieder analysiert. Er habe das »Faszinosum Hitler« zu sehr herausgestrichen und manches zu direkt formuliert, besonders in einem Passus: »Und was die Juden anging: Hatten sie sich nicht in der Vergangenheit doch eine Rolle angemaßt – so hieß es damals –, die ihnen nicht zukam? Mußten sie nicht endlich einmal Einschränkungen in Kauf nehmen? Hatten sie es nicht vielleicht sogar verdient, in ihre Schranken gewiesen zu werden?« Tatsächlich blieb das eingeschobene »so hieß es damals« in Jenningers Ansprache viel zu wenig akzentuiert. Abgeordnete der Oppositionsparteien, der SPD und Grünen, verließen während der Rede empört den Plenarsaal. Unter ihnen auch Annemarie Renger, die ehemalige Bundestagspräsidentin und dessen damalige Vizepräsidentin, die vor laufender Kamera im Foyer – die Gedenkstunde wurde im Fernsehen übertragen – äußerte, diese Rede gehe gar nicht, das würde Konsequenzen haben.

Philipp Jenninger hob in seiner Rede etwas hervor, was Weizsäcker noch vorsichtig umschrieben hatte, nämlich dass die Ermordung der Juden ein kollektives, ein nationales Projekt war, »daß jedermann um die Nürnberger Gesetze wußte, daß alle sehen konnten, was heute vor 50 Jahren in Deutschland geschah, und daß die Deportationen in aller Öffentlichkeit vonstatten gingen. Und wahr ist, daß das millionenfache Verbrechen aus den Taten vieler einzelner bestand, daß das Wirken der Einsatzgruppen nicht nur in der Wehrmacht, sondern auch in der Heimat Gegenstand im Flüsterton geführter Gespräche war.«[307]

Das war für einen konservativen Politiker jener Zeit, Jahre vor der Ausstellung über die Verbrechen der Wehrmacht und fortgeführter Forschungen, eine weitreichende historische Aussage, und wenn man die Rede heute hört, hat man das Gefühl, als sei das ganze Ausmaß der nationalsozialistischen Verbrechen dem Bundestagspräsidenten erst durch seine Rede ganz zu Bewusstsein gekommen. Er schonte seine Zuhörerinnen und Zuhörer nicht und las den Bericht eines Augenzeugen »der deutschen Wirklichkeit des Jahres 1942« vor, wie Jenninger es formulierte.[308] Es war der Bericht über eine Massenexekution im Osten Europas.

Die Prinzipalin

Während der Rede saß Ida Ehre zusammengesunken auf ihrem Platz, die Hände vors Gesicht geschlagen. Mit diesem Bild machte man die Prinzipalin der Hamburger Kammerspiele zur Kronzeugin für die Wirkung von Jenningers Rede, sah darin einen Ausdruck der Verzweiflung und Fassungslosigkeit. Das war es aber nicht. Ida Ehre war, gerade aus dem Krankenhaus entlassen, schwach und gebrechlich, von Hamburg nach Bonn gereist, um Celans »Todesfuge« im Rahmen der Gedenkfeier vorzutragen. Es war ihr letzter größerer Auftritt, ehe sie 88-jährig am 16. Februar 1989 in Hamburg starb.

Wie aber war es überhaupt dazu gekommen? Die Rezitation ging auf einen Vorschlag von Freimut Duve aus Hamburg zurück, der Ida Ehre gut kannte: eine herausragende Schauspielerin, Ehrenbürgerin Hamburgs, überlebende Jüdin, die in Deutschland geblieben war, die ihre Stimme auch politisch erhob. »Sag nein …«, hatte sie auf einer großen Friedensdemonstration Wolfgang Borcherts Gedicht einige Jahre zuvor vorgetragen.

Ida Ehre schien prädestiniert für eine Lesung der »Todesfuge« im Deutschen Bundestag, und die Rede ihres Präsidenten stand nicht im Widerspruch dazu. Im Gegenteil: Sie bestätigte in gewisser Weise den Satz Celans »Der Tod ist ein Meister aus Deutschland«.

Und dennoch kostete sie Philipp Jenninger, an dessen Rede historisch gesehen zwar nichts auszusetzen war, bei deren Vortrag er sich aber im Ton vergriffen hatte, das Amt. Zu Recht fragte Christoph Bertram in der *Zeit*, nachdem Willy Brandt nach Jenningers Rede von einem dunklen Tag in der deutschen Nachkriegsgeschichte gesprochen hatte: »Was für helle Tage stellen sich die zum Empfang feierlicher Reden angetretenen Politiker beim Gedenken an die jüngste deutsche Geschichte vor?«[309] Eifernd und richtend hatten Politiker und Journalisten Jenningers Rücktritt gefordert, auch seine Partei unterstützte ihn nicht. Die Republik erlebte zum ersten und einzigen Mal einen Rücktritt aus rhetorischen Gründen. Indem man sich auf die Unbeholfenheit des Redners stürzte, umging man, was er von sich und seinem Land gefordert hatte: die Verantwortung aller für das, was geschehen war. Man erwog nicht einmal, ob der Redner von dem, was er zu berichten hatte, überwältigt war. Wie man auch die Nähe von der rezitierten »Todesfuge« und der Rede ausklammert. Und so trat Philipp Jenninger am Tag darauf vom Amt des Bundestagspräsidenten zurück.

Genau ein Jahr später hielt Ignatz Bubis als Vertreter der Jüdischen Gemeinde in der Synagoge in Frankfurt am Main eine Rede zum Gedenken an den Novemberpogrom, in der er die angeprangerten Partien von Philipp Jenninger wiederholte, ohne sie als solche kenntlich zu machen. Er machte sie zu seinen eigenen Worten. Niemand nahm daran Anstoß oder bemerkte es auch nur. Ignatz Bubis in seiner Lauterkeit und politischen Klugheit hielt Jenningers Rücktritt für übertrieben. Ausländische Journalisten nahmen den zurückgetretenen Bundestagspräsidenten in Schutz, und Shlomo Shamgar schrieb in der israelischen Zeitung *Jedi'ot Acharonot*: »Die Wahrheit ist aber, dass Jenninger die Wahrheit gesagt hat …

Er stellte den Deutschen einen Spiegel vors Gesicht, in dem sie sich aber nicht wiedererkennen wollten. Deswegen ist er gestürzt.«[310]

Vollkommen unbemerkt blieb, dass die »Todesfuge« gleich mit zurücktreten musste. Das Gedicht wurde nie wieder bei einem offiziellen Anlass in Deutschland vorgetragen.

Anselm Kiefer, »Dein aschenes Haar, Margarete«

Das Jahrhundert Paul Celans

In Paris hinterließ Paul Celan einen zu Lebzeiten nicht veröffentlichten Fünfzeiler:

Die nachzustotternde Welt,
bei der ich zu Gast
gewesen sein werde, ein Name,
herabgeschwitzt von der Mauer,
an der eine Wunde hochleckt.
(NKG, S. 490)

Celan hatte ein waches und klar ausgeprägtes Bewusstsein des Jahrhunderts, in dem er lebte, und wohl auch der Bedeutung, die er für dieses Jahrhundert hatte. Eine Bedeutung, die in den fünfzig Jahren seit seinem Tod nur noch gewachsen ist. Celan starb in dem Jahr seines fünfzigsten Geburtstags. Man kann die beiden Jahrhunderthälften klar unterscheiden. Die Wurzeln seiner Biographie und seines Schreibens reichen in die k. u. k. Monarchie Österreich-Ungarns zurück, in ihre Vielsprachenstadt Czernowitz, ins Königreich Rumänien der 1920er Jahre, das später faschistische Züge annahm, das erste »Russenjahr« 1940, die deutsche Besetzung von Czernowitz und der Bukowina 1941, die Verfolgung und Ermordung von Fritzi und Leo Antschel, die von Tausenden Bukowiner, von Millionen europäischer Juden. Nach dem Krieg ist die

Welt von Celans Herkunft zerstört. Er geht im Mai 1945 für zweieinhalb Jahre nach Bukarest, im Dezember 1947 ins gerade noch erreichbare Wien, das er im darauffolgenden Sommer verlässt, um ins Exil nach Paris zu ziehen. Die Veröffentlichung seiner ersten Lyrikbände in Deutschland: *Mohn und Gedächtnis* 1952, *Von Schwelle zu Schwelle* 1955. Sein Werk als Übersetzer aus dem Russischen, Französischen, Englischen, aus dem Hebräischen und anderen Sprachen. Die Goll-Affäre, die Celan zusetzte, wie die Preise, die er erhielt, seine Lesereisen, furchtbare seelische Krisen in den 1960er Jahren.

In der Mitte seines nicht langen Lebens entstand die »Todesfuge«, das Werk eines 24-jährigen. Als er es schrieb, war an eine Veröffentlichung zunächst nicht zu denken, es gab gar keine Öffentlichkeit zu jener Zeit. Gedichte hatten damals einen ganz anderen Status. Und schon gar nicht war abzusehen, dass dieses Gedicht zu einem der meist verbreiteten wie übersetzten deutscher Sprache würde.

Es hat Jahrzehnte gedauert, ehe man den millionenfachen Mord an den europäischen Juden auf einen Begriff brachte, »Holocaust«, »Shoah« oder den »Zivilisationsbruch«, weil die Vorstellungswelt und Sprache der Menschen kein Wort für das hergab, was geschehen war. Aber man hatte die »Todesfuge« in ihrem aufgehobenen Tempus, ein Moment der Vergegenwärtigung. Das hat ihren Ruf begründet, ihren Ruhm, wie sie Wut auf sich und Abwehr nach sich zog. Die »Todesfuge« ist ein Störenfried der deutschen Literaturgeschichte. Den einen war sie zu schön, den anderen zu schlicht; mal wurde sie als Plagiat eingestuft, dann wieder als surrealistisch. Aber keiner schaute genau hin, was ihre Entstehung oder buchstäblich ihre Zusammenfügung anging. Dabei verlaufen die Linien nicht geradlinig. Gewiss hat sich die Literaturkritik mit ihrer hohlen Rhetorik und ihrem existentialistischen Gedröhne vor diesem Gedicht blamiert, während die Geschichtswissenschaft es bis heute nicht wahrgenommen hat.

Die Rezeption der »Todesfuge« in anderen Sprachen und Kulturen ist essentiell für ihr Verständnis – im Englischen, Französischen, Ungarischen, Spanischen wie Hebräischen. Für das Italienische gilt das aber nicht. Die »Fuga della morte« blieb seit der ersten Übersetzung 1956 ohne jede Resonanz in Italien. Auch eine Übersetzung der »Todesfuge« ins Jiddische sucht man vergebens. Und auch in Deutschland gibt es keine nennenswerte literarische Rezeption der »Todesfuge«, kein Weiterschreiben, Neuschreiben, Dagegenschreiben. Es gibt keine einzige Bühnenfassung der »Todesfuge« im deutschsprachigen Raum. Keinen Film, keine Fernsehadaption, keine Netflix-Serie.

Anselm Kiefer hat die »Todesfuge« in ein Kunstwerk verwandelt, Edmond de Waal hat als Künstler und Handwerker mit Porzellan eine Installation zur »Schwarzen Milch der Frühe« geschaffen, Erez Israeli in Berlin eine Ausstellung über die »Todesfuge« ins Leben gerufen. Komponisten wie Tilo Medek oder Peter Ruzicka haben sie vertont. Wovon die diskursiven Künste sich abwenden, das haben bildende Künste und die Musik aufgegriffen und ihm neue Gestalt gegeben.

Die »Todesfuge« bleibt bis heute ein Störenfried. Das hat niemand so früh und nachhaltig erkannt wie Celan selbst. Er sah deshalb schon bald von öffentlichen Lesungen ab. »Lesebuchreif gedroschen« hieß es eben auch, dass das Gedicht zu feststehende Deutungen nach sich zog, seine Leser nicht mehr überraschte.

Und dennoch hat Celan die »Todesfuge« niemals widerrufen. Im Gegenteil: »Engführung« greift sie auf, schreibt sie fort, noch im Spätwerk finden wir ein Echo der »Todesfuge«. So bezieht sich das letzte von Celan noch gereimte Gedicht, das im Dezember 1968 im psychiatrischen Hôpital de Vaucluse entstand, auf die »Todesfuge«, auf die Leben der Toten in der Erinnerung:

Leb die Leben, leb sie alle,
halt die Träume auseinander,
sieh, ich steige, sieh ich falle,
bin ein andrer, bin kein andrer.
(NKG, S. 549)

Und auch die Schlüsselwörter der »Todesfuge« kehren wieder, wie in diesem Gedicht vom Dezember 1969 das Motiv der Meister, die »uns / umschweigenden / Meister« mit dem, wie könnte es anders sein, Gefühl des Klammen:[311]

Das Nichts, um unsrer
Namen willen
– sie sammeln uns ein –,
siegelt,
das Ende glaubt uns
den Anfang,

von den uns
umschweigenden
Meistern,
im Ungeschiedenen, bezeugt sich
die klamme
Helle.
(NKG, S. 572)

Die »Todesfuge als Krankheit

Hans Mayer hat das präsentische Leben und Denken Celans in seinen Erinnerungen beschrieben: »Die Wahrheit ist, daß er unfähig war zum Vergessen. Alles war stets gegenwärtig. Kein Lebensmoment, der nicht bedroht gewesen wäre von unheilvollen anderen Augenblicken, die jeder andere als Vergangenheit und abgetan fortgeschoben hätte. Er konnte es nicht. Das Vernichtungslager ebenso wie eine belanglose Unbill aus späteren Jahren: alles war in jedem Augenblick virulent.«[312] Dieser Modus einer unabgeschlossenen Gegenwart oder genauer: einer nicht abschließbaren Vergangenheit prägt das Tempus der »Todesfuge«, ihre Gegenwart. Es ist in Celans Lyrik die vorherrschende Zeitform.

Das hat auf eine schwer zu entwirrende Weise mit Celans »Krankheit« zu tun. Franz Wurm, ein naher Freund aus Zürich, ein genauer, unbestechlicher Chronist von Celans letzten Lebensjahren, hat im Nachwort seines Briefwechsels mit dem Pariser Freund beschrieben, wie virulent, das heißt: realitätshaltig, der Antisemitismus in Celans Leben war.[313] Was Vergangenheit sein sollte, war für ihn schneidende Gegenwart. Und ist heute unsere Gegenwart.

Und so hat es auch Ilana Shmueli, psychiatrisch geschult und lebenserfahren, beschrieben:

> *Schon bei unserer Wiederbegegnung in Jerusalem weigerte ich mich, seine ›Krankheit‹ – wir nannten sie Krankheit in Anführungszeichen –, von der er immer wieder sprach, als solche anzuerkennen – ich fand jede Psychodiagnostik bei ihm unangebracht. Seine Genauigkeit, seine strenge Aufmerksamkeit, seine geistige Souveränität, sein Dichten ließen das nicht zu. Ich begriff es als das Kranken an der Wirklichkeit. Es war ein kompromißloses Suchen nach Wahrheit, ein luzides Neinsagen, ein Aufbegehren gegen all das, was ihm widerfahren war.*[314]

1959 bereitete Celan einen Vortrag für eine Wuppertaler Tagung vor, den er schließlich nicht hielt, dessen erste Aufzeichnungen aber einigen Aufschluss über Grundsätze seiner Dichtung enthalten. Der Vortrag sollte »Von der Dunkelheit des Dichterischen« heißen und von der konstitutiven, kongenitalen Dunkelheit des Gedichts heute – gerade auf das Heutige legte Celan dabei Wert – handeln. »Mit andern Worten: das Gedicht kommt dunkel zur Welt.«[315] Und er kehrt zu der Strömung zurück, der seine Dichtung viel verdankte: »Im Surrealismus war mancherlei. Aber in diesem Mancherlei war auch, neben dem gewiß anfechtbaren Psychogramm, dieser – zentrale – Gedanke: Les jeux ne son pas encore faits – ein jede[s] echte dichterische Intention begleitender Gedanke.«[316]

So hebt Celan den Schlüsselsatz seiner Dichtung noch einmal hervor: dass das Gedicht dialogisch sei, dass sein Spiel so lange nicht gemacht ist, als es aufgenommen wird. Im Gedicht heute komme »eine radikalere Individuation zum Ausdruck«[317], was gewiss Celans Spätwerk beschreibt, das immer mehr fragmentarische Züge annimmt. Celan hat sich gegen den Begriff des »Hermetischen« gewehrt. Seine Aufzeichnungen über die Dunkelheit des Dichterischen zeigen indes, dass dies eine Abwehr aus der Nähe heraus war.[318]

Ossip Mandelstam sei *der* Metaphysiker unter den Dichtern, so schrieb Celan in seinem Brief an Rudolf Hirsch 1958, nachdem er ihn für sich – und uns – entdeckt hatte. In Wirklichkeit war Celan der Metaphysiker unter seinen Zeitgenossen, keinem anderen vergleichbar, außer dem Bruder Ossip. Metaphysiker heißt, alle Anlässe zu überschreiten, das Einzelne aufzunehmen, aber zugleich zu verwandeln. Das macht es auch so schwer, bei Celan »ein Thema« auszumachen. Wie nebenher notiert Peter Szondi bei einer Auseinandersetzung mit Holthusen: »Für Celan war Auschwitz kein Thema.«[319] Es ging darüber hinaus und betraf seine Existenz, auch seine dichterische, ganz anders, radikal.

Dieses radikale oder metaphysische Moment prägt schon die »Todesfuge« und wird im Fortgang zu einem bestimmenden Prinzip von Celans Dichtung, am ehesten und besonders deutlich lässt es sich in einem Gedicht aus der *Niemandsrose* erkennen: »Mit allen Gedanken ging ich / hinaus aus der Welt: da warst du, / du meine Leise, du meine Offne, und – / du empfingst uns [...].« (NKG, S. 134)

Jüdische Einsamkeit

Er habe, so hat Celan mehr als einmal gesagt, einen Begriff von jüdischer Einsamkeit. Sie umgab ihn auch als Dichter der »Todesfuge«. Es ist für Nachgeborene schwer nachzuvollziehen, warum Celan in der Auseinandersetzung mit Günter Blöcker oder mit Hans Egon Holthusen nicht Beistand von denen erfuhr, die in Ähnliches verstrickt waren wie etwa Mascha Kaléko.

Sein Gefühl hat ihn nicht getrogen. Keiner der maßgeblichen Autoren – Böll oder Enzensberger, Bachmann oder Frisch – stellte sich an seine Seite, aber eben, aus verschiedenen Gründen, auch nicht Nelly Sachs oder Hilde Domin, um nur sie zu nennen.

Entwürfe kommender Erinnerungen

Über die letzten Wochen Celans sind wir dank Gerhart Baumann im Bilde. Den Freiburger Germanisten, im gleichen Jahr geboren wie Celan, zeichneten Weitblick, Aufmerksamkeit und ein überaus feines Gespür aus. In seinem Haus sprachen beide im März 1970 über eine gemeinsame Veranstaltung und Lesung im Laufe des Jahres. Celan war aufgeräumt und verlängerte seinen Besuch. Man besprach sich weiter:

> *Alle Überlegungen ließen erkennen, wie Celan zunehmend sich seiner Anfänge in Czernowitz entsann, daß er wieder wurde, was zu sein er zwischenzeitlich beinahe aufgegeben: ein jüdischer Dichter aus der Heimat der chassidischen Geschichten. Entwürfe kommender Erinnerungen, – so verstand er zuletzt sein Gedicht.*[320]

Als Entwürfe kommender Erinnerungen sollten wir die »Todesfuge« verstehen. Es wird sie auch im nächsten Jahrhundert geben.

Dank

Dieses Buch geht auf einen Artikel über die »Todesfuge« zurück, den ich vor einigen Jahren für die *Enzyklopädie jüdischer Geschichte und Kultur* geschrieben habe, die federführend von Dan Diner am Dubnow-Institut in Leipzig erarbeitet wurde. Dem Konzept der gesamten Enzyklopädie, die sich an Orten und Namen der Geschichte und nicht an historischen Leitbegriffen orientiert, habe ich einiges zu verdanken.

Ich danke Barbara Wiedemann für wertvolle Hinweise, Bertrand Badiou bin ich für Anregungen dankbar. Eric Celan danke ich für einen Austausch über viele Jahre.

Andrei Corbea-Hoișie hat Teile des Manuskripts gegengelesen und mir bei Recherchen in Bukarest große Hilfe geleistet. Markus Fischer danke ich für seine Gastfreundschaft dort. Petro Rychlo (Czernowitz) bin ich dankbar für seine Hinweise zum ersten Teil des Buches.

Andrej Angrick verdanke ich viele wertvolle Hinweise zum historischen Kontext der »Todesfuge«, zu Czernowitz und der Bukowina in den frühen 1940er Jahren, zur Geschichte der Verfolgung der Antschels. Auch er hat Teile des Buches gegengelesen.

Für Hinweise danke ich Michael Kardamitsis, Lydia Koelle, Stephan Bickhardt, Peter Wensierski, László Földényi, Daniel Pedersen, Regula Heusser-Markun, Ernst-Martin Felsch und Peter Gohle von der Zentralen Stelle in Ludwigsburg.

Für Anregungen und Unterstützung danke ich Amir Eshel, Andreas Kossert, Christoph Held, für ihre Korrekturen Gabriele Bischoff. Maximilian Mengeringhaus hat mich bei Recherchen tatkräftig unterstützt.

Christiane Naumann danke ich für ihr engagiertes Lektorat.

Ich bedanke mich für die Abdruckgenehmigungen des Suhrkamp Verlags, namentlich bei Wolfgang Kaußen.

Ulla Unseld-Berkéwicz hat mir aus dem Nachlass ihres Vaters, Werner Schmidt (1913–2007), die Schrift von Mieczysław Cherszteín *Geopfertes Volk* zur Verfügung gestellt, die ein Bild davon gibt, welche Kenntnisse überlebende Juden unmittelbar nach 1945 über die Verfolgung und Vernichtung hatten.

Meine Mutter, Erica Heuer-Sparr, hat das Erscheinen dieses Buches nicht mehr erlebt. Als 19-jähriges Mädchen wurde sie nach Lodz »dienstverpflichtet«, das die Nationalsozialisten in Litzmannstadt umbenannt hatten. Meine Mutter hat mir als Erste vom Ghetto der Stadt erzählt, das sie, privilegiert als Deutsche, in der abgeriegelten Straßenbahn durchquerte. Ihr verdanke ich meine ersten Geschichtsstunden und denke heute besonders an sie.

Thomas Sparr Berlin, 3. Januar 2020

Zeittafel

1920 am 23. November wird Paul Antschel als Kind von Leo und Fritzi Antschel in Czernowitz geboren

1925 deutsche Grundschule, später die jüdisch-hebräische Grundschule

1930 rumänisches, später ukrainisches Staatsgymnasium

1938 Bacalaureat (Abitur), Studium der Medizin in Tours

1939 Studium der Romanistik in Tours

1940 im Juni Einzug sowjetischer Truppen in Czernowitz

1941 Einzug rumänischer Truppen, bald darauf der Einsatzgruppe D der SS, im Oktober wird das Ghetto in der Stadt errichtet, erste Deportationswelle

1942 im Juni Deportation der Eltern ins Lager Michailowka; der Vater stirbt an Typhus, die Mutter wird ermordet, Paul Antschel wird im Rahmen des »Jüdischen Arbeitsdienstes« für Straßenbauten eingesetzt

1944 Paul Antschel kehrt nach Czernowitz zurück und arbeitet zunächst als Krankenpfleger in der psychiatrischen Klinik der Stadt, Studium der Anglistik

1945 Weggang nach Bukarest, am 2. Mai erscheint die »Todesfuge« auf Rumänisch unter dem Titel »Tangoul morţii« unter dem Namen Paul Celan in der Zeitschrift *Contemporanul* (Der Zeitgenosse), Celan arbeitet als Lektor im Verlag Cartea Rusă

1947 im Dezember erreicht Paul Celan Wien

1948 in Wien begegnet Paul Celan Ingeborg Bachmann, ab Juli lebt er in Paris und studiert moderne Sprachen an der Sorbonne, Celans erster Gedichtband *Der Sand aus den Urnen* erscheint im September in Wien, Celan zieht ihn bald darauf wegen zahlreicher Druckfehler zurück

1950 im Juli Abschluss des Studiums mit der Licence ès lettres

1952 im Mai erste Reise nach Deutschland nach der Durchreise 1938, Teilnahme an der Tagung der Gruppe 47 in Niendorf an der Ostsee, im Dezember erscheint Celans zweiter Gedichtband *Mohn und Gedächtnis* (DVA), am 23. Dezember heiratet Paul Celan die Grafikerin Gisèle de Lestrange

1955 Celans dritter Gedichtband *Von Schwelle zu Schwelle* erscheint bei DVA

1957 Celan erhält den Literaturpreis des Kulturkreises im Bundesverband der Deutschen Industrie in Lübeck

1958 Literaturpreis der Freien Hansestadt Bremen, Celan liest die »Todesfuge« für eine Schallplattenaufnahme des Neske-Verlags in Pfullingen

1959 Lektor für Deutsch an der École Normale Supérieure in Paris, der Gedichtband *Sprachgitter* erscheint im S. Fischer Verlag

1960 im Frühjahr verschärft sich die »Goll-Affäre« nach erneuten Vorwürfen von Claire Goll in einem »Offenen Brief«, Celan erhält den Büchner-Preis in Darmstadt, er hält seine Dankesrede »Der Meridian«

1963 Der Band *Niemandsrose* erscheint bei S. Fischer

1964 Celan reist nach Hannover, wo Bilder von Gisèle Celan-Lestrange in der Kestner-Gesellschaft ausgestellt werden

1965 Celan hält sich zur Behandlung in psychiatrischen Kliniken auf

1967 Lesung an der Universität Freiburg im Breisgau, erste

Begegnung mit Martin Heidegger, das Gedicht »Todtnauberg« entsteht

1968 Der Band *Fadensonnen* erscheint im Suhrkamp Verlag

1969 Celan reist nach Israel, im November zieht er allein in die Avenue Émile Zola in Paris

1970 im März Lesung auf der Tagung der Hölderlin-Gesellschaft in Stuttgart, Weiterreise nach Freiburg im Breisgau, vermutlich am 20. April Freitod in der Seine, am 12. Mai Beisetzung auf dem Cimetière Parisien in Thiais, im Juni erscheint der Gedichtband *Lichtzwang* postum

Anmerkungen

1 Zur Poetik der Daten siehe Wiedemann, »Welcher Daten eingedenk?«, S. 440

2 Celan, *Werke,* Band 15. I, S. 24

3 Celan, *Werke,* Band 15. I, S. 24

4 Marianne Hirsch und Leo Spitzer zeigen in ihrem Buch *Ghosts of Home. The Afterlife of Czernowitz in Jewish Memory* die Umbenennung der Straßen, S. 127

5 Chalfen, *Paul Celan,* S. 19f.

6 Celan, *Werke,* Band 15. I, S. 24

7 Corbea-Hoișie, *Czernowitz,* S. 16f.

8 Siehe Efrat Gal-Ed, *Niemandssprache,* S. 20

9 Gal-Ed, *Niemandssprache,* S. 37f.

10 Yavetz, *Erinnerungen an Czernowitz,* S. 24

11 Yavetz, *Erinnerungen an Czernowitz,* S. 62

12 Ausländer, *Erinnerungen an eine Stadt,* S. 33

13 Barash, Interview, S. 93

14 Silbermann, *Czernowitz,* S. 45

15 Silbermann, *Czernowitz,* S. 203

16 Nach Chalfen, *Paul Celan,* S. 88

17 Chalfen, *Paul Celan*, S. 101

18 Siehe die Magisterarbeit von Ohad Kohn, *A German-Yiddisch Mayse: The Influence of Yiddish on the Poetic Language of Paul Celan,* Jerusalem 2016

19 Barash, Interview, S. 94

20 »Paul konnte Russisch, und wenn Horia Deleanu bestätigte, dass er einige Fehler beim Sprechen machte, so verschwanden die beim Schreiben und hinderten ihn nicht, zahlreiche Bücher in dieser relativ später erlernten Sprache zu lesen.« Solomon, *Paul Celan,* S. 22. Horia Deleanu war ein Czernowitzer Studienfreund von Paul.

21 Nach Chalfen, *Paul Celan*, S. 66f.

22 Hinweise auf den Fahrplan und die Zugstrecke verdanke ich Susanne Kill, Deutsche Bahn, Berlin
23 Chalfen, *Paul Celan,* S. 99
24 Nach Hirsch und Spitzer, *Ghosts of Home,* S. 114
25 Silbermann, *Czernowitz,* S. 139
26 Silbermann, Czernowitz, S. 140
27 Nach Angrick, *Besatzungspolitik und Massenmord,* S. 150
28 Siehe Angrick, *Besatzungspolitik und Massenmord,* S. 152 f.
29 Zu ihm werden bald neuere Forschungen vorgelegt.
30 Siehe Carp, *Cartea Neagra,* S. 417 f.
31 Siehe Angrick, *Besatzungspolitik und Massenmord,* S. 182
32 Daghani, *Lasst mich leben,* S. 31 f.
33 Chalfen, *Paul Celan,* S. 126
34 Isak Weissglas, *Steinbruch am Bug,* S. 17 und 19
35 Nach *Geschichte der Juden in der Bukowina,* hg. von Hugo Gold, Band II, Tel Aviv 1962, S. 75
36 Isak Weissglas, *Steinbruch am Bug,* S. 61
37 Celan / Einhorn, *Einhorn,* S. 3, wieder in: *Briefe*, S. 24 f.
38 Silbermann, *Czernowitz,* S. 128
39 Dorothea Müller-Altneu nach Chalfen, *Paul Celan,* S. 139
40 So notiert es Israel Chalfen nach Gesprächen mit Ruth Lackner. *Chalfen,* Paul Celan, S. 140
41 Siehe Wiedemann, »Welcher Daten eingedenk?«, S. 443
42 Celan, *Meridian,* S. 131
43 Wiedemann, »Welcher Daten eingedenk?«, S. 447
44 Siehe das Kapitel Darmstadt 1960, S. 175 ff.
45 Chersztein, *Geopfertes Volk,* S. 82
46 Zuerst bei Felstiner, *Paul Celan,* S. 30, dann mit dem Nachweis von *Izvestija* bei Wiedemann, »Welcher Daten eingedenk?«, S. 452
47 Protokoll der Hauptverhandlung beim Nürnberger Prozess vom 16. Februar 1946. Siehe Wiedemann, *Welcher Daten eingedenk?,* S. 444
48 Barash, Interview, S. 101
49 Barash, Interview, S. 101 f.
50 Barash, Interview, S. 102
51 Barash, Interview, S. 102
52 Diese Beobachtung findet sich auch bei Chalfen, *Paul Celan,* S. 118 f.
53 Barash, Interview, S. 102
54 Chersztein, *Geopfertes Volk,* S. 95
55 Kittner, *Erinnerungen,* S. 27
56 Kittner, *Erinnerungen,* S. 218
57 Zitiert nach Kittner, *Erinnerungen,* S. 219
58 Nach Chalfen, *Paul Celan*, S. 133
59 Kittner, *Schattenschrift,* S. 34

60 Kittner, *Schattenschrift,* S. 74
61 Vgl. Rousset, *L'Univers Concentrationnaire,* S. 131, Deutsch: *Das KZ-Universum*
62 Silbermann, *Czernowitz,* S. 189
63 Moscovici, *Mon Après-Guerre,* S. 46. Eigene Übersetzung.
64 Moscovici, *Mon Après-Guerre,* S. 136
65 Solomon, *Paul Celan,* S. 64
66 Solomon, *Paul Celan,* S. 30
67 Solomon, *Paul Celan,* S. 30
68 Solomon, *Paul Celan*, S. 31
69 Vgl. Crohmălniceanu, *Paul Celan et la mélancolie*, S. 71
70 Solomon, *Paul Celans Bukarester Aufenthalt,* S. 223
71 Solomon, *Paul Celan*, S. 45f.
72 Solomon, *Paul Celan,* S. 48f.
73 Solomon, *Paul Celans Bukarester Aufenthalt,* S. 220
74 Wien 1947: Berichte vom Dezember 1947 (Rathauskorrespondenz), www.wien.gv.at
75 Vgl. Patka, »Das Rothschild-Spital in Wien«, in: *Displaced,* S. 46ff.
76 *Displaced,* S. 11
77 Siehe hierzu auch der Kommentar zum Gedicht, NKG, S. 666
78 Dor/Federmann, *Internationale Zone*, S. 86
79 Zit. nach Goßens, »Herr Basil ist sehr nett zu mir«, S. 53
80 Wischenbart, *Literarischer Wiederaufbau,* S. 30
81 Zit. nach Corbea-Hoișie, *Nachträgliches,* S. 158
82 Zit. nach Goßens, »Herr Basil ist sehr nett zu mir«, S. 56
83 Zit. nach Corbea-Hoișie, »Nachträgliches«, S. 158
84 Ernst Schönwiese an Otto Basil, in: Goßens, »Herr Basil ist sehr nett zu mir«, S. 61
85 Zit. nach Ivanovic, *Paul Celans Umweg,* S. 64
86 Dor, *Ein Fremder in Wien,* S. 133
87 Celan, *Werke,* Band 15.1, S. 17
88 Siehe das Nachwort von Marina Dmitrieva-Einhorn zum Briefwechsel Celan/Einhorn, S. 27
89 Der Kommentar zu diesem Gedicht zeigt, dass sich »Einhorn« eher auf die Landschaft Estremadura in Spanien bezieht (NKG, S. 637f.).
90 Zit. nach Strigl, *Kaffeehaus,* S. 95
91 Bachmann/Celan, *Herzzeit,* S. 251
92 Bachmann/Celan, *Herzzeit,* S. 251
93 Bachmann/Celan, *Herzzeit,* S. 64
94 Bachmann/Celan, *Herzzeit,* S. 41
95 Bachmann/Celan, *Herzzeit,* S. 43
96 Bachmann/Celan, *Herzzeit,* S. 44
97 Methlagl, *Paul Celan in Mühlau,* S. 123

98 Zit. nach Methlagl, *Paul Celan in Mühlau,* S. 124
99 Zit. nach Methlagl, *Paul Celan in Mühlau,* S. 124
100 Siehe das Faksimile in *Displaced*, S. 129
101 *Stimmen der Gegenwart 1951,* S. 130ff.
102 Bernanos, *Nos libertés,* S. 162
103 Bernanos 1947, S. 39
104 Dor, *Erinnerungen,* S. 146f.
105 Moscovici, *Mon Après-guerre,* S. 74. Sie werden sich im Juli 1948 begegnet sein.
106 Siehe hierzu Corbea-Hoişie, *Paul Celans »unbequemes Zuhause«*, S. 20f.
107 Kaschnitz, *Die Abreise,* S. 49
108 Kaschnitz, *Die Abreise,* S. 54
109 *Die Wandlung 4/3,* März 1949, S. 284
110 Siehe Rhein, »Ein Patriot der Filmgeschichte«, in: *Frankfurter Allgemeine Zeitung*, 17. Juli 2019
111 Bachmann/Celan, *Herzzeit,* S. 12
112 Bachmann/Celan, *Herzzeit*, S. 12f.
113 Bachmann/Celan, *Herzzeit*, S. 13
114 Nach Wiedemann (Hg.), *Paul Celan. Die Goll-Affäre,* S. 17
115 Adorno, »Kulturkritik und Gesellschaft«, in: *Gesammelte Schriften,* Band 10.1, S. 30
116 Bachmann/Celan, *Herzzeit,* S. 19f.
117 Lohner, *La Poésie allemande,* S. 3
118 Paul Celan/Gisèle Celan-Lestrange, *Briefwechsel,* S. 8f.
119 Eisenreich, *Celans Kreidestern,* S. 35
120 Eisenreich, *Celans Kreidestern,* S. 39
121 Eisenreich, *Celans Kreidestern,* S. 74. Die zitierten Wendungen beziehen sich auf das Gedicht »Leuchten« in »Von Schwelle zu Schwelle«, NKG, S. 64, und »Die hellen Steine«, NKG, S. 147
122 Eisenreich, *Celans Kreidestern,* S. 53
123 Eisenreich, *Celans Kreidestern,* S. 54
124 Eisenreich, *Celans Kreidestern,* S. 153
125 Paul Celan /Gisèle Celan-Lestrange, Briefwechsel, S. 21
126 Bachmann/Celan, *Herzzeit,* S. 49
127 Böttiger, *Die Gruppe 47*
128 Paul Celan/Gisèle Celan-Lestrange, *Briefwechsel,* S. 21f.
129 Paul Celan/Gisèle Celan-Lestrange, *Briefwechsel,* S. 22
130 Paul Celan/Gisèle Celan-Lestrange, *Briefwechsel,* S. 22
131 Siehe Kommentar zu Paul Celan/Gisèle Celan-Lestrange, *Briefwechsel,* Bd. 2, S. 52
132 Dor, *Auf dem falschen Dampfer,* S. 214
133 Richter, *Mittendrin*, S. 158. Eintrag ins Tagebuch vom 7. Mai 1970

134 Vgl. Kaschnitz, *Tagebücher,* S. 438
135 Briegleb, *Mißachtung und Tabu,* S. 12
136 Siehe Kommentar zu Paul Celan / Gisèle Celan-Lestrange, *Briefwechsel,* Bd. 2, S. 53
137 Celan / Klaus und Nani Demus, *Briefwechsel,* S. 100 f.
138 Meyer-Kalkus, »Das Gedicht«, in: *Frankfurter Allgemeine Zeitung,* 12. Februar 2014, S. N 4
139 Paul Celan / Gisèle Celan-Lestrange, *Briefwechsel,* S. 19
140 Grobecker u.a., *Heraus aus den Trümmern,* S. 50
141 Lüth, *Kein Maulkorb,* S. 51
142 Celan / Klaus und Nani Demus, *Briefwechsel,* S. 101
143 Kaschnitz, *Tagebücher,* S. 439
144 Vgl. Jan Bürgers Nachwort zu *Mohn und Gedächtnis*, S. 81 f.
145 Vgl. Gisèles Brief vom 24. März 1954 in Paul Celan / Gisèle Celan-Lestrange, *Briefwechsel,* S. 38
146 Bachmann / Celan, *Herzzeit,* S. 50
147 Celan / Hanne und Hermann Lenz, *Briefwechsel,* S. 7
148 Siehe Jan Bürgers Nachwort zu *Mohn und Gedächtnis*, S. 85
149 Zitiert in Celan, *Briefwechsel mit den rheinischen Freunden,* S. 20
150 Celan, *Briefwechsel mit den rheinischen Freunden*, S. 19
151 De Haas, »Mohn und Gedächtnis«, S. 12
152 Alle Zitate aus de Haas, »Mohn und Gedächtnis«, S. 12
153 Schroers, »Ein neuer deutscher Lyriker«, in: *Die Zeit* 25 / 1953.
154 Krolow, »Zwei neue Lyriker«, S. 23
155 Holthusen, »Fünf junge Lyriker«, S. 387 f.
156 Holthusen, »Fünf junge Lyriker«, S. 390
157 Vgl. Berg, »Selbstentnazifizierung«, S. 233
158 Kaléko, *Sämtliche Werke und Briefe,* Band IV, S. 633
159 Holthusen / Kemp (Hg.), *Ergriffenes Dasein,* S. 393
160 Celan / Hanne und Hermann Lenz, *Briefwechsel,* S. 14
161 *Commentary,* 1. Januar 1955, S. 242
162 *Commentary,* 1. Januar 1955, S. 243
163 Rothenberg schreibt: »We exchanged a sketchy letter or two …« (»Paul Celan«, S. 110). Anscheinend sind sie nicht erhalten.
164 Rothenberg, »Paul Celan«, S. 111
165 Rothenberg, »Paul Celan«, S. 112
166 Rothenberg, *Khurbn,* S. 6
167 Siehe hierzu den Artikel »Khurbn« von Mar Caplan in der *Enzyklopädie jüdischer Geschichte und Kultur*
168 Rothenberg, *Khurbn,* S. 70
169 Rothenberg, *Khurbn,* S. 71
170 Das Buch erschien erstmals 2019 auf Deutsch
171 Rothenberg, *Khurbn*, S. 21

172 Rothenberg, *Khurbn*, S. 71
173 Rothenberg, *Khurbn*, S. 72.
174 *»Fremde Nähe«*, S. 230
175 Siehe *»Fremde Nähe«*, S. 231
176 Fichte, *Die zweite Schuld*, S. 36
177 Fichte, *Die zweite Schuld*, S. 14f.
178 Celan, *Speech-Grille*, S. 29
179 Celan / Geraedts, *Keinerlei »Silberstreifen« am Horizont*, S. 41
180 Celan / Geraedts, *Keinerlei »Silberstreifen« am Horizont*, S. 42f.
181 Celan / Geraedts, *Keinerlei »Silberstreifen« am Horizont*, S. 45ff.
182 Celan / Geraedts, *Keinerlei »Silberstreifen« am Horizont*, S. 68f.
183 Aus Celans Brief an Herbert Greiner-Mai im Volksverlag in Weimar vom 23. Februar 1961, zit. nach dem Kommentar in NKG, S. 608
184 Rumpf, *Die »Todesfuge«*, S. 232
185 Rumpf, *Die »Todesfuge«*, S. 235
186 Rumpf, *Die »Todesfuge«*, S. 238
187 Rumpf, *Die »Todesfuge«*, S. 240
188 Mayer, *Zur deutschen Literatur der Zeit*, S. 359
189 Mayer, »Erinnerung an Paul Celan«, S. 180f.
190 Siehe Wiedemann (Hg.), *Paul Celan. Die Goll-Affäre*, S. 252
191 Siehe Szondis Artikel »Anleihe oder Verleumdung«, in: *Neue Zürcher Zeitung*, 18. Nov. (Fernausgabe: 19. Nov.) 1960 als erster von mehreren Beiträgen
192 Siehe Wiedemann (Hg.), *Paul Celan. Die Goll-Affäre*, S. 252
193 Siehe *Paul Celan. Die Goll-Affäre*, S. 190f.
194 Siehe *Paul Celan. Die Goll-Affäre*, S. 187
195 Döhl, *Geschichte und Kritik eines Angriffs*
196 Zit. nach Celans Abschrift im *Briefwechsel mit den rheinischen Freunden*, S. 396
197 Vgl. Kühling, »Die Hakenkreuz-Schmierwelle«, S. 4ff.
198 Nach Celan, *Gedichte aus dem Nachlass*, S. 359
199 Bachmann-Celan, *Herzzeit*, S. 126
200 Bachmann-Celan, *Herzzeit*, S. 127
201 Siehe hierzu Uta Werners Buch »Textgräber«
202 Briefe, S. 512f.
203 Celan, *Der Meridian*, S. 12
204 Celan, *Der Meridian*, S, 9
205 Siehe hierzu Barbara Wiedemanns Nachwort in *Paul Celan. Die Goll-Affäre*, S. 827f.
206 In: *Kortárs*, September 1961, S. 431f.
207 Diesen Hinweis verdanke ich László Földényi, Budapest, 29. März 2019.
208 Kertész, *Die eigene Mythologie schreiben*, S. 7

209 Kertész, *Die eigene Mythologie schreiben*, S. 18
210 Kertész, *Die eigene Mythologie schreiben*, S. 23
211 Kertész, *Kaddisch*, S. 12f.
212 Kertész, *Kaddisch*, S. 30f.
213 Kertész, *Kaddisch*, S. 49
214 Kertész, *Kaddisch*, S. 79
215 Kertész, *Kaddisch*, S. 103
216 Aus Nietzsches *Unzeitgemäßen Betrachtungen*, Kapitel 15
217 Kertész, *Kaddisch*, S. 45
218 Földényi, *Schicksallosigkeit*, S. 357
219 Kertész, *Kaddisch*, S. 68
220 Siehe Heidelberger-Leonard, *Imre Kertész*, S. 82
221 Kertész, *Galeerentagebuch*, S. 279
222 Semprún, Friedenspreis 1994, S. 7
223 Semprún, Friedenspreis 1994, S. 12
224 Rosenzweig schreibt: »Da die Überlebenden, zumeist Alte, Kranke und Arbeitsunfähige, infolge dieser bis heute noch nicht aufgehobenen Stopverfügung dahinsterben, muss gesagt werden, dass die Deutschen heute – in anderer Form, aber in derselben Absicht, nämlich in Tötungsabsicht – genauso vorgehen wie in den Lagern, nur mit dem einen Unterschied, dass sie damals den alten, kranken und arbeitsunfähigen Opfern den Gnadenschuss verabreichten, dieselben also rasch zum Tode beförderten, während sie heute diese unglücklichen Menschen langsam, also qualvoll sterben lassen, indem sie ihnen jahrelang die geringe Entschädigung vorenthalten, auf welche sie einen gesetzlichen Anspruch haben.« (Aus dem Vorwort zu Daghani, *»Lasst mich leben!«*, S. 8)
225 Daghani, *La tombe est dans la cerisaie. Journal du camp de Michailovka 1942–1943*. Aus dem Französischen von Philippe Kellmer und mit einem Vorwort von Marc Sagnol, Paris 2018
226 Rieper/Brandl-Bowen (Hg.), *»Lasst mich leben!«*
227 Ermittlungsverfahren gegen Friese u. a. wegen Mordes, Bundesarchiv B 162/6169, Bl. 2782
228 Aus dem Bericht des Ersten Staatsanwalts in Lübeck, Dr. Artze, Bundesarchiv B 162/6169
229 Ermittlungsverfahren gegen Friese u.a. wegen Mordes, Bundesarchiv B 162/6169, Bl. 2769f.
230 Nathan Segalls »Gedächtnisprotokoll eines Augenzeugen« findet sich in den Akten der Staatsanwaltschaft Lübeck u.a.O.: Ermittlungsverfahren gegen Friese u.a. wegen Mordes, Bundesarchiv B 162/6169, Bl. 2771ff. Siehe auch Rieper/Brandl-Bowen, *»Lasst mich leben!«*, S. 180. Dort heißt es: »Original nicht auffindbar. Rückübersetzung aus dem Englischen.« Vermutlich aber wurde das

»Gedächtnisprotokoll« auf Deutsch angefertigt und anschließend Gerda Bruell folgend an verschiedene Orte gesandt.

231 Ermittlungsverfahren gegen Friese u.a. wegen Mordes, Bundesarchiv B 162/6169, Bl. 2779

232 Bundesarchiv B 162/6169, Bl. 3196

233 Bundesarchiv B 162/6169, Bl. 3196f.

234 Siehe das Gedicht »Ein Dröhnen« aus *Atemwende* (NKG, S. 206), das im Mai 1965 entstand und die Berichterstattung über den damals laufenden Auschwitz-Prozess aufnahm.

235 SPD-Pressedienst, P/XXII/60, 29. März 1967

236 Bundesarchiv B 162/6169, Bl. 2784f.

237 Bundesarchiv B 162/1814, Bl. 567

238 Baumgart, »Unmenschlichkeit beschreiben«, S. 48f.

239 Oppens, »Blühen und Schreiben«, S. 88

240 Steinfeld, »Kein Anspruch auf Auszeichnung von solchem Rang«

241 Steinfeld zitiert den damaligen Sprecher der Akademie, Anders Österling, in »Kein Anspruch auf Auszeichnung von solchem Rang«

242 So berichtete es Kitty Steinschneider-Marx (1905 – 2002), eine Verwandte von Agnon

243 Celan/Sachs, *Briefwechsel,* S. 25

244 Sachs, *Werke,* Band I, S. 11

245 Fioretos, *Flucht und Verwandlung*, S. 148f.

246 Celan/Sachs, *Briefwechsel,* S. 26f.

247 Celan/Sachs, *Briefwechsel,* S. 41

248 Celan/Sachs, *Briefwechsel,* S. 41f. Wieder in: NKG, S. 130f., mit der Widmung »Für Nelly Sachs«

249 Susman, *Das Buch Hiob*, S. 231. Vgl. Sparr, »Das Gespräch im Gedicht«, S. 39f.

250 Celan/Sachs, *Briefwechsel,* S. 47

251 Fioretos, *Flucht und Verwandlung,* S. 243f.

252 Fioretos, *Flucht und Verwandlung,* S. 241f.

253 Celan/Celan-Lestrange, *Briefwechsel,* S. 205

254 Celan/Celan-Lestrange, *Briefwechsel,* S. 205

255 So schreibt Enzensberger im Nachwort zu Sachs, *Ausgewählte Gedichte*

256 Zitiert nach Sparr, »Zeit der Todesfuge«, S. 51

257 Einen Interlinearvergleich von Original und Übersetzung verdanke ich Christa Binswanger: *»Mit wechselndem Schlüssel«. »Todesfuge« und »Schneebett« von Paul Celan: Zu ihrer Übertragung ins Russische*. Liz.-Arbeit an der Universität Zürich 1993.

258 Celan/Einhorn, *Einhorn*, S. 15

259 Siehe hierzu das instruktive Nachwort von Einhorns Tochter, Marina Dmitrieva-Einhorn

260 Celan / Einhorn, *Einhorn*, S. 3
261 Celan / Einhorn, *Einhorn*, S. 5
262 Celan / Einhorn, *Einhorn*, S. 7
263 *Sinn und Form* 14/1962, 5. und 6. Heft, S. 729 – 731, Zitate: S. 729, 731
264 Celan / Chomed, *»Ich brauche Deine Briefe«*, S. 17
265 Celan / Chomed, *»Ich brauche Deine Briefe«*, S. 19
266 Siehe zu diesem biographischen Hintergrund: Celan / Chomed, *»Ich brauche Deine Briefe«*, S. 75f.
267 Celan / Chomed, *»Ich brauche Deine Briefe«*, S. 21f.
268 Siehe Celans »Notiz« am Ende von Mandelstams *Gedichten*, S.67
269 Nach *»Fremde Nähe«*, S. 339, wieder: *Briefe*, S. 309
270 Mandelstam, *Gedichte*, S. 63
271 Celan / Chomed, *»Ich brauche Deine Briefe«*, S. 62f.
272 Janz, *»... noch nichts Interkurrierendes«*, S. 335–345, und ihr Buch *Vom Engagement absoluter Poesie. Zur Lyrik und Ästhetik Paul Celans*
273 Celan / Celan-Lestrange, *Briefwechsel*, S. 518
274 Szondi, *Schriften*, S. 392f.
275 Chalfen, »Paul Celan in Jerusalem«, S. 149. Siehe auch Lydia Koelles Aufsatz über Celans Reise nach Israel, »Wohin soll ich jetzt mit diesem Dort?«, in: *Frankfurter Allgemeine Zeitung*, 21. Oktober 2019
276 Siehe: www.dichterlesen.net/veranstaltungen/veranstaltung/paul-celan-liest-gedichte-in-jerusalem-2182
277 Nach freundlicher Auskunft von Lorenz Wesemann, Marbach am Neckar
278 Chalfen, »Paul Celan in Jerusalem«, S. 151
279 Siehe Kraft, »Gedicht und Wirkung«, S. 740
280 Tramer, »Der bestrittene Ruhm«, S. 5
281 Abdruck im *Mitteilungsblatt* 24, 1961, S. 5
282 Kraft / Lehmann, *Briefwechsel*, S. 365
283 Am 31. Oktober 1959 an Nelly Sachs. Siehe Celan / Sachs, *Briefwechsel*, S. 26
284 Celan / Shmueli, *Briefwechsel*, S. 164f.
285 Celan / Shmueli, *Briefwechsel*, S. 45, wieder: NKG, S. 571
286 Celan / Shmueli, *Briefwechsel*, S. 14
287 Celan / Shmueli, *Briefwechsel*, S. 173
288 Weissglas, »ER«, S. 34
289 Stiehler, »Die Zeit der *Todesfuge*«, S. 29
290 Siehe hierzu auch Barbara Wiedemanns Leserbrief »Celans Todesfuge« in der *Frankfurter Allgemeinen Zeitung* vom 25. August 2018. Andrei Corbea-Hoișie bereitet derzeit eine Edition von Weissglas' »Gottes Mühlen in Berlin« vor.
291 Buch, »Breit wie der Sarg, schmal wie die Todesstund«
292 Buck, *Todesfuge*, S. 19f.

293 Mayer, »Erinnerung an Paul Celan«, S. 186
294 Siehe hierzu Baumann, *Erinnerungen*, S. 63
295 Baumann, *Erinnerungen*, S. 79
296 Baumann, *Erinnerungen*, S. 80
297 Czechowski, »Ein Gespräch«, S. 343f.
298 Siehe Celan, *Die Silbe Schmerz*, S. 204
299 Über das ganze Projekt berichtet Peter Wensierski ausführlich in *Fenster zu Freiheit*
300 Siehe Wensierski, *Fenster zur Freiheit*, S. 23
301 *Schattenverschlüsse*, S. 43f.
302 Gespräch mit Stephan Bickhardt am 9. Dezember 2019
303 *Schattenverschlüsse*, S. 27f.
304 Jenninger, *Rede und Reaktion*, S. 13
305 Vgl. Wolfgang Benz' Zusammenfassung in seinem Beitrag »Unglücklicher Staatsakt«
306 Jenninger, *Rede und Reaktion*, S. 16
307 Jenninger, *Rede und Reaktion*, S. 24
308 Jenninger, *Rede und Reaktion*, S. 21
309 *Die Zeit*, 18. November 1988, in: Jenninger, *Rede und Reaktion*, S. 85
310 Nach Jenninger, *Rede und Reaktion*, S. 56
311 Siehe hierzu Sparr, »Vom Echo der ›Todesfuge‹ in Celans Spätwerk«
312 Mayer, »Erinnerung an Paul Celan«, S. 181
313 Celan/Wurm, *Briefwechsel*, S. 245 – 251
314 Celan/Schmueli, *Briefwechsel*, S. 174
315 Celan, *Werke*, Band 16, S. 29
316 Celan, *Werke*, Band 16, S. 33
317 Celan, *Werke*, Band 16, S. 63
318 Siehe hierzu Sparr, *Celans Poetik des hermetischen Gedichts*
319 Szondi, *Briefe*, S. 165
320 Baumann, *Erinnerungen an Paul Celan*, S. 136

Bibliographie

Abkürzungen und Siglen

Briefe
Celan, Paul: *»etwas ganz und gar Persönliches«. Briefe 1934–1970,* hg. und kommentiert von Barbara Wiedemann, Berlin 2019.

NKG
Celan, Paul: *Die Gedichte. Neue kommentierte Gesamtausgabe.* Mit 25 Radierungen von Gisèle Celan-Lestrange, hg. von Barbara Wiedemann, Berlin 2018.

Werkausgaben

Celan, Paul: *Gesammelte Werke in sieben Bänden,* hg. von Beda Allemann und Stefan Reichert unter Mitwirkung von Rolf Bücher, Frankfurt am Main 2000.

Celan, Paul: *Werke. Historisch-kritische Ausgabe, Bd. 15, Prosa I, Zu Lebzeiten publizierte Prosa und Reden,* vorbereitet von Axel Gellhaus, hg. von Andreas Lohr und Heino Schmull in Verbindung mit Rolf Bücher, Berlin 2014.

Celan, Paul: *Werke. Historisch-kritische Ausgabe, Bd. 16, Prosa II, Materialien zu Band 15, Prosa im Nachlass,* hg. von Andreas Lohr unter Mitarbeit von Heino Schmull in Verbindung mit Rolf Bücher, Berlin 2017.

Celan, Paul: *Werke. Tübinger Ausgabe: Der Meridian, Endfas-*

sung – Vorstufen – Materialien, hg. von Bernhard Böschenstein und Heino Schmull unter Mitarbeit von Michael Schwarzkopf und Christiane Wittkop, Frankfurt am Main 1999.

Verstreutes

Celan, Paul: *Die Silbe Schmerz. Ausgewählte Gedichte,* Berlin und Weimar 1980.

Celan, Paul: Paul Celan liest Gedichte in Jerusalem, URL: www.dichterlesen.net/veranstaltungen/veranstaltung/paul-celan-liest-gedichte-in-jerusalem-2182, zuletzt abgerufen am 8. Januar 2020.

Celan, Paul: *Todesfuge,* 2., erweiterte Auflage. Mit einem Kommentar von Theo Buck, Aachen 2002.

Celan, Paul: »Vier Gedichte«, in: *Die Wandlung* 4, 1949, H. 3, S. 280–281.

Briefwechsel

Celan, Paul, und Ingeborg Bachmann: *Herzzeit: Ingeborg Bachmann – Paul Celan: Der Briefwechsel.* Mit den Briefwechseln zwischen Paul Celan und Max Frisch sowie zwischen Ingeborg Bachmann und Gisèle Celan-Lestrange, Frankfurt am Main 2008.

Celan, Paul, und Heinrich Böll sowie Paul Schallück und Rolf Schroers: *Briefwechsel mit den rheinischen Freunden,* Berlin 2011.

Celan, Paul, und Gisèle Celan-Lestrange: *Briefwechsel.* Mit einer Auswahl von Briefen Paul Celans an seinen Sohn Eric, hg. und kommentiert von Bertrand Badiou in Verbindung mit Eric Celan, Anmerkungen, übersetzt und einge-

richtet von Barbara Wiedemann. Aus dem Französischen von Eugen Helmé, 2 Bd., Frankfurt am Main 2001.
Celan, Paul, und Gustav Chomed: »... *Ich brauche Deine Briefe ...«. Der Briefwechsel*, hg. von Barbara Wiedemann und Jürgen Köchel, Berlin 2010.
Celan, Paul, und Klaus und Nani Demus: *Briefwechsel.* Mit einer Auswahl aus dem Briefwechsel zwischen Gisèle Celan-Lestrange und Klaus und Nani Demus, hg. und kommentiert von Joachim Seng, Frankfurt am Main 2009.
Celan, Paul, und Erich Einhorn: *Einhorn: du weißt um die Steine* ... Briefwechsel, hg. und kommentiert von Marina Dmitricva-Einhorn, Berlin 2001.
Celan, Paul, und Jaap Geraedts *Keinerlei »Silberstreifen« am Horizont. Der Briefwechsel des Dichters mit dem Komponisten*, hg. und kommentiert von Paul Sars, Berlin u.a. 2014.
Celan, Paul, und Hanne und Hermann Lenz: *Briefwechsel.* Mit drei Briefen von Gisèle Celan-Lestrange, hg. von Barbara Wiedemann in Verbindung mit Hanne Lenz, Frankfurt am Main 2001.
Celan, Paul, und Nelly Sachs: *Briefwechsel*, hg. von Barbara Wiedemann, Frankfurt am Main 1993.
Celan, Paul, und Ilana Shmueli: *Briefwechsel*, hg. von Ilana Shmueli und Thomas Sparr, Frankfurt am Main 2004, S. 149–153.
Celan, Paul, und Franz Wurm: *Briefwechsel*, hg. von Barbara Wiedemann in Verbindung mit Franz Wurm, Frankfurt am Main 1995.

»Todesfuge« übersetzt (in Auswahl)

Celan, Paul: »A Death Fugue«, in: *New Young German Poets*, hg. und ins Englische übersetzt von Jerome Rothenberg, San Francisco 1959.

Celan, Paul: »Death Fugue« (A Poem), ins Englische übersetzt von Clement Greenberg, in: *Commentary*, 1. Januar 1955, S. 242–243.

Celan, Paul: »Fugue of Death« (»Todesfuge«), ins Englische übersetzt von Michael Bullock, in: *The Jewish Quarterly*, Vol. 2, No. 4, Spring 1955.

Celan, Paul: »Death Fugue«, in: *Speech-grille and Selected Poems*, ins Englische übersetzt von Joachim Neugroschel [sic], New York 1971, S. 29–32.

Celan, Paul: »Dödsfuga«, ins Schwedische übersetzt von Bengt Höglund, in: *Fyra tyska poeter: dikter av Ingeborg Bachmann, Paul Celan, Hans Magnus Enzensberger och Helmut Heissenbüttel*, Stockholm 1964.

Celan, Paul: »Fuga de mort«, ins Katalanische übersetzt von Artur Quintana, 1966.

Celan, Paul: »Fuga sobre la muerte«, ins Spanische übersetzt von Juan-Francisco Elvira-Hernández, 1960.

Celan, Paul: »Fuga sul tema morte«, in: Gilda Musa (Hg.): *Piccola antologia di giovani poeti tedeschi.* Ins Italienische übersetzt von Gilda Musa, in: *Poesia Nuova, Rassegna della poesia italiana d'oggi 2* (1956), H. 3–4, S. 187–188.

Celan, Paul: »Fugat ha-mawet«, ins Hebräische übersetzt von Amnon Ramon, in: *Haaretz* (Beilage: *Tarbut we-Sifrut*), 8. Mai 1958.

Celan, Paul: »Fugat al ha-mawet«, ins Hebräische übersetzt von Esra Susman, in: *M. B. Wochenzeitung des Irgun Olej Merkas*, 24. Februar 1961, S. 5.

Celan, Paul: »Fugue de la mort«, ins Französische übersetzt von Alain Bosquet, in: *Le journal des poètes* (Januar 1952), Brüssel, S. 9.

Celan, Paul: »Fugue de la mort«, ins Französische übersetzt von Lionel Richard, in: *Les Lettres françaises* 943 (1962), S. 12.

Celan, Paul: »Fugue of Death«, in: *Modern German Poetry 1910–1960. An Anthology With Verse Translations*, hg. und mit

einer Einleitung von Michael Hamburger and Christopher Middleton, London 1963, S. 319–321.
Celan, Paul: »Halálfúga«, ins Ungarische übersetzt von István Simon, in: *Nemet költők antológiája, Válogatta, szerkesztette és az clőszótírta Keresztury Desző*, Budapest 1963, S. 822–823 [zuerst in: *Kortárs* 5, 1961, H. 9, S. 431–432].
Celan, Paul: »Halotti Fuga«, ins Ungarische übersetzt von Iván Rozgonyi, in: *Nemet költők antológiája, Válogatta, szerkesztette és az clőszótírta Keresztury Desző*, Budapest 1963, S. 824–825.
Celan, Paul: »La fugue de la mort«, ins Französische übersetzt von Henri Dulay, in: *Action poétique* 24 (1964), S. 27–28.
Celan, Paul: »Tangoul morții«, ins Rumänische übersetzt von Petre Solomon unter Mitwirkung von Mony Cahn, in: *Contemporanul*, 2. Mai 1947.
Celan, Paul: »Fuga smrti«, ins Russische übersetzt von Lew Ginsburg, in: *Stroki vremeni: Molodye poėty FRG, Avstrii, Švejcarii, Zapadnogo Berlina*, Moskau 1967.

Weitere Primär- und Sekundärliteratur

Adorno, Theodor W.: *Gesammelte Schriften*, hg. von Rolf Tiedemann unter Mitwirkung von Gretel Adorno, Susan Buck-Morss und Klaus Schultz, Bd. 10.1, Kulturkritik und Gesellschaft I, Frankfurt am Main 2003.
Angrick, Andrej: *Besatzungspolitik und Massenmord: die Einsatzgruppe D in der südlichen Sowjetunion 1941–1943*, Hamburg 2003.
Ausländer, Rose: »Erinnerungen an eine Stadt«, in: Rose Ausländer: *Materialien zu Leben und Werk*, hg. von Helmut Braun, Frankfurt am Main 1991.
Barash, Moshe: Interview, in: *Sprache und Literatur in Wissenschaft und Unterricht* 55, 1985, S. 93–107.

Baumann, Gerhart: *Erinnerungen an Paul Celan,* Frankfurt am Main 1995.

Baumgart, Reinhard: »Unmenschlichkeit beschreiben: Weltkrieg und Faschismus in der Literatur«, in: *Merkur* 19, 1965, H. 1, S. 37–50.

Benz, Wolfgang: Unglücklicher Staatsakt. Philipp Jenningers Rede zum 50. Jahrestag der Novemberpogrome 1938, URL: www.bpb.de/171555, zuletzt abgerufen am 8. Januar 2020.

Berg, Nicolas: »Selbstentnazifizierung einer Komplizenschaft. Die Vorgeschichte des SS-Bekenntnisses von Hans Egon Holthusen und seiner Kontroverse mit Jean Améry«, in: *Moralisierung des Rechts. Kontinuitäten und Diskontinuitäten nationalsozialistischer Normativität,* hg. im Auftrag des Fritz Bauer Instituts von Werner Konitzer, Frankfurt am Main 2014, S. 216–247.

Bernanos, Georges: *Vom Sinn der Freiheit,* übersetzt von Josef Ziwutschka, Wien 1947.

Bernanos, Georges *La France contre les robots,* Paris 1947.

Binswanger, Christa: *»Mit wechselndem Schlüssel«: »Todesfuge« und »Schneebett« von Paul Celan. Zu ihrer Übertragung ins Russische,* Zürich 1993 (unveröffentlicht).

Böttiger, Helmut: *Die Gruppe 47. Als die deutsche Literatur Geschichte schrieb,* München 2012.

Briegleb, Klaus: *Mißachtung und Tabu: Eine Streitschrift zur Frage: »Wie antisemitisch war die Gruppe 47?«*, Berlin 2003.

Buch, Hans Christoph: »Breit wie der Sarg, schmal wie die Todesstund«, in: *Frankfurter Allgemeine Zeitung*, 18. August 2018, S. 16.

Bürger, Jan: »Nachwort«, in: Paul Celan: *Mohn und Gedächtnis,* München 2012.

Bundesarchiv Ludwigsburg, Bestand B 162, Zentralkartei zu Werner Dubois.

Carp, Matatias: *Cartea Neagra. Le Livre noir de la destruction des Juifs de Roumanie (1940–1944),* Paris 2009.

Chalfen, Israel: *Paul Celan. Eine Biographie seiner Jugend*, Frankfurt am Main 1979.
Chalfen, Israel: »Paul Celan in Jerusalem«, in: *Paul Celan – Ilana Shmueli: Briefwechsel*, hg. von Ilana Shmueli und Thomas Sparr, Frankfurt am Main 2004, S. 149–153.
Chersztein, Mieczysław: *Geopfertes Volk. Der Untergang des polnischen Judentums*, übersetzt von Jolanta Münch, Stuttgart 1946.
Corbea-Hoişie, Andrei: *Czernowitz*, Frankfurt am Main 1998.
Corbea-Hoişie, Andrei »Nachträgliches zum Komplex Paul Celan – Alfred Margul-Sperber Wien.« Zwei neu entdeckte Briefe im Österreichischen Literaturarchiv, in: *Etudes Germaniques 2011*, No. 261, S. 153–167.
Corbea-Hoişie, Andrei: *Paul Celans »unbequemes Zuhause«. Sein erstes Jahrzehnt in Paris*, Aachen 2017.
Crohmălniceanu, Ovid: »Paul Celan et la mélancolie «, in: *Paul Celan. Biographie und Interpretation*, hg. von Andrei Corbea-Hoişie, Iaşi 2000, S. 69–73.
Czechowski, Heinz: »›Die Bitterkeit auf meiner Zunge‹: Anna Chiarloni im Gespräch mit Heinz Czechowski«, in: *Schaltstellen. Neue deutsche Lyrik im Dialog*, hg. von Karen Leeder, Amsterdam und New York 2007, S. 337–358.
Daghani, Arnold: *»Lasst mich leben!«*, mit einem Vorwort und übersetzt von Siegfried Rosenzweig, Tel Aviv 1960.
Daghani, Arnold: *La tombe est dans la cerisaie: Journal du camp de Mikhaïlovka (1942–1943). Suivi d'un entretien avec Philippe Kellmer et Marc Sagnol*, aus dem Rumänischen und aus dem Französischen übersetzt von Philippe Kellmer, Paris 2018.
»Das Grab im Kirschgarten«. Die Geschichte der Ermordung von 25 000 Juden, Prozeß des Grauens in Itzehoe«, in: *Sozialdemokratischer Pressedienst*, P/XXII/60, 29. März 1967, S. 2.
Döhl, Reinhard: »Geschichte und Kritik eines Angriffs. Zu den Behauptungen gegen Paul Celan«, in: *Jahrbuch 1960*

der Deutschen Akademie für Sprache und Dichtung, Darmstadt 1961, S. 101–132.

Dor, Milo: *Auf dem falschen Dampfer. Fragmente einer Autobiographie*, Wien 1988.

Dor, Milo: »Ein Fremder in Wien und anderswo«, in: *»Displaced«. Paul Celan in Wien 1947–1948,* hg. von Peter Goßens und Marcus G. Patka, Frankfurt am Main 2001, S. 131–138.

Dor, Milo: »Erinnerungen an Paul Celan«, in: *Unverloren. Trotz allem, Paul Celan-Symposion Wien 2000,* hg. von Hubert Gaisbauer, Bernhard Hain und Erika Schuster, Wien 2000, S. 146–157.

Dor, Milo, und Peter Federmann: *Internationale Zone,* Wien 1994.

Eisenreich, Brigitta: *Celans Kreidestern. Ein Bericht.* Mit Briefen und anderen unveröffentlichten Dokumenten, Berlin 2010.

Felstiner, John: *Paul Celan. Eine Biographie,* übersetzt von Holger Fliessbach, München 1997.

Fichte, Hubert: *Die zweite Schuld,* Frankfurt am Main 2006.

Fioretos, Aris: *Flucht und Verwandlung: Nelly Sachs, Schriftstellerin, Berlin/Stockholm. Eine Bildbiographie*, Berlin 2010.

Földényi, László: *Schicksallosigkeit. Ein Imre-Kertész-Wörterbuch,* übers. von Akos Doma, Reinbek bei Hamburg 2009.

Gal-Ed, Efrat: *Niemandssprache. Itzik Manger – ein europäischer Dichter,* Berlin 2016.

Gellhaus, Axel (Hg.): *»Fremde Nähe« – Celan als Übersetzer.* Eine Ausstellung des Deutschen Literaturarchivs in Verbindung mit dem Präsidialdepartement der Stadt Zürich im Schiller-Nationalmuseum Marbach am Neckar und im Stadthaus Zürich, Marbach am Neckar 1997.

Gold, Hugo (Hg.): *Geschichte der Juden in der Bukowina,* Bd. II, Tel Aviv 1962.

Goßens, Peter: »›Herr Basil ist sehr nett zu mir‹. Ernst Schönwiese, Otto Basil und der *Plan*«, in: *»Displaced«: Paul Celan*

in Wien 1947–1948, hg. von Peter Goßens und Marcus G. Patka, Frankfurt am Main 2001, S. 43–61.
Goßens, Peter, und Marcus G. Patka, »Internationale Zone – Wien 1947 und die Ankunft Paul Celans«, in: *»Displaced«. Paul Celan in Wien 1947–1948,* hg. von Peter Goßens und Marcus G. Patka, Frankfurt am Main 2001, S. 9–20.
Grobecker, Kurt, Hans-Dieter Loose und Erik Verg: *Heraus aus den Trümmern, Hamburg in den 50er Jahren,* Hamburg 1983.
Haas, Helmuth de: »Mohn und Gedächtnis. Über die Gedichte von Paul Celan«. in: *Neue Literarische Welt* 13, 1953, S. 12.
Heidelberger-Leonard, Irene: *Imre Kertész. Leben und Werk,* Göttingen 2015.
Hirsch, Marianne, und Leo Spitzer: *Ghosts of home: the afterlife of Czernowitz in Jewish memory,* Berkeley u. a. 2011.
Holthusen, Hans Egon, und Friedhelm Kemp (Hg.): *Ergriffenes Dasein: Deutsche Lyrik des zwanzigsten Jahrhunderts.* Neue, erweiterte Ausgabe, Ebenhausen 1957.
Holthusen, Hans Egon: »Fünf junge Lyriker«, in: *Merkur* 8, 1954, H. 73, S. 284–294.
Ivanovic, Christine: »›des menschen farbe ist freiheit‹. Paul Celans Umweg über den Wiener Surrealismus«, in: *»Displaced«: Paul Celan in Wien 1947–1948*, hg. von Peter Goßens und Marcus G. Patka, Frankfurt am Main 2001, S. 62–70.
Janz, Marlies: »›… noch nichts Interkurrierendes‹: Paul Celan in Berlin im Dezember 1967«, in: *Celan-Jahrbuch* 8 (2003), S. 335–345.
Janz, Marlies: *Vom Engagement absoluter Poesie. Zur Lyrik und Ästhetik Paul Celans,* Frankfurt am Main 1984.
Jenninger, Philipp: *Rede und Reaktion,* hg. von Armin Laschet und Heinz Malangré, Aachen 1989.
Jewtuschenko, Jewgenij: »Babij Jar«, übersetzt von Paul Celan, in: *Sinn und Form* 14, 1962, H. 5/6, S. 729–731.
Kaléko, Mascha: *Sämtliche Werke und Briefe,* hg. und kommen-

tiert von Jutta Rosenkranz, Bd. 4, Kommentar, München 2012.
Kaschnitz, Marie Luise: *Gesammelte Werke.* Bd. 4, *Die Erzählungen,* hg. von Christian Büttrich und Norbert Miller, Frankfurt am Main 1983, S. 48–57.
Kaschnitz, Marie Luise: *Tagebücher aus den Jahren 1936–1966,* hg. von Christian Büttrich, Marianne Büttrich und Iris Schnebel-Kaschnitz. Mit einem Nachwort von Arnold Stadler, 2 Bd., Frankfurt am Main 1999.
Kertész, Imre: »Die eigene Mythologie schreiben, Tagebucheintragungen zum ›Roman eines Schicksallosen‹ 1959–1962.« Aus dem Archiv der Akademie der Künste Berlin, zusammengestellt und aus dem Ungarischen übersetzt von Pál Kelemen und Ingrid Krüger, in: *Sinn und Form* 71, 2019, H. 1, S. 5–23.
Kertész, Imre: *Galeerentagebuch,* übersetzt von Kristin Schwamm, Reinbek bei Hamburg 1999.
Kertész, Imre: *Kaddisch für ein nicht geborenes Kind,* übersetzt von György Buda und Kristin Schwamm, Reinbek bei Hamburg 1996.
Kohn, Ohad: *A German-Yiddisch »Mayse«: The Influence of Yiddish on the Poetic Language of Paul Celan,* Jerusalem 2016 (Magisterarbeit, unveröffentlicht), URL: https://yiddish-rashutleumit.co.il/images/pdf/OhadKohn_The_Yiddish_Influence_on_Paul_Celans_Poetic_Langauge.pdf, zuletzt abgerufen am 8. Januar 2020.
Kittner, Alfred: »Erinnerungen an den jungen Paul Celan«, in: *Zeitschrift für Kulturaustausch* 31, 1982, H. 3, S. 217–219.
Kittner, Alfred: *Schattenschrift,* Aachen 1988.
Koelle, Lydia: »Wo soll ich jetzt hin mit diesem Dort?«, in: *Frankfurter Allgemeine Zeitung,* 21. Oktober 2019.
Kraft, Werner, und Wilhelm Lehmann: *Briefwechsel 1931–1968*, hg. von Ricarda Dick, 2 Bd., Göttingen 2008.
Kraft, Werner: »Gedicht und Wirkung. Zu zwei Gedichten von Paul Celan«, in: *Neue deutsche Hefte* 168 (1980), H. 4, S. 740–745.

Krolow, Karl: »Zwei neue Lyriker. Zu Gedichtbänden von Paul Celan und Walter Höllerer«, in: *Die Neue Zeitung*, 21./22. März 1953, S. 23.

Kühling, Gerd: »Die ›Hakenkreuz-Schmierwelle‹ in Berlin 1960. Ereignisse, Presse und Protest«, in: *Aktives Museum, Mitgliederrundbrief 80,* Januar 2019, S. 4–11.

Lohner, Edgar: »La poésie allemande d'aujourdhui«, in: *Le Journal des Poètes* XXII, 1952, Januar, S. 1–3.

Lüth, Erich: »Kein Maulkorb für Beamte«, in: *Die Neue Zeitung*, 25. April 1951, S. 51.

Mandelstamm, Ossip: *Gedichte.* Aus dem Russischen übersetzt von Paul Celan, Frankfurt am Main 1959.

Mayer, Hans: »Erinnerung an Paul Celan«, in: *Der Repräsentant und der Märtyrer: Konstellationen der Literatur,* Frankfurt am Main 1971, S. 169–188.

Mayer, Hans: *Zur deutschen Literatur der Zeit*, Reinbek bei Hamburg 1967.

Methlagl, Walter: »Paul Celan in Mühlau«, in: *»Displaced«. Paul Celan in Wien 1947–1948,* hg. von Peter Goßens und Marcus G. Patka, Frankfurt am Main 2001, S. 121–130.

Meyer-Kalkus, Reinhart: »Das Gedicht läuft beim Sprechen durch den ganzen Körper«, in: *Frankfurter Allgemeine Zeitung*, 12. Februar 2014, S. N4.

Moscovici, Serge: *Mon après-guerre à Paris. Chronique des années retrouvées.* Texte établi, présenté et annoté par Alexandra Laignel-Lavastine, Paris 2019.

Nietzsche, Friedrich: *Kritische Studienausgabe,* hg. von Giorgio Colli und Mazzino Montinari. Bd. 1, *Die Geburt der Tragödie, Unzeitgemäße Betrachtungen,* München 1999.

Oppens, Kurt: »Blühen und Schreiben im Niemandsland«, in: *Merkur* 19, 1965, H. 1, S. 84–88.

Patka, Marcus G.: »Das Rothschildspital in Wien«, in: *»Displaced«. Paul Celan in Wien 1947–1948,* hg. von Peter Goßens und Marcus G. Patka, Frankfurt am Main 2001, S. 46–52.

Rhein, Johannes: »Ein Patriot der Filmgeschichte«, in: *Frankfurter Allgemeine Zeitung*, 17. Juli 2019, S. 12.
Richter, Hans Werner: *Mittendrin: Die Tagebücher 1966–1972,* hg. von Dominik Geppert, München 2012.
Rieper, Felix, und Mollie Brandl Bowen (Hg.): *»Lasst mich leben!«. Stationen im Leben des Künstlers Arnold Daghani,* Lüneburg 2002.
Rothenberg, Jerome: *Khurbn and other poems,* New York 1989.
Rothenberg, Jerome: »Paul Celan. A Memoir and a Poem«, in: *Studies in 20th Century Literature,* 1983, H. 8.1, S. 110–114.
Rousset, David: *L'Univers concentrationnaire,* Paris 1993 (dt. 2020).
Rumpf, Charlotte: »Die *Todesfuge* von Paul Celan Ein Unterrichtsbeispiel«, in *Gesellschaft-Staat-Erziehung* 2/5 (1957), S. 232–241.
Sachs, Nelly: *Ausgewählte Gedichte.* Mit einem Nachwort von Hans Magnus Enzensberger, Frankfurt am Main 1963.
Sachs, Nelly: *Werke,* hg. von Aris Fioretos. Bd. 1, *Gedichte 1940–1950,* hg. von Matthias Weichelt, Berlin 2010.
Schattenverschlüsse: zu Paul Celan, *radix-blätter* 1, Berlin 1986.
Schroers, Rolf: »Ein neuer deutscher Lyriker«, in: *Die Zeit,* 18. Juni 1953.
Semprún, Jorge: »Rede zur Verleihung des Friedenspreises des Deutschen Buchhandels 1994«, URL: https://www.friedenspreis-des-deutschen-buchhandels.de/445722/?aid=524178, zuletzt abgerufen am 8. Januar 2020.
Silbermann, Edith: *Czernowitz – Stadt der Dichter: Geschichte einer jüdischen Familie aus der Bukowina,* hg., dokumentiert und kommentiert von Amy-Diana Colin, Paderborn 2015.
Solomon, Petre: *Paul Celan: l'adolescence d'un adieu,* Castelnau-le-Lez 1990.
Sparr, Thomas: *Celans Poetik des hermetischen Gedichts,* Heidelberg 1989.
Sparr, Thomas: »Das Gespräch im Gedicht«, in: *Neue Zürcher Zeitung*, 23. November 1990, S. 39.

Sparr, Thomas: Vom Echo der »Todesfuge« in Celans Spätwerk, in: *Celan-Jahrbuch* 11 (erscheint 2020).

Sparr, Thomas: »Zeit der *Todesfuge*. Rezeption der Lyrik von Nelly Sachs und Paul Celan«, in: *Deutsche Nachkriegsliteratur und der Holocaust,* hg. von Stephan Braese, Frankfurt am Main 1998, S. 43–52.

Steinfeld, Thomas: »Kein Anspruch auf Auszeichnung. Warum Paul Celan 1966 nicht den Literaturnobelpreis erhielt«, in: *Süddeutsche Zeitung*, 4. Januar 2017, S. 9.

Stiehler, Heinrich: »Die Zeit der *Todesfuge*: Die Anfänge Paul Celans«, in: *Akzente* 19 (1972), S. 11–40.

Strigl, Daniela: »Kaffeehaus und literarische Geselligkeit im Nachkriegs-Wien«, in: *»Displaced«. Paul Celan in Wien 1947–1948,* hg. von Peter Goßens und Marcus G. Patka, Frankfurt am Main 2001, S. 89–98.

Susman, Margarete: *Das Buch Hiob und das Schicksal des jüdischen Volkes.* Mit einem Vorwort von Heinrich Schlier und einer Einführung von Hermann Levin Goldschmidt, Freiburg im Breisgau 1968.

Szondi, Peter: *Briefe,* hg. von Christoph König und Thomas Sparr, Frankfurt am Main 1993.

Szondi, Peter: *Schriften,* 2 Teilbände, hg. von Jean Bollack mit Henriette Beese, Wolfgang Fietkau u. a. und mit einem Nachwort von Christoph König, Berlin 2011.

Tramer, Hans: »Der bestrittene Ruhm«, in: *M. B. Wochenzeitung des Irgun Olej Merkas Europe*, 24. Februar 1961, S. 5.

Weigel, Hans (Hg.): *Stimmen der Gegenwart 1951,* Wien 1951.

Weissglas, Immanuel, »ER«, in: *Neue Literatur 2* (1970), S. 34.

Weissglas, Isak: *Steinbruch am Bug. Bericht einer Deportation nach Transnistrien,* hg. Ernest Wichner und Herbert Wiesner, Berlin 1995.

Wensierski, Peter: *Fenster zur Freiheit. Die »radix-blätter«, Untergrundverlag und -druckerei der DDR-Opposition,* Halle an der Saale 2019.

Wiedemann, Barbara: »Celans Todesfuge,« in: *Frankfurter Allgemeine Zeitung*, 25. August 2018, S. 6.
Wiedemann, Barbara (Hg.): *Paul Celan – die Goll-Affäre: Dokumente zu einer »Infamie«*, Frankfurt am Main 2000.
Wiedemann, Barbara: »Welcher Daten eingedenk? Celans ›Todesfuge‹ und der ›Izvestija‹-Bericht über das Lemberger Ghetto«, in: *Wirkendes Wort* 61, 2011, H. 3, S. 437–452.
Wien 1947: Berichte vom Dezember 1947 (Rathauskorrespondenz), URL: https://www.wien.gv.at/rk/historisch/1947/dezember.html.
Wischenbart, Rüdiger: *Der literarische Wiederaufbau in Österreich 1945–1949 am Beispiel von sieben literarischen und kulturpolitischen Zeitschriften*, Königstein im Taunus 1983.
Yavetz, Zvi: *Erinnerungen an Czernowitz. Wo Menschen und Bücher lebten*, München 2007.

Register

Personen

Abel, Rainer K. (Pseud. Kabel) 175 f.
Adenauer, Konrad 182, 204
Adler, Tanja 56
Adorno, Theodor W. 10, 114 f., 156
Agnon, Samuel Joseph 214 f., 247 f., 249, 300
Aichinger, Ilse 125, 128–130
Alexandrow, W. 75
Alfons XIII., König von Spanien 197
Allemann, Beda 13
Alper, Gerta (verh. Deligdisch) 56 f., 227
Altman, Moshe 33
Amichai, Jehuda 245, 249
Ancel *siehe* Antschel
An-Ski (auch Anski), Salomon 160
Antonescu, Ion 44, 71
Antschel, Berta 40
Antschel, David 27
Antschel, Friederike (Fritzi; geb. Schrager) 26 f., 29, 35, 39 f., 48 f., 51 f., 55 f., 61, 63 f., 66, 76, 116, 177, 181, 184, 188, 202, 208, 211, 266, 279, 289
Antschel, Leo (auch Ancel) 26, 27, 35, 37, 39 f., 48 f., 52, 55 f., 61, 63 f., 66, 76, 177, 181, 184, 202, 208, 211, 266, 279, 289
Antschel, Minna 26
Antschel, Regina 26, 55
Antschel, Wolf 27
Appelfeld, Aharon 25
Arendt, Erich 264
Arendt, Hannah 149
Asch, Schalom 160
Auden, W(ystan) H(ugh) 140
Ausländer, Rose 24 f., 33, 67
Avni, Tzi 167

Bachmann, Ingeborg 92–96, 111 f., 115, 124 f., 128–131, 136, 151, 187 f., 213, 264, 285, 290
Bachmann, Mathias 92
Bachmann, Olga 92
Badiou, Bertrand 12
Baldwin, James 106, 149
Banus, Maria 80
Barash, Moshe 29, 35, 61–63, 69
Barkhausen, Cord 61
Bartoszek, Michael 268
Basil, Otto 88 f., 92
Bauer, Fritz 201 f., 211
Baumann, Gerhart 260 f., 285
Baumgart, Reinhard 211
Bellow, Saul 106
Bender, Hans 178

Ben-Gurion, David 204
Benjamin, Walter 189, 248
Benn, Gottfried 116 f., 140
Berg, Alban 227
Berg, Nicolas 144
Bergengruen, Werner 116 f.
Bergmann, Escha 248
Bergmann, Shmuel Hugo 244, 248
Bernanos, Georges 101–103, 158
Bertram, Christoph 276
Bickhardt, Stephan 265–269
Bingel, Horst 147
Binswanger, Christa 300
Birnbaum, Nathan 21, 25
Birtwistle, Harrison 167
Blake, William 58
Blöcker, Günter 180–183, 186–188, 285
Blok, Alexander 228
Blum, Léon 39
Blumenthal-Weiß, Ilse 264
Bobrowski, Johannes 264
Böll, Heinrich 125, 285
Bollack, Jean 13
Bonnefoy, Yves 111, 113
Borchert, Wolfgang 131, 191, 275
Böschenstein, Bernhard 13
Bosquet, Alain 116, 118
Böttiger, Helmut 125, 128
Bouchet, André du 111, 258 f.
Brandl Bowen, Mollie 203
Brandt, Willy 221, 263, 276
Brauner, Artur 109 f., 129
Brecht, Bertolt 116, 117, 267
Breton, André 89
Brettschneider, Erika 56 f.
Briegleb, Klaus 128
Britting, Georg 116
Broch, Hermann 86
Bromberger 50
Bruell, Gerda 207
Buber, Martin 18, 244
Bubis, Ignatz 276
Buch, Hans Christoph 160, 256
Büchner, Georg 48, 175, 179, 189
Buck, Theo 257
Buican, Alexandre 78
Burian, Emil František 88
Byron, Lord (eigtl. George Gordon Noel 6. Baron Byron) 32

Cahn, Mony (eigtl. Ovid S. Crohmălniceanu) 78
Camus, Albert 65, 103, 106
Caraion, Ion 75, 80
Carossa, Hans 117
Carp, Mattias 74
Cassian, Colin 77
Cassian, Nina 77 f.
Cayrol, Jean 157 f.
Celan, Eric 119, 228
Celan, François 119
Celan-Lestrange, Gisèle 12, 118–120, 123, 126 f., 130, 135 f., 219–221, 228, 239, 290
Cézanne, Paul 93
Chalfen, Israel 16, 27, 30, 37, 48, 52, 67, 243, 245
Char, René 111
Chersztein, Mieczyslaw 60, 63
Chesterton, Gilbert Keith 93
Chieslikowski, Stanisław 64
Chiva, Isac 104 f., 118
Chomed, Babette 230 f.
Chomed, Gustav (Gustl) 30, 32, 39, 47, 228, 230–232, 234 f., 257
Chomed, Leon 230 f.
Chomed, Rachel 231
Chomed, Tzila (Tatjana) 231
Christoffel, Franz 204–206, 209
Cohen, Eliot 149
Colin, Amy 31
Corbea-Hoişie, Andrei 25, 106, 116
Cotten, Joseph 84

Crohmălniceanu, Ovid S. *siehe* Cahn, Mony
Czechowski, Heinz 264

Daghani, Arnold (eigtl. Arnold Korn) 49–51, 202–208, 211
Daive, Jean 111
Daniel, Juli 225
Dawidowa, Lidija 227
Deleanu, Horia 303
Deligdisch, Gerta *siehe* Alper, Gerta
Deligdisch, Konrad 56 f.
Demetz, Peter 88
Demus, Klaus 95, 129, 186
Denissow, Edison 227
Derrida, Jacques 13
Dingeldey, Helmut 136 f., 147
Dmitrieva-Einhorn, Marina 300
Domin, Hilde 285
Dor, Milo 86, 90, 104, 124–126, 128
Dostojewski, Fjodor 75
Duve, Freimut 275

Ehre, Ida (verh. Heyde) 131–133, 272, 275
Eich, Günter 117, 125, 191, 264
Eichmann, Adolf 192, 202
Einhorn, Erich 47, 55–57, 91, 226–229, 232, 235
Einhorn, Moses 56
Einhorn, Rosa 56
Eisenreich, Brigitta 119–121
Ekelöf, Gunnar 214
Eliot, T(homas) S(tearns) 140
Éluard, Paul 226
Elvira-Hernández, Juan-Francisco
199
Eminescu, Mihai 37
Emmerich, Wolfgang 9
Enzensberger, Hans Magnus 151, 213, 220 f., 226, 264, 285
Erb, Elke 264
Eschmann, Ernst Wilhelm 139
Exner, Richard 176

Faulkner, William 86
Federmann, Reinhard 125
Fichte, Hubert 160
Ficker, Cäcilie von 98
Ficker, Ludwig von 98 f.
Flinker, Martin 178
Földényi, László 196
Franco, Francisco 198 f.
Franz Joseph I., Kaiser von Österreich und König von Ungarn 18, 20
Franzos, Karl Emil 25
Fredersdorf, Herbert B. 109
Fried, Erich 191
Friedman, Israel 18
Friedrich, Heinz 129
Friese, Oskar 204 f., 209
Frisch, Max 187 f., 285
Fürst, Michael 271

Gadamer, Hans-Georg 13
Gal-Ed, Efrat 22
Galinski, Heinz 271 f.
García Lorca, Federico 140
Gaulle, Charles de 102
Gebauer, Fritz 61
Gebirtig, Mordechai 272
George, Stefan 35
Georgi, Walter 238 f.
Geraedts, Jaap 163, 166
Gide, André 33, 147
Gierow, Karl Ragnar 214
Ginninger, Chaim 34
Ginsburg, Alexander 225
Ginsburg, Lew 226
Goebbels, Joseph 127–130, 230
Goerdeler, Carl 147
Goethe, Johann Wolfgang von 198, 226

Goldberg, Lea 248
Goldmann, Ilse 32 f., 37
Goldmann, Lucien 105
Goll, Claire 113 f., 120, 176–179, 182 f., 187, 189, 246, 280, 290
Goll, Yvan 113 f., 120, 175–178, 187, 189, 246, 280, 290
Gong, Alfred 33
Gonzáles, Felipe 198
Goran, Ivan 78
Gorbatschow, Michail 265
Gradowski, Salmen 155
Grass, Günter 160
Greenberg, Clement 150 f., 161
Greene, Graham 83 f.
Greiner-Mai, Herbert 308
Groman, Grejmen *siehe* Ratgaus, Grejnem
Gurmann 44
Gustav V., König von Schweden 81
Gustaf VI., König von Schweden 215

Haar, Erwin de 146
Haas, Helmuth de 139 f., 146
Hamacher, Werner 13
Hamburger, Michael 161, 167
Hamm, Peter 221
Hammerling 49
Harlan, Kristina *siehe* Söderbaum, Kristina
Harlan, Veit 132 f.
Heath, Gordon 112 f.
Heidegger, Martin 140, 240, 260 f., 291
Heimer 207
Heißenbüttel, Helmut 151, 213
Hermann-Neisse, Max 117
Hermlin, Stephan 191, 264
Herschkowitz, Ira (geb. Müller) 227
Herschkowitz, Philip (auch Filip Herşcovici) 227
Herzl, Theodor 20 f., 25
Hesse, Hermann 11, 116, 139, 159
Heuss, Theodor 244
Heyde, Bernhard 131
Heyde, Ida *siehe* Ehre, Ida
Hildesheimer, Wolfgang 126
Hilsbecher, Walter 127
Hirsch, Rudolf 178, 183, 186, 233, 284
Hitler, Adolf 23, 41 f., 63, 101, 144, 147, 199, 228, 234, 273 f.
Hochstädt 45
Hofmannsthal, Hugo von 32, 257
Höglund, Bengt 213 f.
Hölderlin, Friedrich 37, 258 f.
Höllerer, Walter 151, 178, 237 f.
Holthusen, Hans Egon 140, 142–146, 150, 182, 284 f.
Honecker, Erich 272
Horowitz, Edith *siehe* Silbermann, Edith
Huchel, Peter 229, 263
Huppert, Shmuel Thomas 249

Israeli, Erez 281

Jakobson, Roman 233
Janz, Marlies 238 f.
Jené, Edgar 89 f.
Jenninger, Philipp 272, 274–276
Jens, Walter 126 f., 188
Jessenin, Sergei 228
Jewtuschenko, Jewgeni 229, 263
Jirgal, Ernst 88
Joachim, Dieter 209
Johannis, Klaus 73
Joris, Pierre 161
Joseph II., Kaiser des Heiligen Römischen Reichs 19
Joyce, James 87

Jünger, Ernst 116
Jünger, Friedrich Georg 116

Kabel *siehe* Abel, Rainer K.
Kafka, Franz 32, 86, 88, 159, 189, 248
Kaléko, Mascha (verh. Vinaver) 144 f., 222, 249, 285
Karl II., König von Rumänien 72
Kasack, Hermann 137, 179
Kaschnitz, Marie Luise 107 f., 115, 133, 147, 189
Kästner, Erich 118
Kaswan, Ruth *siehe* Kissmann, Ruth
Katzmann, Fritz 59
Keller, Wilhelm 166
Kemp, Friedhelm 145
Keresztury, Dezsö 191
Kertész, Imre 192–197
Kessel, Martin 118
Kesten, Hermann 147, 188
Kiefer, Anselm 281
Kissmann, Joseph 37
Kissmann, Ruth (verh. Kaswan) 33, 37
Kittner, Alfred 25, 33, 64–68
Kloos, Diet 112
Kloos, Jan 112
Koch, Willi 135–137, 147
Kohl, Helmut 271 f.
Korn, Arnold *siehe* Daghani, Arnold
Kraft, Ruth 41 f., 58, 74, 80, 82, 98
Kraft, Werner 247 f.
Kraus, Karl 37
Krolow, Karl 117 f., 140 f., 146, 151, 191
Kron 50
Kropotkin, Pjotr 37

Lackner, Ruth 294
Lämmert, Eberhard 238
Lämmert, Luise 238
Landauer, Gustav 37
Lange, Horst 117
Langgässer, Elisabeth 116
Lanzmann, Claude 154
Lasker-Schüler, Else 98 f., 117, 129, 246
Lehmann, Wilhelm 117, 247
Lennartsson, Eva-Lisa 219
Lenz, Hanne 147, 260
Lenz, Hermann 136, 147, 166, 260
Lenz, Siegfried 126
Lermontow, Michail 75
Lestrange, Gisèle *siehe* Celan-Lestrange, Gisèle
Lex, Hans Ritter von 159
Liebknecht, Karl 241
Lindegren, Erik 214
Linke, Wilfried 267
Loerke, Oskar 117
Lohner, Edgar 116 f.
Lübke, Heinrich 221
Lüth, Erich 132 f.
Luxemburg, Rosa 241

Maaß 205 f., 209
Mailer, Bea 106
Mailer, Norman 106, 149
Malraux, André 127
Maltzan, Vollrath von 158
Mandelstam, Ossip 228, 233 f., 284
Manea, Norman 25
Manger, Itzik 22, 33
Mann, Thomas 140, 149, 159
Margul-Sperber, Alfred 74 f., 80, 83, 86–89, 92, 97 f., 113
Margul-Sperber, Jetty 75
Marja, A. (eigtl. Arend Theodoor Mooij) 164
Mark, Abraham 44 f., 60
Mark, Perle 44
Markus, Winnie 109

Marschak, Samuil 75
Marx, Karl 37
Matejka, Viktor 86
Matisse, Henri 93
Maura, Antonio 197
Máxima, Königin der Niederlande 166
Mayer, Hans 171 f., 258, 282
Medek, Tilo 167, 281
Meerbaum-Eisinger, Selma 25, 50 f.
Mehlhorn, Ludwig 266
Merseburger, Peter 199
Meyer-Kalkus, Reinhart 129
Michael, König von Rumänien 71
Michaux, Henri 111
Miebach, Elfriede 210
Miller, Leonid 39
Minssen, Friedrich 133
Moissi, Alexander 130
Mombert, Alfred 129
Mooij, Arend Theodoor *siehe* Marja, A.
Morand, Paul 76
Moscovici, Serge 72 f., 104 f.
Moustaki, Georges 105
Movila, Sanda 78
Müller, Erwin 96
Müller, Ira *siehe* Herschkowitz, Ira
Müller-Altneu, Dorothea 58
Mundt, Yakub 61

Neugroschel, Joachim 159–161
Neugröschel, Max (eigtl. Mendel Naygreshl) 159
Neumayer, Hermann 45
Neuwirth, Arnulf 89
Nick, Dagmar 264
Nietzsche, Friedrich 196
Nossack, Hans Erich 131

Oesterle-Schwerin, Jutta (geb. Schwerin) 272 f.
Ohlendorf, Otto 44, 47
Olsson, Henry 213
Oppens, Kurt 211
Ortega y Gasset, José 147
Ossietzky, Carl von 37
Österling, Anders 310

Pagis, Dan 248
Peretz, Jizchok Lejbusch 21
Pointner, Rudolf 89
Poliakov, Léon 163
Pollock, Jackson 150
Popovici, Traian 47
Porumbeau, Veronica 78
Presse, Peter 209
Prokofjew, Sergei 227
Proust, Marcel 140, 160

Quintana, Artur 199

Ramon, Amnon 246
Ratgaus, Grejnem (Pseud. Grejnem Groman) 226
Reed, Carol 83
Renger, Annemarie 158, 274
Resnais, Alain 156 f., 168, 171
Rezzori, Gregor von 25, 145
Richter, Hans Werner 11, 123–130
Richter, Toni 126
Richter, Walter 109
Rieper, Felix 203
Rilke, Rainer Maria 33, 35, 103, 113
Rimbaud, Arthur 33
Ritter, Gerhard 147
Ritzerfeld, Helene 159
Rosengarten, Heinz 207 f.
Rosenkranz, Moses 66 f.
Rosenzweig, Siegfried 203
Roth, Philip 149

Rothenberg, Jerome 24, 150–156, 161
Rothschild, Albert Anselm Freiherr von 83
Rothschild, Anselm Salomon Freiherr von 83
Rousset, David 69, 157
Rozgonyi, Iván 191
Rübner, Tuvia 214, 248
Rumpf, Charlotte 168
Ruzicka, Peter 167, 281
Rychlo, Petro 227
Rychner, Max 89 f., 96

Sachs, Margarete 219
Sachs, Nelly 12, 183, 213–222, 264, 285
Safranski, Rüdiger 261
Sambursky, Miriam 247
Sambursky, Shmuel 247
Sandbank, Shimon 246 f.
Sartre, Jean-Paul 106
Schäfer, Oda 117
Schalamow, Warlam 199
Schallück, Paul 141, 146
Schäuble, Wolfgang 271
Scheel, Walter 263
Schellhorn, Fritz 47
Schestow, Leo 189
Schindler, Ilana *siehe* Shmueli, Ilana
Schnabel, Ernst 124, 130
Scholem, Fania 247
Scholem, Gershom 244, 247
Scholz, Hannelore 116
Schönwiese, Ernst 86–89
Schowingen-Ficker, Birgit von 98
Schrager, Adele 27
Schrager, Blanca 27
Schrager, Bruno 27, 39 f.
Schrager, Friederike *siehe* Antschel, Friederike
Schrager, Philipp 27, 48
Schreck, Julius 144
Schreiber, Hermann 88
Schröder, Rudolf Alexander 117
Schroers, Rolf 126, 130, 138, 140, 146, 208
Schubert, Franz 120
Schuhmann, Klaus 265
Schukow, Georgi 91
Schwerin, Jutta *siehe* Oesterle-Schwerin, Jutta
Segal, Hersch 51, 253
Segall, Nathan 206 f.
Segev, Tom 273
Seidel, Ina 147
Seidmann, David 48
Seidner, Hermann 207
Seidner, Mordco 207
Sella, Dorothea 43
Semprún, Jorge 197–200
Senator, Werner 244
Serskus 50
Seydel, Heinz 263
Shakespeare, William 35, 58
Shamgar, Shlomo 276
Shelley, Percy Bysshe 32
Shmueli, Ilana (geb. Schindler) 48, 248, 250–253, 283
Sieburg, Friedrich 208
Sieger, Ferdinand 179
Silbermann, Edith (geb. Horowitz) 30–32, 37, 43, 71, 130
Simon, Ernst 244, 247
Simon, István 191
Singer, Isaac Bashevis 160
Singer, Manuel 39, 247
Singer, Martha 247
Sinjawski, Andrei 225
Söderbaum, Kristina (verh. Harlan) 132
Solomon, Petre 76–78
Sommer, Isaak 209
Speer, Albert 205
Spies, Gerty 264

Stalin, Josef (eigtl. Iossif Dschugaschwili) 41–43, 63
Steinbarg, Elieser 34, 58
Steinschneider, Karl 214, 247
Steinschneider-Marx, Kitty 247, 300
Sternberg, Hermann 53
Stiehler, Heinrich 256
Stramm, August 147
Strawinsky, Igor 227
Striks, Leonid 61
Susmann, Esra 246
Susmann, Margarete 219
Szondi, Peter 13, 176, 238, 240, 284

Taubes, Jacob 238
Teitler, Benno 55, 208, 211
Teitler, Herbert 209
Teitler, Mathel 27
Teitler, Schikke (Jeschajahu) 27
Thimig, Hans 95
Todt, Fritz 205
Tofstein 45
Trakl, Georg 87, 98 f., 113, 140
Tramer, Hans 246
Tschechow, Anton 75, 160

Ulbricht, Walter 191
Usinger, Fritz 116

Vasiliu, Aurel 30
Verlaine, Paul 33
Vinaver, Chemjo 249
Vinaver, Mascha *siehe* Kaléko, Mascha

Waal, Edmond de 281
Waern, Inge 220
Walser, Martin 126
Webern, Anton von 227
Weigel, Hans 92, 99, 125
Weisenborn, Günther 126
Weiss, Peter 211, 226
Weisselberg, Poldi 50
Weissglas, Immanuel 33, 36 f., 52 f., 65, 256–258
Weissglas, Isak 52, 65
Weizsäcker, Richard von 271, 273 f.
Welles, Orson 84
Wensierski, Peter 265, 302
Werner, Uta 188
Westphal, Heinz 272
Weyrauch, Wolfgang 137 f.
Wichner, Ernest 52
Wiedemann, Barbara 12, 59, 136
Wiesel, Elie 74
Wiesner, Herbert 52
Wilczyński, Lucjan 64
Willem-Alexander, König der Niederlande 166
Winkler, Manfred 33 f., 245
Wisotzkas 50
Wolfskehl, Karl 117
Wulf, Joseph 163
Wurm, Franz 283

Yavetz, Zvi 22 f.

Zach, Natan 246
Zadic, Iakob 26

Orte

Amsterdam 166
Auschwitz 10, 114, 153, 156, 181, 192, 196, 202, 209, 211, 219, 284
Aussig 29

Babi Jar 74
Bergen 140
Berlin 13, 15, 20, 35, 38 f., 48, 91, 110, 131 f., 143–145, 159–161, 163, 180, 182 f., 191, 214, 219, 221 f., 229–231, 237–241, 244, 246, 253, 263–266, 269, 273, 281
Betlehem 250
Białystok 64
Bogdanovka 73
Bombay 49
Bonn 12, 271 f., 275
Bremen 10, 13, 16, 177, 290
Breslau 38
Buchenwald 69, 192, 197–199
Budapest 13, 15, 81, 104 f., 192, 196 f., 230
Bukarest 10, 13, 15, 36, 49, 58, 63, 66, 71–74, 76–79, 81–83, 86, 91 f., 97 f., 105, 255–257, 260, 280, 289
Butschatsch 214

Caen 15
Cannes 158
Cernăuți *siehe* Czernowitz
Charkow 43
Chicago 152
Coventry 15
Czernowitz (Cernăuți) 10 f., 13, 15 f., 18–27, 29–35, 38–41, 43–45, 47–52, 55–58, 60–62, 65, 67 f., 71, 74, 77, 91, 103, 114, 129, 131, 135, 149, 153, 205–208, 226 f., 230–235, 239, 245, 247, 249 f., 253, 257, 260, 269, 279, 286, 289

Darmstadt 11, 175, 179, 189
Den Haag 164
Detmold 166
Dresden 15, 265

Eisenau 19

Frankfurt am Main 114 f., 127, 129, 133, 135, 138, 140, 178 f., 186, 199, 202 f., 209, 211, 221, 229, 271, 276
Fratautz 19
Freiburg im Breisgau 136 f., 260 f., 285, 290 f.

Gaissin 204, 206
Genf 102

Haifa 244
Halle (Saale) 264
Hamburg 15, 93, 109, 123–125, 129–133, 137, 220, 272, 275
Hannover 38, 258, 290
Heidelberg 20
Heringsdorf 123
Hildesheim 143, 209

Innsbruck 98
Itzehoe 209

Jakobeni 19
Jassy 105
Jekaterinburg 230
Jerusalem 13, 16, 47, 144, 154, 217, 243 f., 247–253, 283

Kalkutta 49

Kiew 55, 57, 74, 229
Klagenfurt 93
Köln 38, 42, 93, 182, 203
Kolyma 199
Königsberg 247
Kopenhagen 220
Krakau 33, 38, 239
Krasnopolka 56

Ladijin 206
Lemberg 19, 33, 38, 58–60, 63, 209
Leningrad 15
Linz 119
Lipcani 34
London 40, 102, 161
Lübeck 10, 13, 123, 204 f., 207–211, 290
Lubenz 27, 29
Lublin 63, 78
Ludwigsburg 201, 204, 211

Madrid 13, 197
Mainz 151, 156
Majdanek 63
Mannheim 131
Marbach am Neckar 203, 257, 260 f.
Mauthausen 157, 181
Meersburg 217
Meldorf 209
Michailowka 49 f., 183, 204–208, 289
Moskau 43, 225–227, 229 f., 233, 235
Mühlau 98
München 101, 136, 143, 175

Naumburg 265
Neuengamme 69
New York 11, 13, 21, 74, 86, 102, 143 f., 149–154, 156, 159–161, 204, 233, 249
Niendorf (Timmendorfer Strand) 11, 123, 125–130, 132, 135, 137, 141, 160, 290
Nürnberg 61, 64, 91, 230, 274

Odessa 86, 246
Ostrów Mazowiecka 153

Paris 12 f., 38–40, 69, 72, 78, 80, 90 f., 93–99, 103–105, 107, 110–116, 118–121, 126 f., 130, 133, 135 f., 141 f., 149, 152, 159, 161, 163, 166, 175 f., 179, 197 f., 208, 215, 217–222, 226, 228, 230, 232 f., 235, 237, 240 f., 250–253, 261, 265, 280, 283, 290 f.
Paşcani 51 f.
Pfullingen 290
Pojorita 19
Prag 33, 230, 244
Preßburg 248

Radautz 248
Rădăşeni 51 f.
Rendsburg 143
Rostow 57
Rotterdam 15
Royaumont 107 f., 133

Saarbrücken 167
Sadagora 18, 27
Salzburg 86, 166
San Francisco 151
Scheveningen 13, 163
Schipenitz 27
Stalino 209
Stockholm 13, 214 f., 217, 219–222
Straßburg 20, 101
Stuttgart 9, 13, 124, 135 f., 147, 170, 258–260, 291
Swerdlowsk *siehe* Jekaterinburg

Tel Aviv 22, 45, 203, 244, 246, 250

Temesvar 245
Theresienstadt 181
Thiais 222, 291
Timmendorfer Strand 123
Tours 39–41, 111, 247, 289
Travemünde 123
Treblinka 153f., 181
Tschernobyl 265, 269
Tübingen 12, 136, 258–260

Ulm 201
Usedom 220

Venedig 109
Vilnius 33

Warschau 15, 64, 153, 230, 233
Weimar 199, 244
Wien 9, 13, 15, 17, 19, 21, 35f., 40, 74, 81–86, 88–97, 99, 103f., 111f., 115, 124, 129, 131, 141, 159, 176f., 192, 226f., 230, 280, 289f.
Wuppertal 38, 263, 284
Würzburg 245
Wyhl 268

Zürich 13, 96, 214, 217–219, 238, 283

Gedichte

A Death Fugue (Celan) 151; *siehe auch* Todesfuge
A Letter to Paul Celan in Memory (Rothenberg) 153
Acht Variationen über Zeit und Tod (Holthusen) 147
An die Nachgeborenen (Brecht) 116
Auf Reisen (Celan) 97, 108, 111
Babij Jar (Jewtuschenko) 229, 263
Bahndämme, Wegränder, Ödplätze, Schutt (Celan) 85
Cimetière Marin (Valéry) 126
Corona (Celan) 108, 267
Das Gastmahl (Celan) 75f.
Das Geheimnis der Farne (Celan) 75
Das Nichts, um unsrer (Celan) 282
Death Fugue (Celan) 150, 156; *siehe auch* Todesfuge
Dein Leib im Rauch durch die Luft (Sachs) 216
Denk dir (Celan) 238, 243f.
Der Gast (Celan) 243
Der Sand aus den Urnen (Celan) 138
Der uns die Stunden zählte (Celan) 227
Die Gemeinschaftsgrube *siehe* Groapa comună
Die hellen Steine (Celan) 296
Die Jahre von dir zu mir (Celan) 127
Die Krüge (Celan) 147
Die Mühle des Todes *siehe* Le Moulin de la Mort
Die nachzustotternde Welt (Celan) 279
Die Pole (Celan) 251
Die Schule des Todes (Kittner) 67
Die Silbe Schmerz (Celan) 243
Dödsfuga (Celan) 213; *siehe auch* Todesfuge
Du liegst im großen Gelausche (Celan) 237, 241
Du sollst zum Aug der Fremden sagen (Celan) 92
EIN BLATT, baumlos (Celan) 267
Ein Dröhnen (Celan) 300

Eine Gauner- und Ganovenweise (Celan) 235
Einem Bruder in Asien (Celan) 238
Ein Lied in der Wüste (Celan) 127
Ein wasserfarbenes Wild (Celan) 75
Engführung (Celan) 12, 170–173, 180, 238, 243, 281
ER (Weissglas) 255–257
Es ist alles anders (Celan) 234
Es ist eine Stunde (Celan) 97
Espenbaum (Celan) 227, 264
Es war Erde in ihnen (Celan) 245
Es wird etwas sein (Celan) 248
Fuga de mort (Celan) 199; *siehe auch* Todesfuge
Fuga sobre la muerte (Celan) 199; *siehe auch* Todesfuge
Fuga van de dood (Celan) 164; *siehe auch* Todesfuge
Fuga della morte (Celan) 281; *siehe auch* Todesfuge
Fugue de la Mort (Celan) 9, 117; *siehe auch* Todesfuge
Gegenlicht (Celan) 138
Geleert sei die Nacht aus den Flaschen (Celan) 75
Groapa comunà (Die Gemeinschaftsgrube; Ivan Goran) 78
Gut (Celan) 243
Hafen (Celan) 220
Halálfúga (Celan) 191; *siehe auch* Todesfuge
Halme der Nacht (Celan) 138
Halotti Fuga (Celan) 191; *siehe auch* Todesfuge
Heimat (Krolow) 118
Heimkehr (Celan) 147
Hiroshima (Kaschnitz) 147
Ich kann dich noch sehen (Celan) 259
In Ägypten 92 f., 99, 108, 127
In eins (Celan) 264
In Prag (Celan) 243
Ins Leben (Celan) 67
Kein ankerloses Tasten stört die Hand (Celan) 36
Kennt noch das Wasser des südlichen Bug (Celan) 57
Khurbn (Rothenberg) 155
Klage (Rosenkranz) 66
Klage um den Bruder (Holthusen) 147
Kristall (Celan) 243
Krokus (Celan) 259
Küstenfriedhof (Valéry) 126
La Contrescarpe (Celan) 239
Lautlose, Liebliche, Leichte (Celan) 42
Leb die Leben, leb sie alle (Celan) 282
Leg den Riegel vor (Celan) 183
Leise, Geliebte, leise (Celan) 42
Le Moulin de la Mort (Die Mühle des Todes; Goll) 178
Leuchten (Celan) 227, 306
Lila Luft mit gelben Fensterflecken (Celan) 237, 239–241
Mandorla (Celan) 243
Mit allen Gedanken ging ich (Celan) 285
Mit wechselndem Schlüssel (Celan) 243
Mutter, Mutter (Celan) 211
Muttertag 1938 (Celan) 36
Nachmittag mit Zirkus und Zitadelle (Celan) 245
Nachtstrahl (Celan) 108
Nähe der Gräber (Celan) 57, 264
Oben, geräuschlos (Celan) 264
O die Schornsteine (Sachs) 216
Patrouille (Stramm) 147
Poland/1931 (Rothenberg) 153
Psalm (Trakl) 99
Radix, Matrix (Celan) 266

Requiem 1944 (Kittner) 68
Rosenschimmer (Celan) 42
Schibboleth (Celan) 91
Schlaf und Speise (Celan) 127, 227
Schnee ein Messer gezückt (Kittner) 68
Schnee ist gefallen, lichtlos (Celan) 51
Schwarze Flocken (Celan) 51
So leichenweiß (Rosenkranz) 66
So schlafe (Celan) 95, 99
Sprachgitter (Celan) 147
Stilleben (Celan) 147
Stimmen (Celan) 170, 243
Stufen (Hesse) 11
Stuttgart 1970 (Celan) 255
Tangoul morþii (Celan) 78, 289; *siehe auch* Todesfuge
Todesfuge (A Death Fugue; Death Fugue; Dödsfuga; Fuga de mort; Fuga sobre la muerte; Fuga della morte; Halálfúga; Halotti Fuga; Tangoul morții; Todestango; Celan) 9 f., 12 f., 53, 61, 63–67, 69, 72, 77, 80, 88, 90, 92, 94–99, 108, 110, 113–115, 117 f., 123 f., 127–133, 138–147, 149–151, 154, 156, 159, 161, 163 f., 166–168, 170, 172 f., 176, 180 f., 186, 188, 191–197, 202, 211, 213, 216 f., 222, 226–229, 232, 238, 240, 245–248, 255–258, 260, 263–265, 267 f., 272, 275–277, 280–283, 285 f., 289 f.
Todestango (Celan) 63, 77 f.; *siehe auch* Todesfuge
Todtnauberg (Celan) 240, 260, 291
Über Krakau (Celan) 38
Und mit dem Buch aus Tarussa (Celan) 239
Vom Großen (Celan) 243
Weißgeräusche (Celan) 266
Wer sein Herz (Celan) 95, 99
Wer wie du und alle Tauben (Celan) 110
Wolfsbohne (Celan) 183, 186
Zähle die Mandeln (Celan) 127, 238
Zürich, Zum Storchen (Celan) 218, 220

Bildnachweis

S. 4: Literaturmuseum Bukarest S. 8: Photographie im Besitz von Ruth Lackner; aus: Israel Chalfen: *Paul Celan. Eine Biographie seiner Jugend,* Frankfurt am Main 1979, Abb. 15. S. 14: Alamy Stock Photo (The Picture Art Collection) S. 28: Photographie im Besitz von Esriel Schrager; aus: Israel Chalfen: *Paul Celan. Eine Biographie seiner Jugend,* Frankfurt am Main 1979, Abb. 7. S. 46: © Peter Palm, Berlin S. 54: aus: Erich Beck, *Bukowina – Land zwischen Orient und Okzident,* Freilassing 1963, S. 38. S. 70: aus: *Contemporanul,* 2. Mai 1945. S. 80: aus: Peter Goßens und Marcus G. Patka (Hg.): *»Displaced«. Paul Celan in Wien. 1947 1948,* Frankfurt am Main 2001. S. 100: Collection Jean-Dominiqe Rey, Paris S. 122: Isolde Moser S. 134: Deutsche Verlags-Anstalt, München, in der Verlagsgruppe Random House GmbH S. 148: Getty Images (George Marks/Retrofile) S. 162: Getty Images (Bert Hardy/Masters) S. 174: ©Deutsche Akademie (Pit Ludwig) S. 190: © Archiv der Akademie der Künste, Berlin S. 200: Zentrale Stelle der Landesjustizverwaltungen zur Aufklärung nationalsozialistischer Verbrechen, Ludwigsburg S. 212: picture alliance (AP Images) S. 224: Photographie im Besitz von Marina Dmitrieva-Einhorn S. 236: Staatsarchiv Freiburg (W 134 Nr. 078739b/ Fotograf: Willy Pragher) S. 242: Jüdische National- und Universitätsbibliothek Jerusalem, Gershom Scholem Archiv S. 254: Agnes Handwerk S. 260: © Stephan Bickhardt S. 270: picture alliance (Martin Athenstädt/ dpa) S. 278: bpk (The Metropolitan Museum of Art); Galerie Thaddaeus Ropac, Salzburg

Die Rechteinhaber einiger weniger Abbildungen konnten trotz intensiver Recherche nicht ermittelt werden. Der Verlag bittet Personen oder Institutionen, welche die Rechte an diesen Abbildungen haben, sich zwecks angemessener Vergütung zu melden.

Rechtenachweis

Den »Brief an die Mutter«, S. 40, und das Gedicht »Wolfsbohne«, S. 183–186 drucken wir mit freundlicher Genehmigung des Suhrkamp Verlags Berlin ab:

Inhalt

Todesfuge · *5*

Einleitung · *9*

»Die Landschaft, aus der ich zu Ihnen komme« · *15*
Czernowitz 1944 · *55* Bukarest 1945 · *71*
Wien 1947 · *81* Paris 1948 · *101* Niendorf 1952 · *123*
Stuttgart 1952 · *135* New York 1955 · *149*
Scheveningen 1957 · *163* Darmstadt 1960 · *175*
Budapest 1961 · *191* Lübeck 1963 · *201*
Stockholm 1966 · *213* Moskau 1967 · *225*
Westberlin 1967 · *237* Jerusalem 1969 · *243*
Stuttgart 1970 · *255* Ostberlin 1986 · *263* Bonn 1988 · *271*
Das Jahrhundert Paul Celans · *279*

Dank · *287*

Zeittafel · *289*
Anmerkungen · *293* Bibliographie · *303*
Register · *317* Bildnachweis · *330*
Rechtenachweis · *331*

Sollte diese Publikation Links auf Webseiten Dritter enthalten, so übernehmen wir für deren Inhalte keine Haftung, da wir uns diese nicht zu eigen machen, sondern lediglich auf deren Stand zum Zeitpunkt der Erstveröffentlichung verweisen.

MIX
Papier aus verantwortungsvollen Quellen
FSC® C014496

Verlagsgruppe Random House FSC® N001967

1. Auflage

Umschlag: Büro Jorge Schmidt, München
Satz: DVA / Andrea Mogwitz
Gesetzt aus der Didot
Druck und Bindung: GGP Media GmbH, Pößneck
Printed in Germany
ISBN 978-3-421-04787-8

www.dva.de

Dieses Buch ist auch als E-Book erhältlich.